浙江省哲学社会科学规划课题
"教育戏剧的育德原理与学校实践研究"（18NDJC058YB）终期成果

教育戏剧与道德教育

DRAMA IN EDUCATION AND MORAL EDUCATION

蒋一之　蔡飞　著

ZHEJIANG UNIVERSITY PRESS
浙江大学出版社
·杭州·

图书在版编目（CIP）数据

　　教育戏剧与道德教育 / 蒋一之，蔡飞著. —— 杭州：
浙江大学出版社，2024. 12. —— ISBN 978-7-308-25587
-5

　　Ⅰ. G633.952

中国国家版本馆CIP数据核字第2024BZ2263号

教育戏剧与道德教育
JIAOYU XIJU YU DAODE JIAOYU
蒋一之　蔡　飞　著

责任编辑	赵　静	
责任校对	胡　畔	
封面设计	林智广告	
出版发行	浙江大学出版社	
	（杭州市天目山路148号　邮政编码310007）	
	（网址：http://www.zjupress.com）	
排　　版	杭州林智广告有限公司	
印　　刷	杭州高腾印务有限公司	
开　　本	710mm×1000mm　1/16	
印　　张	16	
字　　数	261千	
版 印 次	2024年12月第1版　2024年12月第1次印刷	
书　　号	ISBN 978-7-308-25587-5	
定　　价	80.00元	

近 20 年前，蒋一之教授研究道德原型及其育德价值问题，当时给我的感觉是，这是一个很有深度和难度的学术问题，也是一个道德教育研究领域的有重要理论价值和实践意义的问题。作为这个研究的主要成果，《道德原型与道德教育》一书，以道德原型为核心，从哲学、社会学、文化学、心理学等学科综合的视角，深入分析了道德原型的发生发展，及其在道德教育中的实现机制，是道德教育研究领域一个重要的理论创新。这种发生伦理学或者伦理发生学的研究，既是我在 40 多年前就很感兴趣的内容——我曾经在那时提出过发生伦理学问题，更给予了我很大的启发。

大概六七年前，我在一个道德教育研讨会上，听了蒋一之教授作的一个关于教育戏剧与道德教育的学术报告，我感觉，从一定角度看，教育戏剧与道德教育的研究，与 20 年前的道德原型及其育德价值作用的研究有内在必然的联系，而且，后一个研究是前一个研究的重要的展开和深入。记得从 20 多年前起，我在主编教育科学出版社版的《思想品德》和《道德与法治》教材时，蒋一之教授就是教材的核心编者和分册主编。在整个教材的编写过程中，道德原型、教育戏剧和伦理道德的发生发展等概念和思想，可能就是当时的我们心中所有、笔下所无的东西。

道德内生于生活，儿童的道德成长离不开生活。当年我们在编写教材时首先对处于不同年龄阶段的学生的生活，从内容、需求、期待、困惑等方面作了大规模的调研，然后提炼概括出他们在进入每一阶段后依次碰到的生活主题与事件，以及急需解决的问题，将这些问题的解决确定为教材在该时期要反映和处理的主题，再将相关的政治、伦理、法律、国情、心理等方面的内容整合到相关主题中。这是因为，生活是个整体，在任何一个事件中都可能包含政治、伦理、价值、心理等各个方面的因素，道德与之共生同在。我们提炼的这些核心的生活主题以及每个主题中包含的核心价值观和道德观就是蒋一之教授后来研究的原型与道德原型的一种表现。生活本身纷繁复杂，当我们在贯彻"生活德育"理念、按"生活的逻辑"编写教材时，无形中做了原型提炼的部分工作。为了让学生能够"在生活中学习"，教材从生活情境中找故事，引导学生设身处地，于活动中对开放性问题和两难问题深入思考得出答案，活化知识探索行动，突出了"体验·活动"的道德学习特性。而这，似乎也用到了蒋一之教授现在研究的教育戏剧的一些元素。

20 年来，"生活德育"理念已从教材精神成为学校和教师德育实践的共识。但我们也看到，无论是道德与法治课教学还是学校德育活动，在建构道德学习的生活情境上仍存在很大困难。当活动难以引发学生的真情实感时，往往陷入"教师主导，学生配合"的尴尬境地。蒋一之教授对教育戏剧德育应用的研究为解决这一困难提供了创新性思路，其对学校德育的价值至少有三：其一，整合哲学解释学、认知心理学与教育目标分类等视角，重新阐释了"理解"，揭示了有效的道德学习是在具体情境中建构意义并导致相应行为的过程，提示我们关注学生的生活或生命状态（一直寻求意义的建构）的变化、不同意识层次（集体无意识、个体无意识与意识）的作用与品德心理结构（知情行）的整体发展，而不是割裂地追求单一维度的德育目标；其二，从叙事构境、具身认知、冲突反思等多个角度对教育戏剧"亲历当下"的方法论作了详细的分析，阐释了其中的育人原理，为学校德育在认知论、体验论等方法论之外提供了新的选项，且更符合个体道德发生发展原理；其三，将教育戏剧对不同层次的意义的探讨运用于学校德育，切中道德教育的重心。戏剧处理人类的共同经验，反映人的共性。教育戏剧关注戏剧行动背后心理的、哲学的、文化的、历史的各个层面的意义，探讨"个体中的社会"和"社会中的个体"，正是对伦理道德的社会历史文化根源的追溯、对个体道德影响源和影响方式的分析，帮助个体理解个人、他人、社会及其相互间的关系。现在的伦理道德源于过去，道德学习需经"过去"理解"现在"。我们以往在道德教育中较少探究"过去"，一方面是因于发生学意识的薄弱，另一方面是受制于呈现形式的缺乏。教育戏剧使得我们能够以艺术的形式引导学生于虚实之间探索人类面临的共同问题与社会规则背后的逻辑、审视自我与人我关系。

上述价值之外，《教育戏剧与道德教育》针对当前一些对教育戏剧的误解与误用，厘清了教育戏剧是什么，多角度阐释了教育戏剧促成学生道德发生发展的原理，并将其运用于学校德育，提出了德育戏剧活动设计的元素与方法，于教育戏剧和道德教育都是创新性发展。所以，我感觉，与《道德原型与道德教育》一样，《教育戏剧与道德教育》一书，一定会以其明显的理论创新、学术深度和实践价值，获得道德教育理论界和实践界的高度肯定。

魏贤超

2024年5月

自 20 世纪末开始,教育性戏剧被引进中国并落地实践发展,至今已有 20 余年了。在这个过程中,国内相关教育戏剧内容的著作陆续发布或出版。这些著作有在高校博士生论文基础上形成的理论著述,也有很多中小学、幼教实践单位的教学经验总结。在这些著述中,实践单位的经验总结常有令人耳目一新的闪光点,但却缺乏对理论落地过程中的深入理解和批判性认识。而大多数在博士论文基础上形成的著述则偏重沿袭历史的、外国的观点,对国内发展缺乏扎实的实践研究和比较论述。

我一向主张中、小、幼教育单位在一定的实践基础上都要努力写出自己的校本教材,总结自己的实践经验。很多学校都在做了,虽有高下之别,但大多有自己独特的体验和探究。相对而言,理论著述方面需要有更多现阶段、中国语境的独立研究和论著。

许多学生和同业者希望我写本书,从专业的角度论述教育戏剧和教育剧场在中国的实践,可是我却迟迟不能下笔。原因其实很简单,眼高手低,感到驾驭不了。我自知不是教育界的理论研究者,仅仅是教育戏剧的热心实践者。我不具备教育学、心理学、认知学、人类学或者也包括戏剧学的深度学养和研究,如果写成一部我理想中的理论著作,我得恶补许多专业学问,还得尽快把英语提高到可以流畅阅读和准确理解的水平。当然也有学术研究资金支持的问题。这都是我目前难以达到的。

我期望这部书可能在今后几年出现在国内外相关专业学习过,并在国内亲身实践过若干年的年轻一代学者型人才手中,我在等待。果然,近几年有不错的论著陆续出版了,这些由戏剧教育专业学者编写的论及戏剧教育的著述,虽仍有些微不足,但无疑都在为教育戏剧在中国的发展和实践添砖加瓦,在为教育戏剧在中国的发展奠定基础。

暑假中收到杭州师范大学蒋一之教授发来的书稿,更是为之眼前一亮:这是我期望的聚焦教育戏剧的学者型理论著作。欣然提笔作序。

首先，我以为《教育戏剧与道德教育》选取的角度抓住了教育戏剧最主要的功能：对人的基本素养培育的特点，把重点放在运用教育戏剧做道德教育的理论和实践论述上展开。这差不多是目前研究教育戏剧比较独特的切入角度。这一视角许多散在的文章虽有涉猎，但大多没能深入展开论述，也缺乏高校理论研究者角度的实践体验论证。而有关教育戏剧的著述中，大多是对该学科理论发展纵向承接的介绍，缺乏深入内核的分析比较，也缺乏同时期横向关联的比较论述。当然也缺乏中国论者自己的详细见解剖析。这大约与著述者缺乏"亲历当下"的实践，没有真正跃入教育戏剧的"溪流之中"有关。也就是说他们还没有从自己的扎实实践中去反观理论，形成批判性认识。虽然很多人认为"中国教育戏剧的切入口之一应该就是道德教育"，但纵观这些著述，正像本书指出的：基本还是对技术层面的"戏剧教学法"的研讨较多，对教育戏剧的教育原理研究还比较粗浅、零散；有些虽然对教育戏剧的德育功能有所触及，但对教育戏剧的育德原理与实际应用的系统研究也还较为薄弱。

《教育戏剧与道德教育》似乎打破了这种局面，开始从人类学、教育学、心理学、认知学、戏剧学等多学科进行背景综合，深入教育戏剧的育人本质去研究论述了。特别是蒋老师作为高校教育学教授和研究者，联合在中学一线教学的心理老师蔡飞，真正跃入教育戏剧的"溪流之中"去学习，去实际操练教学方法，并扎实地在中小学教学一线实践、研究。这就使得本书与那些"溪流之外"的著述大不相同了。

我们知道，教育戏剧和教育剧场到目前为止还是在世界范围内发展着的一门学科，它并没有衰落、式微，更没有像有些不负责任的戏剧教授所说的什么"西方已经都不用了"云云。当然它在发展就在变化，它在变化也就在发展。国际交流相互借鉴，任何一个国家都不可能把别人的经验照搬来用，都会有一个结合本土特点应用发展的过程，这就是创造性发展。有趣的是，目前国内一部分对教育戏剧的攻击，酷似历史上宏恩布鲁克对教育戏剧的攻击和误解。当年盖文·伯顿站在希思考特一边，在《在课堂戏剧中演戏》（Acting in Classroom Drama）中反驳了宏恩布鲁克主张课堂戏剧中的演戏应当与剧场中的演戏完全一样的论调。我们赞同伯顿的主张——"教育戏剧既是学习媒介又是艺术形式""课堂戏剧与剧场戏剧一样都是戏剧"，但这不意味着教育戏剧应该与舞台戏剧一样，相反，教育戏剧有不同的艺术表达方式。那种让学生模仿着表演的戏剧教育固然有自身的价值，但若将它作为普通学校面对全体学生的艺术教育的必然形式，则不仅背离现代学习理论，而且将在实现艺术的人格教育功能上远远落后于教育戏剧。何况，教育戏剧在进行人格教育、彰显德育意义的同时，还具有审美意义。

21世纪以来，教育戏剧的国际实践已遍布各洲，出现了众多跨国跨洲的合作项目，在理论发展上则以大卫·戴维斯的《想象真实——迈向教育戏剧的新理论》为代表。见学国际教育文化院（后称见学）根据戴维斯的理论指导，由克里斯·库珀和曹曦研发出系列课程。本书作者亲身参与、学习、体验了这些国内还少有人在理论著述中涉及的最新领域。它们改变了人们通常认为教育戏剧只是运用戏剧元素来做教育的笼统印象，认真研究如何才能做到如希思考特希望的"引导孩子们真正了解他们内在已知但未被他们自己意识到的东西"，这才能够达到德育目标的核心，即通过体验戏剧，孩子们能够有机会发展他们自己作为社会存在的理解，何时可以去适应，以及何时可以不去适应。这种选择即是道德成长中重要的成长。所以，教育戏剧的核心理念就是通过具体的戏剧体验，形成个人意义和普遍的、抽象的、社会的、道德的、伦理的观念，进而产生相应的行为。

库珀承认教育戏剧是一种教学工具，但是这种教学工具不是用来传递知识和灌输价值观的，而是为了帮助儿童理解自身所处的世界。它提供了一个体验式的学习过程、一种独立的艺术形式。参与者就是戏剧，他们创造戏剧并且创造戏剧的意义；现实被想象出来是为了制造和人类境况有关的意义和价值，也就是成为"人"意味着什么。这就强调了一个体验式的学习过程，而不是结果或表演。这个复杂而成熟的艺术工具包含了许多元素，它是一门"创建一个虚拟的语境、入戏、师生互动、以使参与者创造戏剧和意义"的艺术，是一种整合的、针对个人和社会学习的教学方法论。

在见学暑期学校的系列课程中有许多还没有被国内中小幼教育广泛认知的领域，目前国内大多数实践教育戏剧的学校还只是在教育戏剧的"溪流"之上或外围打转，还没有真正沉浸在"溪流之中"。要真正进入教育戏剧，需要教师熟练掌握一系列戏剧教学策略，包括曹曦在见学授课中实施的：运用声音、语言、物件、动作和角色来营造一个包含中心事件的社会场景；运用高阶象征使事件和社会场景产生连接角度；通过具有内在连贯性的习式来建构学习区域；通过教师入戏等手段设置限制，解放征兆与符号，形成角色的目的与反目的，来增强故事的张力，从而让时间慢下来，使参与者在保护中"活在（亲历）当下"，以角色的身份和态度，运用不同的参与模式和表演行为模式，在虚实之间去探索中心动作的意义的层次。

本书可贵之处正在于它是第一本在中国语境下对伯顿和戴维斯进入 21 世纪时对教育戏剧的理论论述和实践发展进行研究、论述、剖析，分析各种对教育戏剧误解或诋毁的观念和论述，用教育学语言阐释教育戏剧的基本原理及其运用于德育的方法，沟通戏剧与教育、理论与实践的专著。其实"教育戏剧是以希思考特等人倡导的戏剧形式展开的教育活动，其主要目的是帮助学生理解社会及人与社会之间的关系、承担责任"。希思考特在重新将教育戏剧运用于学科教学时，偏重于在多学科整合课程中的使用，特别侧重于意义的学习而不止于学科知识的学习。戴维斯坚持将戏剧用于发展个体对世界的理解、对个体与社会关系的理解。教育戏剧自身拥有一套丰富的原理、目标、形式、操作方式，不是一个教学方法所能够容纳的，这是戴维斯作为戏剧专家对戏剧形式本身价值的坚持。在最近几年国内的一些论争也显示出了在戏剧教育领域，囿于舞台戏剧表演范围内的戏剧教育观的肤浅，显示出当前艺术教育跨学科、跨界研究的重要性和迫切的必要性。

本书对教育戏剧的概念特性、育德原理做了明确界说，定位了教育戏剧的德育价值、育德的内容和育德的方法等。针对当前对教育戏剧和道德教育的认知和实践现状，指出我们应当进一步深度理解道德教育的人类学背景，明确"理解"即意义的建构；利用教育戏剧为当下学校德育提供"活"的人类学背景，营造当前学校道德教育难以提供的类自然的社会生活情境，为道德教育提供有助于道德具身学习的方法，在"做中学"；等等。

本书最后以两个工作坊实例进行剖析，聚焦于教育戏剧在道德教育中的实践案例，正好可以给国内幼小中学校的德育以切实可行的示范指导。学校道德教育有自己的体系与方法，也有一些在现有学校运行模式下难以改变的不足，学习运用教育戏剧方法有望弥补以往学校道德教育的若干局限和缺陷。

在我们带领孩子们实践教育戏剧的进程中，特别强调希思考特、伯顿和戴维斯对"活在当下"的重视。让我们一起预读一下本书作者对"亲历（活在）当下"的解读：

　　"在学校德育中运用教育戏剧，首先要确定每一出教育戏剧的中心与故事，使它们既符合学校德育的目标与内容要求，又符合学生当下的发展需求。这就要求教师细致地观察和分析学生，了解他们的生活经历、已有经验与存在的问题，敏锐地把握社会变化及其与学生生活的联系；还要能够在优秀的文化作品中筛选出适用的故事，必要的时候能够自己创编。"

　　"对道德学习来说，反省反思是非常重要的环节，是自我教育的基础。它是个体自主性的表现，也是德行最重要的因素。因为德行只有在个体自主的前提下才有意义，任何被强制或裹挟而做出的举动都难以被认为是道德的。自我教育能够导向学习者的自主性。但是，我们在道德教育中最困难之处就是启动学生自我反思自我教育的动机，引导他们自我反省自我教育。能用的方法非常有限，因为自我教育不可能在外在的要求下完成。"

　　"参与者在亲历当下的教育戏剧过程中，不仅能够理解他人的行为及其背后的社会文化价值，同时也能更深入地了解自己，看到真实的自己，从而调整自己的行为，达到道德教育所追求的最高层次——自我教育。"

　　努力学习和实践吧！愿你在运用教育戏剧对青少年德育的实践中大胆想象并创造出更丰富多彩的方式方法来！

李婴宁

2023年9月

发现教育戏剧

第一次听到"教育戏剧"一词，还是在十多年前的车载广播里。当时离我以"道德原型"为题的德育原理研究成果出版已有几年。无论是出于研究所得，还是日常观察所悟，我都深深地感到德育在全面发展教育中是最难的一育。最高境界也是最有效的道德教育是润物无声、潜移默化的。可是怎样的形式才能具备这样的功效呢？虽然我在《道德原型及其教育价值》一书里提出过有效德育环境的设想，但并没有给出具体的形式。其原因既在于道德原型探讨的是基本原理问题，更在于在现行学校教育组织形式内几乎找不到这样的形式。寻找有效的道德教育形式与手段成了困扰我的一个问题。

人类社会的道德教育起源于生活，完成于生活。而学校产生和发展的主要目的和动力是知识和技能的传递，其教学组织形式无论从个别教学发展到班级授课，还是为了整合两者优点而产生的当代各种教学形式，在根本上都着眼于如何高效地帮助学生学习知识和技能，发展智能，而不是发展品德。虽然学校在正规教学组织形式之外，也在学校生活的各个方面努力推进道德教育，但终究与真正的道德生活有距离——不论在数量上还是质量上。因此，不难理解为什么学校道德教育会偏向于道德知识的教学，长于说教而在培养学生践行力上力不从心——脱离了生活的具体情境，道德变成了呆板的条条框框而不是灵动的行动指南。而呆板变成灵动的核心就在于，个体不仅内化了那些本来外在于他的行为规范，形成自己的道德观念乃至信念，而且能够根据身处的具体情境迅速地作出判断和行为反应。道德学习就像学游泳一样，一个人可以在岸上学会有关游泳的知识，知道怎么呼吸、怎么做手脚配合的动作，甚至可以在岸上把呼吸和手脚动作都练得非常熟练，但只要他不下水，他就永远也学不会游泳。一个人只有在与水的"博弈"中找到平衡点，保持适度的张力，才能既可以浮在水面上，也可以在水中前行，必要时还可以潜水。真实的生活情境之于道德学习就好比水之于学游泳。可是，在现行的学校组织形式内，如何创造这种真实的生活情境呢？

当广播节目里说一个小男孩在参与电影拍摄后整个人发生了非常大的变化时，我眼前一亮，感觉抓到了某个有用的东西——戏剧。所谓"戏如人生、人生如戏"，戏剧利用虚拟反映真实生活。让孩子们在虚拟的真实情境中学习社会生活的规则与价值，既保护了孩子，又能使他们深刻地理解人与人、人与社会的关系，而且这样的理解并不只是在智能上，还包含着情感与行为。但是如何让一般的孩子在学校里通过戏剧来学习呢？听到广播里传出"教育戏剧"一词，我牢牢记住了它。

此后，在虽然缓慢但不间断的寻找与学习中，我走进了教育戏剧。缓慢，是因为教育戏剧在国内一开始是个比较小众的新鲜事物，它貌似"戏剧"的身份更容易引起戏剧学和文艺学领域的学者的关注，尽管其本身是一种适用于普通教育的教育形式（手段）或教学方法。这使得国内最早关注教育戏剧的是戏剧学学者。

教育戏剧始于19、20世纪之交的英国，最早研究教育戏剧的是小学教师哈丽特·芬利-强森（Harriet Finlay-Johnson）。芬利-强森在小学的教学活动中将课程主题戏剧化（curriculum subjects into dramatization），并出版了《教学中的戏剧方法》（*The Dramatic Method of Teaching*，1912）一书，这是第一本介绍在学校教育中应用戏剧方法来开展教学工作的著作。20世纪中期，教育戏剧在欧美国家发展起来。到20世纪90年代，欧洲、美洲、澳大利亚、非洲、东南亚各地和我国港台地区教育戏剧蓬勃发展。中国期刊上开始有零星的文章介绍这一教育形式。如中央戏剧学院孙家琇的《关于英国的TIE》（1984），对在英美中小学中观察到的几次教育戏剧活动进行了介绍；中央戏剧学院路海波的《加拿大的戏剧艺术教育》（1993、1994）一文，系统介绍了加拿大在中小学教育戏剧以及教育戏剧师资培养方面的经验；于红英在《创造性戏剧节目指南》（1995）中介绍了美国的"创造性戏剧"教学方法；剧作家李婴宁在《英国的戏剧教育和剧场教育》（1997）一文中介绍了英国的教育戏剧。2000年，李婴宁促成英国的大卫·戴维斯（David Davis）教授赴上海戏剧学院开展了为期三天的讲座和戏剧工作坊，这可能是国内最早的教育戏剧实践。2000年以后，国内研究教育戏剧的文章开始增加，但也不过每年区区个位数的发表量。2014年后，文献数量飞速增长。2018年后，文献质量与数量更是大幅提升。这也与教育戏剧师资培训的发展相吻合。2007年，上海戏剧学院聘请李婴宁作为兼职教授为艺术（戏剧）教育专业的学生开设"教育戏剧的理论发展和实践"课程，但受专业限制，培养的师资与影响都十分有限。2013年，李婴宁组建上海李婴宁戏剧工作室，开始为在职教师和社会机构教师提供教育戏剧培训。2016年，上海李婴宁戏剧工作室与北京抓马宝贝教育体验中心（成立于2009年）共同组建见学国际教育文化院，借鉴英国的教育戏剧师资培训模式，面向全国开展更专业更系统的师资培训。同期，以张晓华、王添强等为代表的港台戏剧教育专家，通过各种会议、讲座、短期培训等途径在内地推广教育戏剧，也培养了不少师资。

除了民间力量的推动，政府与教育管理部门颁布的相关文件极大地促进了教育戏剧在国内的发展。如，2015年9月和2020年10月国务院办公厅先后印发《关于全面加强和改进学校美育工作的意见》和《关于全面加强和改进新时代学校美育工作的意见》，要求有条件的学校在义务教育阶段开设戏剧课程。这两个意见中所提的戏剧虽不完全等同于教育戏剧，但为教育戏剧在学校中的实施提供了便利。2015年11月，《当代教育家》杂志社联合香港明日艺术教育机构、江苏省常州市钟楼区教育文体局举办首届全国中小学教育戏剧高峰论坛，成立教育戏剧学校联盟。2016年，教育部正式批复举办戏剧教育国际交流平台——国际戏剧教育大会（International Drama Education Congress，IDEC），由北京外国语大学作为指导单位，外语教学与研究出版社作为主办单位。这些活动和机构有力地推动了教育戏剧在国内的发展。2022年4

月，教育部发布《义务教育课程方案和课程标准（2022年版）》，首次将教育戏剧列入艺术课程内容，并要求在语文、历史、道德与法治等课程中运用教育戏剧。可以预见，教育戏剧将在正规学校教育中获得新的更大的发展。

当前，开展教育戏剧活动的学校虽然越来越多，但是，就我国庞大的教育规模而言，它们的占比仍然非常低。许多教育一线的老师没有听说过教育戏剧，许多老师听说过但不知怎么操作。更困难的是，许多老师听说或接触到的教育戏剧常常不一样，令人困惑。这反映出存在对教育戏剧的不同理解和实践方法，亟需教育学界加强相关理论与实践研究，以帮助老师们根据不同的教育或教学目标选择恰当的形式。概括而言，已有的教育学视角的研究主要表现为以下特点：一是集中于对教育戏剧基本概念的辨析和国外情况的介绍，对建立"教育戏剧学"的构想还比较模糊；二是对技术层面的"戏剧教学法"的研讨较多，对教育戏剧的教育原理的研究比较零散；三是对教育戏剧的德育功能有所触及，但对教育戏剧的育德原理与实际应用的系统研究薄弱，尽管有人认为"中国教育戏剧的切入口之一应该就是道德教育"（沈亮，2013）。

国内已有的教育戏剧育德原理的研究包括学理阐释与案例验证两个方面。前者以理论阐释逻辑推论为主，如有的运用青少年积极发展理论提出教育戏剧对于青少年积极发展品格、自信、关爱与同情具有良好的促进作用（龚树欣，2012）；有的从社会心理学的角度提出虚拟场景中的实践锻炼、建构故事中的角色扮演、创设情境中的情感体验，使教育戏剧具备了培养学生的道德行动能力、道德判断力和道德敏感性的德育功能（卢兴钦，2018）；有的基于身体哲学、具身学习、符号互动等理论，探究了教育戏剧通过角色体验、团体活动和综合互动习式培养学生社会性素养的独特作用（严孟帅，2020），等等。后者的主要方法则是案例研究，通过对教育戏剧活动前、中、后学生的观察与访谈，分析揭示学生道德成长的原理，如认为教育戏剧通过激发想象力发展移情，利用对话启发道德思维塑造道德自我，通过融入特定语境发展叙事思维模式理解道德生活（Mengyu Feng，2022），等等。

教育戏剧用于德育的实际应用研究，也包括理论上的探讨与实践上的操作探索两个方面。前者多以基于教育戏剧的特性与学校德育的组织形式提出，如主张教育戏剧渗入学科课程及思想品德课，加入班队会活动和社团组织，浸入学校特色文化活动（张蓉，2019）等。后者主要表现为对具体操作过程和方法的探索，如较早的有台湾学者将教育戏剧策略融入小学生品格教育课（黄惠英，2009），大陆近几年更多的是将教育戏剧运用于道德与法治课的教学（韩春茂，2019；余仁生，2022等）。还有一些学校的校园戏剧中也不乏教育戏剧的德育应用，但往往不成体系或未被关注和整理。

与国内对教育戏剧的德育功能和相关实践的研究相比，国外学者因为更早地关注了教育戏剧，在此问题上的研究也更早。例如：彼德·斯莱德（Peter Slade, 1954）、多萝西·希思考特（Dorothy Heathcote, 1976）等戏剧理论家提出，教育戏剧是一种可行的、有价值的加强道德教育的教学策略，能够培养对他人感受和动机的洞察力和理解，个体可以通过教育戏剧发展对自己与他人关系的理解。拉里·迈克尔·戈登斯通（Larry Michael Goldstein, 1985）用三组实验验证了希思考特的教育戏剧方法在道德教育中的效果及影响。乔·温斯顿（Joe Winston, 1998）重点探讨了儿童戏剧对于德育的重要价值与实施路径。贝蒂·简·瓦格纳（Betty Jane Wagner, 1999）等从不同方面论述了教育戏剧在建构道德共同体中的力量。约翰·巴苏拉科斯（John Basourakos, 1999）分析了教育戏剧在道德教育中发挥作用的部分原理。布莱恩·埃德米顿（Brian Edmiston, 2000）以米哈伊尔·巴赫金（Mikhail Bakhtin）著作为基础，概括了戏剧作为道德教育的理论与哲学框架，以与乔·温斯顿倡议的新亚里士多德（neo-Aristotelian）法相区别。玛丽·热尔维斯（Marie Gervais, 2006）研究证实了教育戏剧可以成为初中生重要的道德教育工具。21世纪开始不久，欧盟DICE（Drama Improves Lisbon Key Competences in Education）项目组对"教育戏剧在教育中提高关键能力"的状况进行了调查，证实了教育戏剧的作用，其中涉及提高的能力有"对参与公共议题更感兴趣，更加有同理心；关心他人，更加能够改变自己，为家人做更多事情"等

（DICE Consortium，2010），这些都体现了教育戏剧的德育功能。2014 年，戴维斯出版《想象真实：迈向教育戏剧的新理论》（*Imagining The Real: Towards a New Theory of Drama in Education*），虽未专门论及道德教育，但其融合了邦德（Edward Bond）戏剧理念，强调教育戏剧的社会责任，反映社会生活，被誉为 30 年来教育戏剧界最重要的学术力作。2019 年，在爱尔兰都柏林圣三一学院召开的"我是谁？谁能告诉我我是谁？"的国际会议上，研究者延续戴维斯开拓的方向，探讨了教育戏剧帮助儿童和年轻人认识其所生活的文化、社会和政治世界，建立价值体系，承担责任的问题。这些问题也正是道德教育关注的内容。2023 年同名会议论文集（*Who Am I? Who Can Tell Me Who I Am?*）出版。按"帮助个体认识身后的社会"的方向发展，教育戏剧的德育功能将得到更大发挥。

总体来看，国内教育戏剧实践发展很快，但由于一开始的基数太少，在学校教育中还是未形成规模化的应用。相关的理论研究也呈现出相似的特点：虽然研究文献的数量有大幅度的增加，但总量上仍然很少。许多基础性的问题还不明确或还没有涉及。这又反过来导致学校教育戏剧实践存在一些混乱。例如，当我们使用"教育戏剧"一词时，有时是指完成各科教学任务的教学法，有时又是指独立于学科教学的人格教育（狭义上类同价值教育、道德教育）的教育手段。而在学科教学和人格教育中教育戏剧的功能与实施是有差异的，服务于人格教育而不是学科教学应该是教育戏剧更根本的价值所在。因此，除去那些将教育戏剧应用于学科教学的研究文献，专门探讨利用教育戏剧育人（狭义的，指思想品德方面）问题的文献其实更少。教育戏剧虽然不是专门用来进行道德教育的一种教育形式，但它蕴涵着十分丰富的有效德育的特质，可以弥补现行学校教育组织形式在道德教育上的不足。为了更好地利用教育戏剧的德育价值，有必要对其育德原理进行系统研究，并在此基础上探讨学校实践。

本书是我尝试回答上述问题的初步努力，也是我学习和实践教育戏剧的一个阶段性小结。教育戏剧涉及的学科颇多，要明白其工作原理需要具备戏剧学、教育学、心理学与哲学的相关基础知识，至于要设计出一出好的教育戏剧，根据探讨主题可能要用到的知识就包罗万象了，社会、人文、自然各个领域均可能涉及。教育戏剧又是一个需要理论与实践密切结合的学习领域，没有体验过教育戏剧的人难以读懂理论书籍；没有理论基础的人难以设计出好的教育戏剧活动，甚至难以看懂一出教育戏剧。教育戏剧还是一个需要与伙伴合作的工作项目，毕竟它的"烧脑"程度常常要靠多人智慧的支撑。但是它很值得，教育戏剧实践中参与者的热情反馈即是答案。本书中的教育戏剧案例除了个别片段的引用外均来自我与伙伴蔡飞老师的教学实践。我们在理论学习的同时，在小学、初中和大学开设了教育戏剧课程和社团活动课，在有了积累之后面向幼儿园、中小学教师提供了教育戏剧育人的教学设计培训。

一路走来，遇到的老师、同学，虽天南地北，行业不同，但大家的热情相同。选修我们课程的学生和参与培训的教师学员，虽学术背景不一，需求各异，但在教育戏剧活动中均获得了强烈的满足感。教育戏剧似乎有一种魔力，未曾接触者感受不到，一旦接触便为之倾倒。但若想掌握个中奥秘，却要付出许多努力去学习。广大教育一线的教师学习时间有限，本书希望通过对教育戏剧的介绍和阐释，帮助大家更快地把握和理解教育戏剧育人的原理。全书共五章，前三章侧重理论分析，由我撰写；后两章侧重简单的内容确定与实践方法的介绍，由我和蔡飞共同撰写。实践部分之所以说简单，是为了便于读者从教学设计的角度初步把控，只呈现了教育戏剧的一般结构和流程，而教育戏剧作为以师生即兴表演为基础的"做"的活动，需要在做的过程中展开，教师的设计、引导和带领涉及许多内容，需要有更大的篇幅来阐释。那将是我们下一步努力的方向。

教育教学和戏剧的艺术性、教育戏剧过程的即兴特质、学生的多样性及其在教育戏剧课堂中的"自由"，决定了每个教育戏剧活动都是独一无二的，但活动设计可以精益求精，不断改进。本书交稿迁延多日，原因即在于我对书中的教育戏剧教案"耿耿于怀"，恐其形丑贻笑大方，相信它们有更优方案，希望它们至少帮助阐明了教育戏剧用于德育的基本理路。

感谢魏贤超老师对教育戏剧育德研究的肯定！魏老师初次听闻我对教育戏剧育德原理的分析便鼓励我将它们发展成书。他多年前提出的伦理发生学研究的设想一直是我想一探究竟的方向，本书在某种程度上是对此问题的部分解读。感谢盛群力老师指导我把握对"理解"的理解，并慷慨分享了许多教育戏剧相关书籍给我！在将原理换化成具体教案的教学设计过程中，盛老师是我永远可以请教的专家。感谢李婴宁老师的大力支持！每当我为与教育戏剧有关的事项烦请她帮忙时，她总是不遗余力地给予帮助。李老师的教育情怀、开拓精神和宽阔胸襟常感染着我们。感谢在学习教育戏剧的路上曹曦老师、陈媛老师给予的指点！感谢见学国际教育文化院提供的平台，让我们不仅能够亲身体验克里斯·库珀（Chris Cooper）的课堂，还能在线上听到戴维斯和一众当代知名学者的报告，参与各种问题的研讨！感谢所有曾参与我们教育戏剧课堂的学生和学员提供的积极反馈！感谢所有启迪我们的文献作者和实践伙伴！

书中错漏之处欢迎批评指正。

蒋一之

2023年8月于上林湖

DIE

第一章

教育戏剧究竟是什么

教 育 戏 剧 与 道 德 教 育

"教育戏剧"在汉语中是个新名词，其所指在不同的使用背景下虽有不同，但总体上都指将戏剧元素运用于教育，其侧重点是教育而不是戏剧。这就与戏剧教育形成了鲜明的对比：戏剧教育的目的是培养戏剧领域的专业人员，或向特定的一部分人传授戏剧学知识和技能，培养戏剧能力；而教育戏剧面向全体学习者，目的是增进学习者在各个方面的发展，帮助学习：可以是学科知识的学习，可以是价值观的学习，可以是技能的学习，可以是社会性与个性的发展，等等。但这样的解释恐怕也难以让人明白教育戏剧究竟是什么。从教育戏剧进入我国起，关于教育戏剧是什么，怎么界定的争议就一直存在。"教育戏剧"在英文中对应于"Drama in Education"，简称"DIE"。DIE的直译是"戏剧在教育中"或"教育中的戏剧"，为了使用方便，需要用一个名词来指称。这个名词最常见的是"戏剧教学法"和"教育戏剧"，后来逐渐统一为"教育戏剧"。而中文的"教育戏剧"可以作多种理解，结果导致了教育戏剧概念的泛化。因此，要说明教育戏剧究竟是什么，还需要从DIE开始考察。

一、教育戏剧（DIE）一词的由来

英国教师们于19、20世纪之交开始将戏剧元素和戏剧方法运用于学校教育的教学实验。据盖文·伯顿（Gavin Bolton）考察，教育戏剧对应的英文"Drama in Education"（DIE）最早于1921年出现在印刷品上。[1] 该文献题名为《英格兰英语教学1921年报告》（*The Teaching of English in England 1921*），又称《纽博尔特报告1921》，是英国教育委员会主席指定相关教育部门完成的调查报告。报告xiv页的第284条内容提要为"Early importance of the Drama in education"，对应该条目的正文部分介绍的是英语教学中的戏剧活动。[2] 但在该条目中，"Drama"的首字母大写，"education"的首字母并未大写，因此

---

1 David Davis, et al, *Gavin Bolton: Essential writings.* (Stoke-on-Trent, UK and Sterling, USA: Trentham Books, 2010), p.164.

2 Board of Education Great Britain, "The teaching of English in England," [The Newbolt Report (1921)]. London: His Majesty's Stationery Office, February 19, 2011, accessed March 7, 2021. http://www.educationengland.org.uk/documents/newbolt/newbolt1921.html#09.

准确的理解应该是在英语教学中的"Drama"不是传统意义上的戏剧，它特指为教学所用的经过改变的戏剧，相当于后来出现的DIE。该条目只是首次将"Drama""in""education"放在了一起。而正因为其具有后来的DIE的含义，伯顿认为报告使用了术语"Drama in Education"。[1]

此后几十年，研究者用Educational Drama（教育性戏剧）、Dramatic Curriculum（戏剧化课程）、School Drama（学校戏剧）、Drama Teaching（戏剧教学）等词指代这种将戏剧元素运用于学校教学的方法，相关的实践和理论论述逐渐丰富，但仍未形成统一或系统的能占据主导地位的体系。直至1960年代，多萝西·希思考特（Dorothy Heathcote）通过实践发展了一套成熟的教育戏剧教学哲学和方法，将教育戏剧的实践与理论带到了一个新的高度。希思考特通过示范和讲座，向各个国家的教师传授其独特的教学方法。比希思考特在纽卡斯特大学（Newcastle University）的实践与研究稍迟，伯顿在杜伦大学（University of Durham）开展了相似的工作，他们的努力使Drama in Education成为一种实践模式。相关文献中开始较多出现"DIE"一词。如1967年，英国的全国英语教学联合会（National Association for the Teaching of English）发行了《教育戏剧》（*Drama in Education*）小册子，其中收录了希思考特的文章《即兴创作》（"Improvisation"）。[2] 1969年，伯顿发表论文《教育戏剧》（"Drama in Education"）。[3] 1971年，达德和希克森（Nigel Dodd and Winifred Hickson）编辑的《教育戏剧与教育剧场》（*Drama and Theatre in Education*）一书收录了希思考特的文章《教育戏剧：学科还是系统》（"Drama in Education: Subject or System"）。[4] 1972年，哈格森和班汉（John Hodgson and Martin Banham）编辑出版的《教育戏剧1：年度调查》（*Drama in Education 1: The Annual Survey*）收录了希思考特的文章《指向未来的培训需求》（"Training Needs for the Future"）。[5] 1979年，伯顿出版《迈向教育戏剧理论》（*Towards a*

1　Gavin Bolton, *Acting in classroom drama: A critical analysis*. (Stoke on Trent: Trentham Books, 1998), p.92.

2　参见 Liz Johnson, Cacil O' Neill, et al. *Dorothy Heathcote: Collected writings on education and drama*. (London: Hutchinson Education, 1984), p.44.

3　Gavin Bolton, "Drama in education," in *Speech and Drama* Vol.18, no.3(1996): 10-13.

4　参见 Michael. O' Hara, "Drama in education: A curriculum dilemma," in *Theory into Practice* Vol.23, no.4(1984): 319.

5　John Hodgson and Martin Banham, *Drama in education 1: The annual survey*. (London: Pitman, 1972).

Theory of Drama in Education）一书，从理论上阐释了教育戏剧的方法。[1] 该书对伯顿的介绍是"大学教育戏剧讲师"（a lecture in drama in education at Durham University），可见当时 drama in education 的使用已较普遍。《迈向教育戏剧理论》一书的出版使"DIE"的使用更加流行开来，代表着经由希思考特等发展起来的一套在教育教学中使用戏剧元素的理论与方法也逐渐流行开来。

与英国的情况相似，从 20 世纪上半叶开始在美国也产生了类似的教育实践活动与理论研究，其对应的名称为"Creative Drama"，译为"创造性戏剧"或"创作性戏剧"。不过，这一名称也与"DIE"一样，经历了"Creative Dramatics"（创造性戏剧活动）、"Informal Drama"（非正式戏剧）、"Creative Play Acting"（创造性游戏扮演）等名称的混用阶段。1975 年，美国儿童戏剧协会（CTAA）邀请权威学者修订相关名称，1977 年正式提出使用"Creative Drama"一词。1978 年，杰德·戴维斯和汤姆·班姆（Jed H. Davis & Tom Behm, 1978）正式将 Creative Drama 界定为：

> 创造性戏剧是一种即兴的、非展示性的、注重过程的戏剧形式，借助这一形式，参与者在领导者的引导下想象、表现和反思人类的生活经验。[2]

由于创造性戏剧的原理与 DIE 相通，两者的许多方法也可以互用，因此，这两个名词存在着混用的现象。但两者还是存在着差别的。如林玫君就"教育戏剧"这一名称写道：

> 此名称仍是创造性戏剧的英国版本，英文中又简称为 D-I-E。这是一种重过程且以即兴创作为主的戏剧活动。其组成的"人员"与"场地""时间"的应用和创造性戏剧相似，但其教学的目标、戏剧发展的观点、主题的选择及带领的方式却不尽相同。[3]

受英美两国教育戏剧和创造性戏剧活动的影响，1980 年代加拿大的教育戏剧工作者提出了"发展性戏剧"（Developmental Drama）的概念。它在戏剧

1　Gavin Bolton, *Towards a Theory of Drama in Education*. (London: Longman, 1979).

2　Jed H. Davis, Tom Behm, "Terminology of drama/theatre with and for children: A redefinition," in *Children's Theatre Review* Vol.27, no.1(1978): 10.

3　林玫君：《儿童戏剧教育概论》，复旦大学出版社，2019，第 8 页。

的组织方式上类似于 DIE 和创造性戏剧，但更聚焦于从戏剧的动作或行动中去研究个人与文化的互动。1990 年代初，澳大利亚学者约翰·奥图尔（John O'Toole）与布拉德·哈斯曼（Brad Haseman）发表包含"过程戏剧"（Process Drama）一词的题名著述，鼓励运用更多的剧场与戏剧手法。爱尔兰剧作家塞西莉·奥尼尔（Cecily O'Neill，又译西西莉·欧尼尔）发展了这一形式，将戏剧的基本结构与希思考特的戏剧模式相结合，使过程戏剧广受欢迎。[1]

在国内，DIE 被译为教育戏剧，而教育戏剧很容易被理解为应用于教育的戏剧，因此，在实际使用中，教育戏剧往往泛化为运用戏剧元素的教育方法和教育活动，包括 DIE、创造性戏剧、发展性戏剧、过程戏剧、儿童剧场（Children's Theatre）、参与剧场（Participation Theatre）、教育剧场（Theatre in Education）等，突破了教育戏剧对应于源于英国的 DIE 的原义。如张晓华认为，创作性戏剧发展至今，已是美国在中小学阶段教育戏剧的一般通称。其内涵广泛地包括了一些不同的名称或活动，如儿童戏剧（Children's Drama）、戏剧性游戏（Dramatic Play）、即兴式戏剧（Improvisational Drama）、非正式戏剧（Informal Drama）、创作性戏剧游戏（Creative Play Acting）[2]。其中的教育戏剧显然并不是指英国的 DIE。在这众多的名称中，儿童剧场、参与剧场、教育剧场等保留了剧场形式的表演活动，与 DIE 的区分相对容易，而创造性戏剧、发展性戏剧与过程戏剧等都与 DIE 一样以戏剧化的即兴创作为特征，不易区分。确实，这些不同名称的教育实践在理念上十分相近，在方法上相互借鉴，名称的不同似乎只是强调了同类教育戏剧实践活动的不同侧面，当我们从这些不同侧面来看待英国的 DIE 时，DIE 也可以被称为创造性戏剧或发展性戏剧或过程戏剧。其中，过程戏剧本身就是结合希思考特戏剧模式的一种形式，因此其理念与手法特别易于被英国 DIE 承认和采用，两者在当代英国几乎同义。奥尼尔的一段解释可以较好地说明这一点：

> 过程戏剧差不多与"教育戏剧"（drama in education）同义。"过程

1　相关文献：Bradley C. Haseman, "Improvisation, process drama and dramatic art," *in The Drama Magazine*(July 1991): 19-21.; John O'Toole, *The Process of Drama: Negotiating Art and Meaning.* (London: Routledge, 1992); Cecily O'Neill, *Drama Worlds: A Framework for Process Drama* (Portsmouth, NH: Heinemann, 1995).

2　张晓华：《创作性戏剧教学原理与实作》，中国戏剧出版社，2017 第 7 页。

戏剧"一词差不多同时出现于1980年代末的澳洲和北美洲，尝试划分这个特别的戏剧手法与其他一些结构没那么复杂、那么费劲的即兴活动，并把它定位在较宽阔的戏剧和剧场领域中。在教室中的戏剧活动也被称为教育性戏剧、教室戏剧、非正式戏剧、发展性戏剧、课程戏剧、即兴演绎、角色戏剧、创造性表演和创作性戏剧。……

　　在北美洲，"创作性戏剧"和"即兴演绎"最常被用来称呼这种过程重于演出的探索式戏剧活动。后者比较少被英国戏剧教育工作者使用，这或许是因为他们比较在乎能否将教育戏剧建立为一种结构复杂的学习媒介，而不仅貌似纯粹排练手法的活动，或一种没有情景的技巧展示或短暂的娱乐。这是人们偶尔对北美洲戏剧活动的看法，"即兴演绎"差不多等同于"小品"和"短剧"。虽然其中一位重要的教育戏剧先驱桃乐丝·希思考特（Dorothy Heathcote）也在1960年代引用"即兴演绎"来形容她的工作，但她在之后的著作中就鲜少提及。[1]

二、教育戏剧所指的历史演变

　　DIE是一个短语，从其构成来看，可以笼统地理解为"教育中的戏剧"或"将戏剧方法运用于教育"，但是如何运用及追求怎样的目标却可以构成不同的内涵。在发展过程中，DIE的理念和实践方法都发生过变化。今天的DIE理论和方法基于希思考特当年伟大的创新，但她本人的思想也受到前人的影响，且其工作虽对DIE的成熟具有奠基性的贡献，却并未就DIE作专门的文字上的界定，因此不妨先从历史的角度来看一下教育戏剧曾经是什么。[2]

（一）代表人物的实践与观点的演变

　　第一阶段：以哈丽特·芬利-强森（Harriet Finlay-Johnson）和亨利·考德威尔·库克（Henry Caldwell Cook）为代表，教育戏剧被用来教授学科知识。

　　英国小学教师芬利-强森被认为是教育戏剧活动的先驱。她自19世纪

1　西西莉·欧尼尔：《戏剧的世界：过程戏剧设计手册》，欧怡雯译，心理出版社，2020，第XXI页。

2　下文关于教育戏剧的发展介绍参照Gavin Bolton. "Changes in thinking about drama in education," *Theory into Practice*, Vol.24, no.3(1985): 151-153; 克里斯·库珀：《逆流而上——关于教育剧场和教育戏剧的历史回顾》，曹曦译，见学国际教育文化院内部资料·见学教育戏剧工具书，第二卷，2018，第7-42页。

末开始在历史、自然、圣经等学科的教学中采用戏剧方法。她将戏剧性的活动作为获取知识的一种手段，而不是像以往那样用戏剧方法让学生为公开表演做准备。1912 年，她出版专著《教学中的戏剧方法》(*The Dramatic Method of Teaching*)。

库克采用游戏方式，将戏剧作为英语教学的核心方法，指导学生成功地把散文、诗歌和莎士比亚的文本转化为戏剧表演。这一方法受到英国公立小学教师的欢迎，一时成为教育风潮。1917 年，库克出版专著《游戏方法》(*The Play Way*)。

第二阶段：受英国语言运动的影响，教育戏剧主要被用于训练语言技巧，主要学习和提高演讲能力。此时，教育戏剧与学习内容无关。

第三阶段：以彼得·斯莱德（Peter Slade）和布莱恩·威（Brian Way）为代表，强调教育戏剧以儿童为中心，以发展个体为目标。

斯莱德发现儿童游戏中的戏剧元素，第一个尝试将儿童的自然游戏带入教室，鼓励自发的表达，反对教师干预儿童表演，谴责使用剧本对儿童进行表演训练。在《儿童戏剧》(*Child Drama*，1954）一书中，斯莱德提出"创意游戏"（ideas game）法：学生们跟随教师的叙述行动，同时体验故事。这种方法后来在实践中被普遍接受，并得到威的进一步支持。

威将早期训练演员的方法应用到课堂上，设计了一套练习来培养学生的注意力、敏感性、想象力等。此外，威主张戏剧关注"个体的个性"（individuality of the individual），这一观点与 20 世纪 60 年代的进步教育哲学相呼应。在戏剧中，每个孩子都可以"找到自己"。威的思想集中体现于他的著作《通过戏剧发展》(*Development through Drama*，1967）中。

在斯莱德和威的哲学思想与方法的影响下，"进入 1970 年代，学生们被鼓励把戏剧看成是一个故事情节，老师们被鼓励通过一系列生活技能的练习来训练孩子们，例如敏感性和专注力，并且在进步教育的名义下强调个人活动和自我表达的重要性。戏剧作为一种象征性的艺术形式被忽视了，取而代之的是对直接感官体验的强调。戏剧的内容或主题被视为无关紧要"[1]。

第四阶段：以希思考特和伯顿为代表，教育戏剧被作为学习课程主题、理

---

[1] Gavin Bolton,"Changes in thinking about drama in education," in *Theory into Practice,* Vol.24, no.3(1985): 54.

解社会和建立个人意义的媒介。希思考特长于方法创新，她的思想深邃，是世界教育戏剧领域的领军人物。伯顿除了撰文阐释希思考特的方法及与希思考特合作著述，还以自己的戏剧教学实践为基础，撰写了大量文章和专著，是教育戏剧界的理论权威。希思考特与伯顿一起推动了当时英国的戏剧教育运动。在1980 年代"戏剧到底是学科还是学习媒介"的论战中，两人持"戏剧学习媒介论"并肩作战，影响深远。他们的方法与理论观点构成了当今教育戏剧理论与实践的基本框架。

希思考特的教育戏剧实践早在 20 世纪 50 年代就开始了，但到 1960 年代才被认可。她的工作使戏剧与教育的关系被重新界定。其思想和方法得到广泛传播和研究还是得益于相关著述的付印。从 1967 年起，希思考特发表散论、演讲及记录教学实践的影片，影响着英国的教育戏剧实践也跟随她的思想和方法开始转向。这种转向主要表现在两个方面：一是教育戏剧重新被用于对内容的学习；二是对教师角色的重新塑造。不过，希思考特强调的内容与芬利的不同，芬利是将教育戏剧用于对学科知识的学习，主要是在事实层面；而希思考特强调戏剧的主题，探讨的是事实背后的问题、原则、含义、后果和责任等。在教师角色上，希思考特发明了教师入戏（teacher-in-role）的方法，即教师扮演戏剧中的角色以开启、维持或推进戏剧活动，将学生带入似乎是真实的情境中学习。在适当的时候，教师跳出角色，回到教师身份引导学习。此外，希思考特还发明了"专家的外衣"（Mantle of the Expert）教学模式，主要应用于跨学科教学。她主张戏剧是关于共性的而不是个性的，要关注冲突和冲突的解决，为学生提供学习框架，增进理解。为此，她将语境引入教育戏剧，强调在参与者与素材之间建立个人化的强烈关联，建立起"亲历当下"（living through）[1] 或"混乱中的人"的戏剧样式，通过让时间慢下来增强参与者对戏剧境遇的意识，引导他们自我观看；借助对动作和符号的意义的探索，帮助理解。1976 年，贝蒂·简·瓦格纳（Betty Jane Wagner）在《多萝西·希思考特：戏剧作为学习媒介》（*Dorothy Heathcote: Drama as a Learning Medium*）一书中记录并分析了希思考特的教育戏剧方法，该书得到希思考特本人的认同，被视为

1　"living through"，曹曦称之为"活在当下"，张晓华译为"身历其境"，黄婉萍则译为"体验当下"，还有的学者采用的译文是"身临其境"。

研究希思考特戏剧实践的最重要的著述。1984 年，利兹·约翰逊（Liz Johnson）和奥尼尔编辑出版《多萝西·希思考特教育与戏剧论集》（*Dorothy Heathcote: Collected Writings on Education and Drama*），收录希思考特的大量演讲和论文，是希思考特教育戏剧思想的集中反映，多次再版。

伯顿承继并发展了希思考特的工作，他以自己的教育戏剧教学实践为基础，在理论上对教育戏剧的原理与方法进行了探讨与论述，发表了大量的论文与著述，试图建构起一套完整的教育戏剧理论。其专著包括《迈向教育戏剧理论》（1979）、《戏剧作为教育》（*Drama as Education*，1984）、《课堂戏剧新观点》（*New Perspectives on Classroom Drama*，1992）、《在课堂戏剧中演戏》（*Acting in Classroom Drama*，1998）等。伯顿研究了戏剧与游戏的关系，对儿童游戏、戏剧性游戏和剧场三者作了区分。他认为戏剧应该帮助儿童理解所处的社会环境及其与自身的关系。他提出并发展了学生参与课堂戏剧及学习的模式：从早期的戏剧性游戏、练习、剧场及结合了三者的"D 型"戏剧，到后期的创造（making）、呈现（presenting）和表演（performing）三种模式。他特别强调创造是课堂戏剧的独特之处，教育戏剧是一种通过社交协商来创造意义的过程。"在戏剧中发生的学习本质上是一种重构。学生要从一个新的视角来看待已经掌握的知识。他们通过扮演一个角色将自己从对现实世界的内隐理解中分离出来，对已有的概念进行修改、调整、重塑和重新组合，重新审视自己的体验。"[1] 伯顿提出了"高阶象征"（secondary symbolism）、"角色的第二维度"（second dimension）、"学生与戏剧材料之间的连接角度"（angle of connection）等概念，用以说明如何帮助学生在戏剧中形成个人意义；他用"虚实之间"（metaxis）、"审美/参照注意"（aesthetic/referential attention）、"辅助意识/无意识学习"（subsidiary awareness/unconscious learning）、"自然理解"（natural understanding）等概念来解释如何在戏剧中催生学生的有效学习。

第五阶段：以奥尼尔和大卫·戴维斯（David Davis）为代表，教育戏剧在方法上更多呈现出过程戏剧的特点，在教育内容上倾向于对社会、政治和意识形态的更多关注。

1　Gavin Bolton,"Changes in thinking about drama in education," in *Theory into Practice,* Vol.24, no.3(1985): 156.

1995 年，奥尼尔出版专著《戏剧的世界：过程戏剧设计手册》（*Drama World: A Framework for Process Drama*），旨在"梳理在戏剧教室和排练室的戏剧过程与为观众表演作为剧场产出之间的关系"[1]。奥尼尔从剧场艺术和剧场手法中获取灵感，用过程戏剧重新阐释了希思考特"亲历当下"的方法。她认为过程戏剧能够促使参与者投入戏剧中并探寻其中的重要意义，对戏剧中的事件有更多的认识。其方法是让参与者通过一连串的角色扮演直接投身戏剧事件，而无需演技。她提出"前史"（pre-texts）概念，即戏剧开始之前发生了什么。她运用经典的主题及其背后的戏剧张力，创造一种体验，使参与者能够从不同角度看待同一事件的过程，产生深刻的理解和更高层次的思考。奥尼尔发展的这些过程戏剧方法被普遍运用于当代英国的DIE中，因此DIE通常也被称为"过程戏剧"。

戴维斯被认为是"目前正在发展的一个全新教育戏剧方向的核心人物，并且为这个方向提供了理论的指导"[2]。此处所说的全新教育戏剧方向是指将邦德戏剧的概念融入教育戏剧，并将其与希思考特和伯顿的突破性理论联结了起来。作为一种艺术形式，教育戏剧的发展受到戏剧学相关理论的影响。如希思考特的"框架距离"及距离化模式即受到布莱希特（Bertolt Brecht）的"陌生化"或"间离"效果的启发。受与剧作家爱德华·邦德（Edward Bond）多年合作的影响，戴维斯的教育戏剧呈现出邦德戏剧的特点。这主要体现在：一是关注现代社会中的个人—社会关系、意识形态问题及对人的影响等主题；二是发展了危机的概念，利用极端的境遇促使戏剧参与者自我检视，在不得不对戏剧中的极端境遇作出回应的过程中开始担当。正如邦德戏剧通过把人物置于恐慌中，诱发观众对现实生活的认同或不满来反思社会问题。此外，"如伯顿一样，戴维斯也在探索'存在'在角色中（'being' in role）的框架。对于戴维斯来说，参与者连接虚拟世界和自身生活同样重要。这意味着必须为参与者找到连接角度，这对于戏剧的共鸣，甚至是挑战现有价值观来说十分重要。戴维斯也追求伯顿虚实之间的效果，目的是在虚拟世界中提供参与者反思自己生活

---

1 西西莉·欧尼尔：《戏剧的世界：过程戏剧设计手册》，欧怡雯译，心理出版社，2020，第Ⅵ页。
2 下文关于教育戏剧的发展介绍参照 Gavin Bolton. "Changes in thinking about drama in education," *Theory into Practice*, Vol.24, no.3(1985): 151-153; 克里斯·库珀：《逆流而上——关于教育剧场和教育戏剧的历史回顾》，曹曦译，见学国际教育文化院内部资料·见学教育戏剧工具书，第二卷，2018，第38页。

经验的方式"[1]。戴维斯的著述主要包括《爱德华·邦德与戏剧化儿童》(*Edward Bond and the Dramatic Child*，2005)与《想象真实：迈向教育戏剧的新理论》(*Imaging the Real*: *Towards a New Theory of Drama in Education*，2014)。其中，《想象真实：迈向教育戏剧的新理论》一经出版便得到世界教育戏剧界的高度赞誉，被认为是"全球范围内、第一次将爱德华·邦德戏剧理论详细解析到课堂戏剧中的理论著作，也是教育戏剧领域近30年来最重要的学术突破"[2]。

对英国教育戏剧实践有重大影响的人物除上述代表之外，还有一些教育戏剧实践与理论探索的著名学者，如我国读者较熟悉的乔纳森·尼兰兹(Jonothan Neelands)。他致力于用简明易懂的语言来说明教育戏剧的方法，为新手教师提供开展课堂戏剧、运用戏剧的模式。台湾学者翻译出版了尼兰兹的专著《透视戏剧：戏剧教学实作指南》(*Making Sense of Drama: A Guide to Classroom Practice*，1984)以及尼兰兹与托尼·古德(Tony Goode)合著的《建构戏剧》(*Structuring Drama Work*，2000)。《建构戏剧》为了帮助教师建构教育戏剧活动，提供了70种习式，非常有影响力。但这种做法遭到了质疑，被认为将复杂的创造戏剧的过程过于简单化了，容易陷入流于表面的境地。

（二）关于"教育戏剧是什么"的争议及其影响

从上述代表人物的实践与观点中可以看出，英国DIE从一开始就不是单纯为学习戏剧艺术而产生的，而是为了促进学科知识的学习、语言技能的发展、个体的个性发展及增进对社会的理解等。说其不是单纯为学习戏剧艺术，是因为在实现其他目的而采用戏剧时，学生自然而然地在戏剧这个艺术形式中学到了戏剧知识，发展了戏剧能力，这与直接以学习戏剧艺术为教学目标是不一样的。这一点可以比对间接教学与直接教学、隐性课程与显性课程的概念来理解。

在希思考特发展的教育戏剧概念中，运用教育戏剧来学习课程主题、增进社会理解的目标非常明确，因此，希思考特提出"戏剧是学习媒介"。她认可的瓦格纳对自己实践方法的记录与分析即以"多萝西·希思考特：戏剧作为学习媒介"(Dorothy Heathcote: Drama as a Learning Medium)为题名。但这一观点

---

[1] 下文关于教育戏剧的发展介绍参照 Gavin Bolton. "Changes in thinking about drama in education," *Theory into Practice*, Vol.24, no.3(1985): 151-153; 克里斯·库珀：《逆流而上——关于教育剧场和教育戏剧的历史回顾》，曹曦译，见学国际教育文化院内部资料·见学教育戏剧工具书，第二卷，2018，第38页。

[2] 大卫·戴维斯：《想象真实：迈向教育戏剧的新理论》，曹曦译，中国人民大学出版社，2017，第3页。

遭到了大卫·宏恩布鲁克（David Hornbrook）等人的反对。宏恩布鲁克主张教育戏剧与剧场戏剧一样都是艺术形式，应当归属于戏剧艺术课程，而课程的内容应包含戏剧与剧场完整的学习，帮助学生全面了解戏剧艺术的制作、表演与回应，而将戏剧作为学习媒介是对艺术美感的破坏。

伯顿站在希思考特一边反驳宏恩布鲁克对他们所做的教育戏剧的攻击和误解。他写作《在课堂戏剧中演戏》（Acting in Classroom Drama）的初衷就是反驳宏恩布鲁克"剧场中的演戏与课堂戏剧中的演戏完全一样"的论调。最后，伯顿以"教育戏剧既是学习媒介又是艺术形式"和"课堂戏剧与剧场都用了相同的艺术形式"消解了针对教育戏剧媒介论的反对意见。

有人认为，教育戏剧的媒介论与学科论之争的实质是艺术教育的工具论与本质论之争。工具论，顾名思义，即主张把艺术作为实现其他教育目的的工具；而本质论强调艺术教育的本质性价值，倡导以学科为基础的艺术教育。英国的教育戏剧从一开始就是课堂戏剧，是为了掌握知识、发展人格而进行的社会学习等，而不是为了剧场表演而进行的戏剧艺术学习。宏恩布鲁克等人由此认为教育戏剧破坏了学校里的戏剧艺术教育。尤其当 1988 年英国《教育改革法案》（Education Reform Act，1988）未将戏剧列入艺术学科，而是将其与媒体学习整合入英语学科之后，宏恩布鲁克对于戏剧被取消了独立学科地位十分愤怒，并将部分原因归结于教育戏剧媒介论的影响过大，遂开始攻击媒介论。事实上，由于戏剧先天地与语言密切相关，在某种意义上是运用语言文字的艺术，将戏剧学习放在英语学科中进行似乎是英国戏剧教育的一个传统，如"Drama in Education"一词的最早出现就是在 1921 年英国教育部关于英语教学的报告里。而反过来，将教育戏剧运用于语言学科教学似乎也更容易让人接受和推广，如我国中小学校的教育戏剧实践就以在语文与英语两大语言学科中的运用最多。

媒介论与学科论之争的结果，胜负没有定论，但它至少产生了一个积极的后果，那就是由于伯顿在论战中的笔耕，教育戏剧过程中使用剧场形式的这面曾经被隐藏的特征得以被更好地认识和呈现，课堂戏剧的性质更加明了。1992 年英国教育法案的规定使得教育戏剧以单学科渗透的模式进入国家课程体系。但在学校实践中，实际上还存在着将教育戏剧运用于跨学科教学的模式，如希思考特发明的"专家的外衣"就是在综合性课程中展开教育戏剧活动的教学模式。约翰·桑姆斯（John Somers）则提出一种既分科又综合的折中取向。他认为只要是有利于学生的课程模式，教育戏剧都可以选用：既可以从某一独立学科渗透进行，也可以以多学科整合教学的方式展开。他从八个方面分析了教育戏剧教学的特征：作为一种教学媒介的戏剧应用、作为学生表现自己观点的技巧、作为美学概念的戏剧形式的理解、作为创造想象的即兴表演、作为象征性戏剧呈现的学习、掌握戏剧素材的本质、统整性的学习和以戏剧身历其境的过程学习相关知识。[1]

由上述可见，在百余年的发展历程中，英国的教育戏剧发生了很大的变化。首先表现在将戏剧运用于教育的目的上：教育戏剧曾经被用于学科教学，帮助学生学习一些事实性的知识，特别是被用于语言教学；曾经被用来训练语言技巧，如培养演说技能；曾经被用来发展个性，用于自由表达；但最后被用于帮助学生理解社会，认识社会并培养他们对社会问题的担当。教育戏剧目的的改变导致了学习内容的改变：从学习学科知识、言语技能到自由表达，再到有关社会和人类关系问题的各类主题，涉及伦理、价值观、政治、意识形态等。为了实现已经改变的教育目的，深入把握学习内容，教育戏剧的方法从早期的角色扮演、戏剧化、游戏法到默剧表演、韵律舞蹈，再发展到当今包括角色扮演、教师入戏、即兴表演等多种方法在内的一整套运用戏剧元素来结构"亲历当下"戏剧的过程戏剧模式。

这些转变有的源于教育思潮的影响，如欧洲"新教育运动"对教育戏剧的源起、"以儿童为中心"的进步主义教育思想对教育戏剧"发展个体的个人"观点影响显著；有的源于世界戏剧发展带来的启发，如希思考特受布莱希特戏剧"离间"效果的启发提出教育戏剧的"框架距离"概念，戴维斯受邦德戏剧的启发进一步推进了教育戏剧主题的社会性和极端性；有的源于政府的干预，如1920年代开始政府支持将戏剧用于语言训练，使得教育戏剧的教学从以前的关注学科内容转移到掌握演讲和默剧、表演、合唱等技巧上，戏剧成了训练儿童表演的工具。《1944年教育法案》赋予教师制定教学大纲的权力，规定对11岁以下儿童不予测试等促进了教育戏剧的发展，而《1988年教育法案》对

1　John Somers, *Drama in the Curriculum* (London: Cassell Educational Limited, 1994): , pp.9-15. 转引自王毅：《学校教育戏剧研究》. 华东师范大学论文，2019，第67页。

教师权力的收归、实施选拔教育和考试测评等，以及政府财政资助的取消削弱了教育戏剧的发展。《1992年教育法案》仍然将戏剧置于英语学习领域之中等。而教育思潮、世界戏剧的发展与教育法规、政府干预背后的影响因素是时代背景，包括社会政治、经济的变革。当然，除此之外，教育戏剧之所以形成今天的样式与代表人物天才的创新有关，如希思考特各种划时代的发明、对戏剧与教育理论近乎本能却直击要害的连接等。她的方法与思想仍是当前许多人研究的对象。

通过对历史的简单回顾，我们可以得到这样一个结论：当代教育戏剧已发展出与20世纪上半期不同的理念和方法，其基本框架得之于希思考特的戏剧思想和方法，经过了伯顿在理论上的系统阐释与创新，吸收了奥尼尔的过程戏剧方法，由戴维斯带入了邦德戏剧的特性，更聚焦于社会问题，更适用于社会领域的学习。

三、教育戏剧界说

从英国DIE的发展过程可以看出，教育戏剧一开始就是指在学校教育中运用戏剧，Drama in Education并没有像后来一样有所特指，尽管这个特指怎么表达还有待形成共识。在希思考特和伯顿富有影响力的工作之前，这个在学校里运用戏剧的教学活动用了许多其他的称呼，伯顿曾追溯过这些不同的叫法：

> 芬尼－庄信（Finlay-Johnson，1911）和库克（Cook，1917）让学生直截了当地投入写作、排演、演出剧本，分别用上"戏剧化"（dramatization）和"游戏法"（playway）的词汇。1920年代开始则唯有用"语言训练"（Speech-training）一词才能在学校占有一席之地。然后，"默剧"（Mime）（Mawer，1932）成为新的公认用词，盖过了"韵律舞蹈"（Eurhythmics）（Jacques-Dalcroze，1921）。接着，是史雷和魏（Way，1967）从自然的儿童游戏引申出来的戏剧发展新概念，人们认为"创造性戏剧"（Creative Drama）一词可综合两家哲学，这词也就成为家喻户晓的讲法；而在大西洋的彼岸，"创意戏剧法"（Creative

Dramatics）（Ward，1930）长久以来就用来替代剧场教育（theatre education）。拉班（Laban，1948）到达英国，使戏剧实属体育一部分的意念得以流行。这些全国性的影响，到了1960年代，新堡和德伦两所大学的实践模式称为"教育戏剧"（Drama in Education），一个于1921年第一次出现在印刷品上的词，但在1960年代和1970年代，教育戏剧令人联想到教师入戏和全组投入的"体验当下"戏剧活动。[1]

文中提到的新堡（又译纽卡斯特）与德伦（又译杜伦）两所大学分别是希思考特和伯顿工作的地方。尽管他们的实践模式被称为"教育戏剧"，但希思考特并没有明确界定过该词，较接近的阐述出现于她对自己的工作的解释中：

> 她觉得自己所做的不是创意戏剧、角色扮演、心理剧或社会剧，而是有意识地运用戏剧的元素来教育——引导孩子们真正了解他们内在已知但未被他们自己意识到的东西。她称之为"构建学生的内在"——是质量教育而不是数量教育。她并不否认，通常来说，追求数量、故意尝试尽可能多的领域是合适的。但在其他时候，最好的办法是追求体验的质量，深入感受和意义；这是她的戏剧目标。[2]

其中"运用戏剧的元素来教育"正是人们对教育戏剧的笼统印象，但如何运用及运用的目的可以是不同的，比如历史上曾经用于培养演讲技巧就与希思考特的追求相去甚远。希思考特希望"引导孩子们真正了解他们内在已知但未被他们自己意识到的东西"，用伯顿的话来说就是：

> 帮助儿童学习那些感觉、态度和前设，而这些感觉、态度和前设在儿童没有戏剧经验之前都非常隐晦。（……因此儿童）受了戏剧的帮助而能面对事实并且不存偏见地诠释之；因此他们发展出一系列不同程度的跟别人感同身受的方法；因此他们发展出一套原则，一套贯彻的原则，并且身体力行。（Bolton，1971：12–13）[3]

---

1 大卫·戴维斯：《盖文·伯顿：教育戏剧精选文集》，黄婉萍、舒志义译，心理出版社，2014，第180-181页。

2 Betty Jane Wagner, *Dorothy Heathcote: Drama as a Learning Medium* (Washington, D.C.: National Education Association, 1976), p.13.

3 大卫·戴维斯：《盖文·伯顿：教育戏剧精选文集》，黄婉萍、舒志义译，心理出版社，2014，第XXII页。

在后来的著述中，伯顿进一步明确表达了他的戏剧教育目的：

> 在学校教授戏剧时，我的长期目的是：
>
> 1.帮助学生理解他自身以及他生活的世界。
>
> 2.帮助学生知晓如何以及什么时候来适应他生活的世界［或什么时候不（去适应）］。
>
> 3.帮助学生通过戏剧作为媒介获得理解和满足。
>
> （Bolton, 1976: 1）[1]

戴维斯认为，"伯顿的第一个目标中有一个含义，即通过体验戏剧，孩子们能够有机会发展他们自己作为社会存在的理解。第二个目标中的'何时适应/何时不适应'暗示一种对社会的深层分析，在社会生活中生活的孩子们需要提出关键问题，对我们希望生活的社会进行分析"[2]。其实，除此之外，还包含着非常重要的价值判断，唯有作出价值判断，才能决定是否要去适应。因此，伯顿在几年后的著作中明确地指出"戏剧是为了理解"，"戏剧与价值判断学习有关"，并且，承继希思考特对体验与意义的强调，伯顿把教育戏剧关注的中心落在学生的情感/认知发展上。他写道：

> 教育戏剧主要关注学习者在情感/认知上的发展，评估它们的变化。我们可以简要称之为"为了理解的戏剧"：这正是教师在教的和学习者在学的。……因为戏剧的运作既是主观的也是客观的，所以学习与那些做出价值判断的概念有关。在我看来，那种无关价值判断的重要学习（例如，将动物分为脊椎动物和非脊椎动物），最好通过戏剧之外的其他方式进行。[3]

为此，伯顿寻找最有效的投入角色的模式，追求通过理智与情感的统一，即以感性认知的发展来促进参与者在价值观上的改变。这些对教育戏剧的阐释得到了认可，在约翰·纽曼（John Norman）编辑的全英戏剧教学学会的1981年年会报告中，教育戏剧被描述为：

1　转引自大卫·戴维斯：《想象真实：迈向教育戏剧的新理论》，曹曦译，中国人民大学出版社，2017，第27页。

2　同上。

3　Gavin Bolton, *Towards a Theory of Drama in Education* (London: Longman, 1979), p.38.

教育戏剧的核心理念——通过具体的戏剧体验，形成个人意义和普遍的、抽象的、社会的、道德的、伦理的观念。[1]

这些对教育戏剧的界定显然是从媒介论的角度而言的，但正如学科本质论主张教育戏剧要教授包括创作表演在内的戏剧艺术一样，还是有不少人存在着对教育戏剧的误解。因此，当代英国教育剧场和教育戏剧的重要实践者和推广者、曾任大伯明翰教育剧场（Big Brum Theatre in Education）艺术总监的克里斯·库珀（Chris Cooper）提出想要理解教育戏剧，也许先了解什么不是教育戏剧会更有帮助。他指出：

> 教育戏剧不是教授表演技巧或让儿童变成演员；虽然作为参与戏剧的结果之一，儿童对戏剧艺术的技巧会慢慢掌握得更多。
>
> 它不仅是一种用来让其他学科（诸如语文或历史）变得更有意思的教学工具；虽然它能够做到如此。它也不是对知识的传导，或将成人的价值观强加在儿童的思想里。在戏剧里不能有正确答案，否则它就不是戏剧。[2]

显然，库珀承认教育戏剧是一种教学工具，但是这种教学工具不是用来传递知识和灌输价值观的，而是为了帮助儿童理解自身所处的世界，为此，教育戏剧必须是一个提供体验式学习过程的艺术形式：

> 在历史上，教育戏剧在西方被提及时更多会用到"过程戏剧"这个词，它是一个将教学法和戏剧艺术融合的、独立的艺术形式，目的是将全部人类经验戏剧化。儿童和年轻人主动地参与创建一个虚拟的语境，通过戏剧活动——通常会涉及"入戏"成为他人——以及和教师的互动（通常在入戏的状况里），旨在为参与者带来对他们自身以及他们所处世界全新的理解。在这点上来说，参与者就是戏剧，他们创造戏剧并且创造戏剧的意义；现实被想象出来是为了制造和人类境况有关的意义和价值，也就

1　John Norman , et al, *Drama in Education: A Curriculum for Change* (Oxford: National Association for the Teaching of Drama and Kemble Press, 1981), p.50.

2　下文关于教育戏剧的发展介绍参照 Gavin Bolton. "Changes in thinking about drama in education," *Theory into Practice*, Vol.24, no.3(1985): 151-153; 克里斯·库珀：《逆流而上——关于教育剧场和教育戏剧的历史回顾》，曹曦译，见学国际教育文化院内部资料·见学教育戏剧工具书，第二卷，2018，第9页。

是——成为人意味着什么。

这里强调了一个体验式的学习过程，而不是结果或表演。这个复杂和成熟的艺术工具包含了许多元素，如伯顿指出的："（它）和教学法有关，正因为它是一门艺术"（Bolton, 1993: 39）。我将这里提到的教学法理解为：一种整合的、针对个人和社会学习的教学方法论。[1]

库珀的这个界定从四个方面解释了教育戏剧：第一，继续前人观点，强调了教育戏剧的目的是促进学生对世界的理解；第二，明确了教育戏剧"是一个将教学法和戏剧艺术融合的、独立的艺术形式"；第三，明确教育戏剧是"体验式的学习过程"，不指向"结果与表演"；第四，指出了教育戏剧主要的方法是"创建一个虚拟的语境、入戏、师生互动，以使参与者创造戏剧和戏剧的意义"。在这四点中，前三点都非常明确，唯有第四点对方法的解释恐不全面，而教育戏剧的方法很多，要将它们全罗列进对教育戏剧的界定中并不现实。如果要从方法角度来理解教育戏剧，我们可以参考库珀的中国同事、国内教育戏剧的重要推动者曹曦在培训班上带领学员一起拟定的教育戏剧定义：

> 教育戏剧运用声音、语言、物件、动作和角色来营造一个包含中心事件的社会场景，并运用高阶象征使事件和社会场景产生连接角度；通过具有内在连贯性的习式来建构学习区域；通过教师入戏等手段设置限制，解放征兆与符号，形成角色的目的与反目的，来增强故事的张力，从而让时间慢下来，使参与者在保护中"活在当下"，以角色的身份和态度，运用不同的参与模式和表演行为模式，在虚实之间探索中心动作的意义的层次。[2]

以上界说均侧重于教育戏剧作为社会学习媒介的一面，是从目的—功能角度来阐释教育戏剧的。我国学者在引介教育戏剧时，似乎更关注教育戏剧在学科教学上的功用，将其定位于"教学方法"。如台湾学者张晓华的界定：

1　下文关于教育戏剧的发展介绍参照 Gavin Bolton. "Changes in thinking about drama in education," *Theory into Practice*, Vol.24, no.3(1985): 151-153; 克里斯·库珀：《逆流而上——关于教育剧场和教育戏剧的历史回顾》，曹曦译，见学国际教育文化院内部资料·见学教育戏剧工具书，第二卷，2018，第9页。
2　记录自曹曦在见学国际教育文化院2018年暑期教育戏剧培训期间的讲座。

　　教育戏剧是运用戏剧与剧场的技巧，从事于学校课堂的教学方法，它是以人性自然法则、自发性的群体及外在接触，在指导者有计划与架构之教学策略引导下，以创作性戏剧、即兴演出、角色扮演、观察、模仿、游戏等方式进行，让参与者在彼此互动关系中能充分地发挥想象，表达思想，由实作中学习，以期使学习者获得美感经验，增进智能与生活技能。[1]

马利文显然认同教育戏剧是教学方法，直接称之为"戏剧教学法"：

　　戏剧教学法（Drama-in-Education）的提法起源于英国戏剧教育学者希思考特（Dorothy Heathcote），她曾以此词来形容自己的戏剧教学模式。其教学原理、目标、形式、方法等内涵丰富，涉及浓厚的人文教育、跨学科学习和艺术教育等层次教育目标。……这种教学法是通过设计和规划的戏剧程序，由教师在课程中，以戏剧或剧场的技巧，建立群体参与的互动关系，引导学生激发创造力的潜能与合作精神，来丰富课程的内容，愉快地经历实作的过程，并促进学习动机和教学效果。教师以戏剧的手段融入课堂教学，学生参与即兴表现，教师亦即兴反应，是以学生为中心的学习方式。[2]

不过，马利文后来也用"教育戏剧"为译名，并指出其功能：

　　"教育戏剧"（Drama-in-Education）概念起源于欧美，也被称为应用戏剧（Applied Drama），指以戏剧或剧场的技巧为方法来从事教育、教学。它不以表演为目的，是借用戏剧途径推进人的社会学习，对人的认知发展、情绪、个性、社会性的发展发挥积极的促进作用。[3]

李婴宁对教育戏剧有类似的界定：

　　教育戏剧是运用戏剧手段于教育和课堂教学的方法。即在普通教育过

1　张晓华：《教育戏剧理论与发展》，心理出版社，2004，第18-19页。
2　马利文：《戏剧教学法的起源、表现形式、类别与作用》，《中国教师》2011年第17期，第19页。
3　马利文：《专题：教育戏剧的理论与实践》，《教育学报》2014年第1期，第56页。

程中，把戏剧元素和方法作为教学方法和手段，应用在教学科目和教育目标中，让学生在情景设置、角色扮演、即兴表演、主题深化、意义探讨等环节中，通过共同创造的戏剧活动和戏剧实做达到学习目标和教育目的。[1]

所不同的是，张晓华称教育戏剧是应用于课堂的教学方法，而李婴宁和马利文都指出教育戏剧也用于教育，换言之，教育戏剧也是教育方法。教学方法与教育方法仅一字之差，但意思不同。教学不等同于教育，戏剧在教育中可以指在所有教育活动中，范围要比教学大得多。教学方法常与学科教学相关，侧重于知识与技能的教与学，最常用的地方是课堂；教育方法则用于所有以"教人向善"[2]为目的的教育活动中，包括教学活动。李婴宁的"应用在教学科目和教育目标中……达到学习目标和教育目的"可以理解为教育戏剧能一方面增进学科教学的效果，另一方面能达成学科教学目标之外的教育目的，比较宽泛，与她本人主张的可以将教育戏剧运用于学校教育的任何方面有关；张晓华的"使学习者获得美感经验，增进智能与生活技能"则突出了教育戏剧的艺术教育性质，这与他受美国创作性戏剧影响更深及台湾将教育戏剧置于艺术课程体系中有关。

然而，不管是教学方法还是教育方法，把教育戏剧定位于方法都窄化了它的内涵。"戏剧作为学科教学法"的概念是英国教育戏剧早期发展阶段的产物，以芬利-强森和库克在英语学科中的使用为代表。后来希思考特虽重新将教育戏剧运用于学科教学，但已发生了变化：一是偏重于在多学科整合课程中的使用；二是侧重于意义的学习而不止于学科知识。即便如此，戴维斯仍批评希思考特的学科教学法"披着专家的外衣""缺乏对社会性境遇中的价值观的拷问"[3]，不利于重新看待和理解世界以及我们和它的关系。当然，戴维斯也不认同"戏剧作为学习媒介"的说法，因为"这个术语有一种对于学习结果的强烈暗示。这个术语背后很可能暗示一种需要教授戏剧形式以外的其他东西，藏在这之后的是教师的价值体系，以及一种道德或课程的需要"。[4] 显然，戴维斯

---

1 李婴宁：《"教育性戏剧"在中国》，《艺术评论》2013年第9期，第50页。
2 此处的善泛指变得比原来好，可理解为进步或积极的发展，不单指伦理意义上的好。
3 大卫·戴维斯：《想象真实：迈向教育戏剧的新理论》，曹曦译，中国人民大学出版社，2017，第68页。
4 同上。

坚持戏剧用于发展个体对世界的理解、对个体与社会关系的理解，担心被用于价值观的灌输，这是他作为戏剧专家对戏剧形式本身价值的坚持。不过从教育的角度看，他的这些观点需辩证地看：戏剧作为学习媒介并不必然导致价值灌输，但是将教育戏剧定位于教学方法确实不能保证它能用于发展对世界和人与社会关系的理解，它往往更多地被用于实现促进某一学科知识与技能学习的学科教学目标，正如教育戏剧近些年在我国的快速发展就是以在学科教学中的这种使用为基础的。何况教育戏剧自身拥有一套丰富的原理、目标、形式、操作方式，不是一种教学方法能够容纳的。库珀倒是说过"我将这里提到的教学法理解为一种整合的、针对个人和社会学习的教学方法论"[1]，看来他是看到将教育戏剧定位为教学方法的不足的。但是，即便是教学方法论也无法涵盖教育戏剧丰富的内涵。

那么，教育戏剧应该是什么？从 Drama in Education 中的关键词"drama"和"education"出发，界定教育戏剧有两种参照模式：一种是参照"戏剧"，另一种是参照"教育"。参照"戏剧"，教育戏剧就是以教育为目的且经由希思考特发展起来的那一种戏剧形式。如舒志义的界定：

> 所谓教育戏剧，即是一种含有教育性的戏剧，颇有Drama-in-Education这个词的况味，即当年哈思可特所提的一种以教育为前提的戏剧形式。[2]

参照"教育"，教育戏剧就是具有戏剧活动特性的教育活动。如徐俊的界定：

> 教育戏剧就是通过想象与扮演的方式有意识地再现并传递善的人类经验的社会活动。[3]

不过，在徐俊界定中的"教育戏剧"并不特指 Drama in Education，而是力

1　下文关于教育戏剧的发展介绍参照 Gavin Bolton. "Changes in thinking about drama in education," *Theory into Practice*, Vol.24, no.3(1985): 151-153; 克里斯·库珀：《逆流而上——关于教育剧场和教育戏剧的历史回顾》，曹曦译，见学国际教育文化院内部资料·见学教育戏剧工具书，第二卷，2018，第 9 页。

2　大卫·戴维斯：《盖文·伯顿：教育戏剧精选文集》，黄婉萍、舒志义译，心理出版社，2014，第 XVIII 页。

3　徐俊：《教育戏剧的定义："教育戏剧学"的概念基石》，《湖南师范大学教育科学学报》2014 年第 6 期，第 35 页。

图包括所有的以教育为出发点的戏剧形式的活动，"有意识地再现并传递善的人类经验"也不是DIE的目的。这个目的表述可以用来界定教育，但并不适用于戏剧，因为它不是戏剧的目的（至少不是所有戏剧的目的），所以要界定对应于DIE的教育戏剧，还需结合DIE的目的。

DIE的目的是什么呢？根据前文DIE发展的历史回顾，教育戏剧有促进知识学习、人格发展和对社会的理解等目的。其中增进社会理解是从希思考特到戴维斯都追求的，这也最符合戏剧本身的目的和发展，也是最体现戏剧价值的地方。换句话说，用戏剧形式来学习知识、发展人格并不是最佳的选择，特别是在知识的学习上，有其他更多、更适当的教学方法适用于不同类型的学科。英国DIE之所以从最初作为英语学科教学法发展到今天强调用于对社会的理解，正是这个道理。因此，从教育出发，结合DIE的目的，可以将教育戏剧界定为："教育戏剧是以希思考特等人倡导的戏剧形式展开的教育活动，其主要目的是帮助学生理解社会及人与社会之间的关系、承担责任。"

最后，我们将参照"戏剧"与参照"教育"的两种界定结合起来，得到教育戏剧的如下界定。

所谓教育戏剧，是指将希思考特等人倡导的戏剧形式运用于学校教育。根据运用方式的不同，可以分为两类：一类用于学科教学或某些教育活动，以辅助完成教学目标或某些教育目标，此时教育戏剧常被称为学科教学法或戏剧教学法；另一类利用该种戏剧形式实现其本身追求的帮助学生理解社会、建立价值观、承担责任的教育目标，此时教育戏剧是一种以戏剧形式展开的教育活动。

在这个界定中，"希思考特等人倡导的戏剧形式"被用来区分教育戏剧与一般戏剧的不同，包括前文各位学者揭示的教育戏剧的特点，如库珀的不以表演为目的，重视体验的学习过程，教学与艺术相结合等，以及曹曦等人概括的教育戏剧的方法。

作为教学法和作为教育活动的区别在于是否有自己的教育目标。教学法没有自己的教育目标，是为实现他者的教育教学目标服务的；而教育活动有自己的教育目标，每一项教育活动都是为了某一个目标而展开的。希思考特等人倡导的教育戏剧有两种形式，一种称"专家的外衣"，为学科教学或跨学科的综合课程学习服务；另一种不为具体的学科或活动目标服务，而是为了实现他们认定的戏剧目标——理解社会与世界、理解关系、建立价值观、承担责任。前一种是教学法；后一种戏剧形式展开的同时就是教育活动实施的过程，因而是教育活动。作为教育活动的教育戏剧更为强调教师以促进者的角色，引导学生参与到一个解决问题的任务中，唤起学生的投入、对任务的承诺和对行动的反思，通常处理现实生活中的紧张、问题和人际关系。

总之，戏剧在教育中可以是一种教学法、教学形式、教学手段，也可以是一种活动、一种带有戏剧元素的活动。而不论是在教育戏剧本身的发展史上还是在我国当前的实践中，作为教学法和作为教育活动一直都是教育戏剧存在的两种方式。教育戏剧与其他教学法或教育活动不同的只是，它运用戏剧元素来实现教育功能，以一种特殊的艺术形式展开。

四、教育戏剧的特性

教育戏剧作为一种特殊的艺术形式，其特殊性主要表现在三个方面：一是突破了戏剧的舞台或剧场限制；二是改变了戏剧的观演关系；三是突出了戏剧的教育功能。但它仍具备艺术性，是借助虚拟与扮演探索教育主题的艺术形式。

（一）突破了戏剧的舞台或剧场限制

尽管在戏剧学领域，人们对于戏剧的起源与界定有不同的见解，戏剧在形态上也一直处于不断发展演变的过程中，但在最基本的意义上和历史上相当长的时段内，戏剧都被认为是一种以戏剧文学为基础，借助演员创造的舞台形象进行表演的舞台艺术或剧场艺术。这从"戏剧"一词的外文中就可以看到。与中文"戏剧"对应的英文词有两个：drama 和 theatre。drama 的另一个中文意思是"剧本"，对应戏剧艺术涉及文学这一范畴。theatre 的本义是剧场和戏院，与德文 Theater 一样源于希腊剧的剧场 theatron 一词，意为"观看的场所"。因此，当在外文文献中 theatre 涉及表演艺术范畴时，就往往被中译为戏剧。也有不少人根据 theatre 的词源本义将戏剧定义为舞台艺术或剧场艺术，如日本戏剧理论家河竹登志夫认为："狭义的戏剧概念，是指作为建筑物的剧场，因而，戏剧一词，通常是指剧场艺术。"[1] 他又说，通常给戏剧所下的定义是"由演员扮演成剧本中的登场人物出现在观众面前，并在舞台上凭借其形体动作和语言所创造出来的一种艺术"。[2] 美国戏剧评论家布朗德·马修斯（Brander Matthews）则说："戏剧是这样的一个总和，我们在剧场里借助它来表现生活，并给剧场中一千二百名观众以真实的幻觉。"[3] 而将剧场这一戏剧表演的场地进一步聚焦便是舞台，因而有些定义突出了戏剧的舞台特性："戏剧和戏曲是指以舞台表演为存在形式，以演员的动作和声音为主要表现手段，为观众当场表演故事的艺术样式。"[4] "戏剧是一门综合性的艺术，是文学、音乐、舞蹈、美术等多种艺术因素的结合体。作为综合性的舞台艺术，它在小小的舞台上展示了人类许多的悲欢离合故事，是人生舞台的一个缩影。"[5]

与上述人们对戏剧的一般理解不同，教育戏剧并不产生于剧场，甚至也不在舞台上演。或者更确切地说，在教育戏剧中并不存在舞台。教育戏剧突破了舞台和剧场限制，它发生于教室，或类似于教室的一个教育与学习空间。因此，在国外一些文献中，教育戏剧也被称为教室戏剧。

（二）改变了戏剧的观—演关系

当戏剧在剧场舞台上呈现的时候，观众目光的焦点在舞台上。演员在舞台上表演，观众在舞台下观看。观众通过演员创造的舞台形象来认识和体验剧本所要表达的思想情感。然而，在教育戏剧中，没有演员与观众的区分，也不存在单纯的观看者与表演者。在舞台戏剧中观众观看演员表演的观—演关系在教育戏剧中发生了改变。徐俊根据"观众"角色被取消的程度将教育戏剧中的观—演关系概括为三种水平：第一种水平是观—演关系与一般的舞台戏剧完全相同或仅有轻微弱化的情况，存在于"儿童剧""TIE""校园戏剧"等用教育戏剧实现戏剧教育的目的，或者中小学教师直接在课堂里开展的戏剧活动中；第二种水平是观—演关系在形式上被弱化甚至取消，但却依然以隐含的方式存在于活动参与者的头脑中——进而体现在他们行动里，存在于虽不主张教育戏

---

1 河竹登志夫：《戏剧概论》，陈秋峰、杨国华译，中国戏剧出版社，1983，第1页。
2 同上。
3 转引自阿·尼柯尔：《西欧戏剧理论》，徐士瑚译，中国戏剧出版社，1985，第26页。
4 田川流、刘家亮：《艺术学导论》，齐鲁书社，2004，第165页。
5 周菁葆：《艺术学概述》，北方联合出版传媒（集团）股份有限公司，2009，第116页。

剧以演出为目的，但在具体的实践过程中却大量借鉴甚至是照搬了舞台表演和演员训练技术的教育戏剧活动中；第三种水平是观—演关系在整个活动中完全被剥离的情况，存在于"去表演化"最为彻底的教育戏剧活动中，以希思考特、伯顿、奥尼尔和戴维斯为代表。[1]

上述第一种水平中提到的"TIE"是"Theatre in Education"的简写，一般译为"教育剧场"，也有人将其译为"教育戏剧"，因为如前所述"theatre"在戏剧学里常被译为"戏剧"。它与"DIE"的不同之处在于，它一般由专业的演教员（即既是演员又要起教师作用）进入学校，根据学生情况创作演出剧目，但中途会停下来与学生一起讨论，讨论的结果有可能改变戏剧的走向与结局，其间学生也可能参与表演。因此，在 TIE 中存在演教员的表演与学生的观看。而在 DIE 中，没有专门的演教员，活动过程由教师带领。本书所要探讨的教育戏剧是 DIE，不是 TIE，也不是上述第一种水平中的"儿童剧"与"校园戏剧"。"儿童剧"与"校园戏剧"都具有为了演出而需要按既定的剧本进行排练的特点，DIE 不以演出为目的，虽有故事框架但没有既定的剧本，更不需要排练。至于那些直接在课堂里开展的戏剧活动，如根据课本内容改编的课本剧，确实存在着类似于舞台戏剧中的观与演，但却没有固定的演员与观众，"演员"与"观众"都由学生根据学习的需要"客串"。所以其观—演关系是不牢固的，是区别于舞台戏剧的观—演关系的。第二、三种水平的观—演关系与舞台戏剧中的观—演关系的差别更大，不仅在形式上基本看不到类似于舞台戏剧的观看与表演，而且在观演的行为主体与性质上都发生了改变。

从观与演的行为主体看，观看者与表演者在舞台戏剧中是两个行为主体，但在教育戏剧中他们大部分时间是同一的。参与教育戏剧的人通常是学生，在必要时会扮演某个角色，当他以这个角色的身份说话和行动时，他既是在表演给参与这个教育戏剧的其他人观看，也是在表达着自己，因为这个角色如何说话和行动不是按照既定的剧本演绎的，而是他本人在教育戏剧创设的当下情境中即兴创作表演的。他的创作与表演是其内在的思想情感在当下情境中对外部作出的反应。这种反应是即时的、直觉的、真实的，因此，通过在教育戏剧中

1　徐俊：《教育戏剧是戏剧吗？——兼论教育戏剧的非表演性成分》，《云南艺术学院学报》2020 年第 3 期，第 89-90 页。

的即兴表演，许多人看到了自己的内在原来是怎样的状态，更加深入地认识了自己和人我之间的关系。可以说，他同时也是在借着这个角色身份观看自己。同理，所有参与教育戏剧的人都既是观看者，也是表演者。这就打破了戏剧原有的观—演关系，使戏剧形态发生了改变。

从观与演的行为性质看，舞台戏剧中的观—演相对相成，有了观众的观看才有了演员的表演，无人观看则不存在表演；演员的表演从适合观众观看的角度展开，观众则通过演员的表演认识戏剧所展示的历史与社会生活，体悟人类共通的精神世界；演员通过表演将剧本想要表达的内容传递给观众，观众通过观看来接收和反馈。因此，舞台戏剧中的观与演是一对关系中的两端，虽相对但相成，它们共同完成演员与观众对剧本所描绘的世界的把握。

在教育戏剧中，观与演的性质发生了改变，它们不是为了完成对剧本的解读而产生，而是为了学习某些内容或主题而进行。那种演给别人看的表演被压缩，甚至消失，更多的是扮演。学生通过扮演来认识、交流、探索。比如，为表现亲子相爱，两个学生一个扮演家长，一个扮演孩子，他们需要交流对亲子相爱的认识，探索用怎样的动作去呈现，在这个动作中，他们各自需要做出怎样的肢体动作与面部表情。有的学生定格了父子俩一起登山过程中父亲向儿子伸出手要拉他上去的动作，有的学生定格了孩子为母亲脱鞋的动作，等等。当他们在做出这些动作时，他们不是为了将其表演给别人观看，而是为了探索、学习，尽管此时其他同学会观看。因此，他们的扮演不是为了其他人的观看而进行的。当把扮演的形象定格下来呈现时，可以称之为表演，这在整个教育戏剧中占比很少，而定格呈现的目的也是引发进一步的学习。

同理，教育戏剧中的观看也有别于舞台戏剧中观众的观看。在舞台戏剧中，观众观看的对象是演员的表演，他们从中欣赏、娱乐、思考或获得教益。但在教育戏剧中，学生的观看有三种情形：一是观看其他人有意识呈现的动作，这通常发生于教师要求定格各种情境画面或动作时；二是在其他人没有有意识的呈现而只是自然的行动时，注意并看到了那些动作，并感受到了其中的意义；三是在前两种观看的基础上，实现对自身的观看。前两种观看借助的是眼睛，是向外的；最后一种观看借助的是教育戏剧创设的境遇，包括与他人互动、讨论，对他人动作的观看、反馈等，是向内的，这种观看相当于自省自察，是非常重要的自我认知的过程。通过向外的观看和向内的观看，学生学习知识，理解人与人、人与社会之间的关系。因此，在教育戏剧中，观与演不是一对关系中的两端，它们可以独立存在，但共同指向学生的学习与成长。

（三）突出了戏剧的教育功能

戏剧具有教育功能，这是显而易见的共识，"戏剧的功能和其他艺术形式一样，基本上都有认识作用、教育作用、审美作用及娱乐作用"[1]。但戏剧的根本目的不是教育观看者，观众进入剧院的目的也不是接受教育，而主要是借助戏剧带来的有情趣的审美体验，暂时从日常生活的琐碎和庸俗中解脱出来，获得自由。因此，审美与娱乐是戏剧的主要功能，认识与教育功能通过审美娱乐功能实现。

戏剧的认识作用体现在："戏剧概括、集中、提炼了生活，是特定历史社会生活的摹本。剧本的读者和观众通过戏剧能够观察和集中感受作品所展现的社会生活，对各种人物和人物关系所反映出来的社会生活获得鲜明而突出的印象。在此意义上，戏剧演出是直观的、形象的'历史、生活的教科书'。"[2]可见，通过戏剧，观众可以了解历史和生活。戏剧的这种认识作用其实起到了历史知识或社会生活知识教育的作用。

戏剧的教育作用则表现为："观众步入剧院，有着各种各样的目的，但在看戏过程中，作者对社会、人生的看法，所要表达的政治观念、伦理观念、道德观念和文化观念，都会渗入戏剧的语言、行动、情境和意象中，对观众已有的或者还没有的乃至对立的思想体系是一次撞击，会导致群体思想的波动甚至剧变，因而富有教育意义。"[3]显然，这里的教育意义和教育作用指的是戏剧的思想道德教育或政治教育功能。

不论是知识教育还是思想道德或政治文化教育，都是戏剧内在的教育功能，是借助审美或娱乐实现的。而事实上审美也是教育的重要内容，所以戏剧所具有的审美作用本身也是审美教育的结果。只是，正如前所述，人们不是为了接受教育而观看戏剧，尽管戏剧有着这样那样的教育功能，但都是以隐性的

1　顾春芳：《戏剧学导论》，北京大学出版社，2014，第322页。
2　同上。
3　同上。

方式实现的，是寓教于乐的。除了特殊时期和特殊的戏剧类型，戏剧的教育功能并不凸显。

然而，教育戏剧却放大并突出了戏剧的教育功能，是为实现某一教育目的而服务的。这个目的在上文对英国教育戏剧的历史回顾中已有论及，无论是作为一种教学法用以促进学科知识的学习，还是作为一种技能训练方式用以培养语言技巧，抑或是作为一种活动方式用以促进个体的个人发展，乃至当代发展成为拥有多种侧面的艺术形式用以促进对社会问题的理解与担当，教育戏剧始终具有明确的教育目的。

（四）仍然是一种艺术形式

教育戏剧以教育为目的，与舞台戏剧或剧场戏剧相比，教育功能更加突出而艺术性似乎不足，但仔细分析可以发现，教育戏剧仍然具备很强的艺术性，仍然是一种艺术形式。这是因为：

第一，教育戏剧仍然拥有戏剧的各种元素，诸如戏剧的张力、情节、语境、前史、角色、目的与反目的、戏剧动作、物件、形象、意义的层次、符号、语言（包括表达和语调）、潜台词等。一出教育戏剧成功与否与这些元素是否被恰当使用密切相关。

第二，教育戏剧虽然不以演出为目的，但仍需借助扮演和虚拟的艺术手法。教育戏剧对于教育主题的探讨不是直接使用真实的生活事例，而是采用虚拟的手法，将参与者带入"似乎是真实的"虚拟的情境中进行学习。参与者在其中扮演虚拟情境中的人物。他们主动地对虚拟情境中出现的事物和人物言行进行解读。例如，参与者对现实生活中的一把椅子司空见惯，但对在教育戏剧中出现的一把椅子就会主动地解读它出现的意义，包括它为什么出现、为什么在这个时候出现、为什么出现在此地，等等。椅子出现在教育戏剧的虚拟情境中的时间、空间都是可以操控的。参与者在真实的时空下与虚拟情境中的时空产生交集，追求的是椅子背后的价值、观念、规则等。

第三，教育戏剧中仍然存在观众的观看。这里的观众即教育戏剧活动的参与者，观看既包括参与者之间的互相观看，也包括他们的自我观看。伯顿高度肯定观众及其自我观看对于戏剧的意义，并认为："我们创作任何作品时，我们都是观众；一个四岁小孩画她的妈妈，她自己就是观赏者；同一个小孩'扮演妈妈'，她自己就是那作品的观赏者。在学校也一样。即使在史雷的教学中，当没有传统观众时，'老师对我们的期望'也会唤醒自我监察，即一种初步提供'观众'的自我观赏。"[1] 他主张：

> 所有形式的假想扮演（make-believe）活动都可视为剧场，只要有观赏者解读个中物件或行动，以诠释虚构故事中的意义便行；所谓观赏者，可以只是个人或传统剧场中的观众。

概言之，伯顿认为哪怕是儿童的戏剧性游戏在艺术性上也与传统剧场戏剧没有差别，何况是教育戏剧。奥尼尔对过程戏剧与剧场活动的一致性作了同样的分析：

> 过程戏剧是一种复杂的戏剧经验。它犹如其他剧场经验一样，由空间和地点而形成当下的戏剧世界，一个需要由所有参与者同意而存在的世界。过程戏剧的进行不需要剧本，它的结局是不能预测的，亦没有外在的观众，其中的经验是不可能完全被复制的。但是，我相信它能够让参与者进入一个真实的戏剧经验，被视为合乎剧场领域的一部分。过程戏剧与每一种剧场活动的主要特质一样，使用同一套的戏剧结构组成来表达意义。[2]

基于过程戏剧与教育戏剧基本同义，我们也可以把奥尼尔的这段阐释作为对教育戏剧艺术性的论证。而正是在视教育戏剧为艺术的基础上，库珀批评习式戏剧：

> 基于习式的戏剧提供的是一个快餐式的、简单的活动和结构，看起来很吸引人。老师和学生不用再去理解戏剧的元素了，可没有这种理解如何整合地使用这门艺术呢？……这种过分简化戏剧的方法已经变成了现实，因而产生了大量空洞和程式化的工作，缺少艺术，以及难以赋予年轻人一种能力——如戴维斯上述的"在溪流中抬起头，思考如何应对穿过他们的

1　大卫·戴维斯：《盖文·伯顿：教育戏剧精选文集》，黄婉萍、舒志义译，心理出版社，2014，第184页。
2　西西莉·欧尼尔：《戏剧的世界：过程戏剧设计手册》，欧怡雯译，心理出版社，2020，第XIX页。

溪流（事件）"。[1]

习式戏剧或戏剧习式（dramatic conventions）的主要倡导者是尼兰兹和古德。他们认为像希思考特那样进行教育戏剧的教学工作难度太大。受希思考特曾在《符号与征兆》文末列的 33 个习式启发，他们合著出版了《建构戏剧》（*Structuring Drama Work*，2000）一书，介绍了 70 多个戏剧活动的习惯模式，以支持和帮助教师结构教育戏剧工作。显然，库珀认为戏剧是个复杂的艺术形式，教育戏剧教师应该深入地参与到创造戏剧的过程中，掌握戏剧的形式和元素，简单地运用习式过于程序化，其结果是无法使教育戏剧的参与者进入戏剧事件的内部，而只站在事件外面，不用面对自己。可见，教育戏剧的艺术处理是引导参与者深入事件学习的必要条件。这也是大家坚持教育戏剧仍然是一种艺术形式的原因。

总而言之，教育戏剧虽然改变了舞台戏剧的目的、活动场所、观演关系，但并没有削弱其艺术性，是一种特殊的艺术形式。结合前文对教育戏剧的界定，可以将教育戏剧主要理解为旨在完成特定教育教学目的、以希思考特等人倡导的戏剧艺术形式为主要模式展开的教育活动。

1　下文关于教育戏剧的发展介绍参照 Gavin Bolton. "Changes in thinking about drama in education," *Theory into Practice*, Vol.24, no.3(1985): 151-153; 克里斯·库珀：《逆流而上———关于教育剧场和教育戏剧的历史回顾》，曹曦译，见学国际教育文化院内部资料·见学教育戏剧工具书，第二卷，2018，第 41 页。

DIE

第二章

教育戏剧的德育价值

教育戏剧作为帮助学生理解社会、理解世界、建立价值观、承担责任的教育活动，不属于专门的道德教育活动，但是广义的道德观包括人生观和价值观[1]，而社会文化中又必然包含道德观，使得教育戏剧活动总是有意无意地触及道德问题，尤其当某个教育戏剧活动选择将道德范畴的问题作为主题时，它几乎就是一个显性的道德教育活动了。正因如此，20 世纪 80 年代以来，西方国家的教育戏剧理论与实践研究逐步涉及道德教育领域。研究主题包括：教育戏剧用于道德教育的合法性论证、教育戏剧用于道德教育的效果检视、教育戏剧用于道德教育的方法探索。其中，论证合法性是基础，关乎教育戏剧运用于道德教育的价值。这种价值一方面来自教育戏剧本身内涵的天然道德教育因素，另一方面来自这些因素正好可以弥补学校道德教育的缺陷。学校道德教育有自己的体系与方法，也有一些在现有学校运行模式下难以改变的不足。教育戏剧能够在现行条件下突破这些难点，更好地促进学生的道德学习之处，就是教育戏剧之于道德教育的价值所在，也是教育戏剧能够运用于道德教育的逻辑起点。

一、为深度理解道德提供人类学背景

道德教育旨在培养有道德的人。但怎样算是有道德的人？"一个有道德的人"中的"道德"指的是什么？显然，这里的"道德"不是指外在于个体的社会规范和调节人与人之间关系的行为准则，而是指能够认同、接受、遵从这些社会规范和行为准则，并在适当的时候根据它们去支配、调节自己的行为。换言之，"一个有道德的人"中的"道德"其实是内在的道德品质，是"德性"。一个有道德的人是内化了外在的行为规范并能将德性外化为德行的人。内化与外化的过程，也是理解道德规则，从内心批判性地认同、接受这些规则，坚定地相信它的正确性并愿意克服困难坚定地去执行的过程。其中，理解是关键，

---

[1] 在中西方的传统哲学中，人生哲学问题、价值哲学问题都是归属于伦理学或者哲学价值论的，虽然随着现代哲学知识的不断丰富和分化，人生哲学与价值哲学都成为某些哲学家专门的研究领域，但实际上，人生观、价值观、道德观仍然是紧密联系着的。参见肖群忠：《智慧、道德与哲学》，《北京大学学报（哲学社会科学版）》，2012 年第 1 期，第 47 页。

也是基础。唯有在理解的基础上形成的道德认识，作出的道德决定，才有可能是个体理性思考后审慎选择的结果。否则，个体不仅难以形成真正的道德观，容易陷入人云亦云或盲目冲动的境地，而且也难以树立起能够调节自身行为的道德信念。

如何帮助学生理解道德呢？当我们说理解道德时，是指对道德规则的了解？明白其意思？还是指认同，接受，有自己的见解，能够在另一个适当的情境中灵活应用？还是其他什么？这又涉及对"理解"的理解。

（一）"理解"即意义的建构

我们非常普遍地使用"理解"这个词，但对它代表的含义很少解释，似乎这是个不言自明的词。而事实上，稍一追究便不难发现，我们经常使用同一个词却表达着不同的意思。在《现代汉语词典》中，理解即"懂；了解"[1]。懂是"知道；了解"[2]。知道是"对于事实或道理有认识；懂得"[3]。了解是"知道得清楚"[4]。可见，在词典中，理解、知道、懂、了解是同义词，它们被用来相互解释，基本意思是"对于事实与道理比较清楚"。这个解释似乎并不能用来代表我们使用"理解"这个词时所想表达的含义。尤其是，当我们把"理解"作为教育目标时，显然并不只是要求学生的学习达到"比较清楚事实与道理"的程度。但它是什么又是不确定的，正如本杰明·布卢姆（Benjamin Bloom）指出的那样：

> 一些老师认为他们的学生应该"真正理解"，一些老师希望他们的学生"内化知识"，还有一些老师希望他们的学生"抓住核心或精髓"。它们的意思是一样的吗？特别是，一个"真正理解"的学生该做什么，而当他不理解时他又不会做什么？[5]

在《教育目标分类学：第一分册 认知领域》（1956）中，布卢姆和同事用

---

1 中国社会科学院语言研究所词典编辑室：《现代汉语词典》，商务印书馆，修订本，2000，第774页。

2 同上书，第301页。

3 同上书，第1612页。

4 同上书，第795页。

5 Benjamin, Bloom (Ed), *Taxonomy of Educational Objectives: Classification of Educational Goals. Handbook 1: Cognitive Domain* (New York: Longman, Green & Co, 1956), p.1.

知识、领会、应用、分析、综合、评价六个类别来区分认知水平的高低，希望帮助教师定义诸如"理解"这样的模糊的术语，但没有将"理解"作为一个专门的类别加以阐释。这种状况在安德森（Anderson, L.W.）和克拉斯沃尔（Karthwohl, D.R.）等主编的《面向学习、教学和评价的分类学——布卢姆教育目标分类学的修订》（*A taxonomy for learning, teaching, and assessing: A revision of Bloom's taxonomy of educational objectives*, 2001）一书中得到了改变。修订版采用知识和认知过程两个维度对教育目标进行分类：知识作为学习内容，被分为事实性知识、概念性知识、程序性知识和元认知知识四类；认知过程按照复杂程度从低到高分为记忆、理解、应用、分析、评价和创造六个类别。其中"理解"具体包括解释、举例、分类、总结、推断、比较、说明几个方面。理解被阐释为建构意义。

> 当教学目标是迁移时，教学的焦点便转移到从"理解"到"创造"的五个类别上。而"理解"是各级学校为达到迁移目标而强调的最大类别。当学生能够从教学信息（以口头的、书面的和图形等形式呈现）中建构意义（construct meaning）时，就被认为是"理解"了，不论这些信息是通过课堂、书本还是电脑显示器展示的。
>
> ……
>
> 当学生能够在将要获得的"新"知识与原有知识之间产生联系时，他就产生了理解。更具体地说，理解即新知识整合到已有的图式和认知框架中。由于概念是图式和认知框架的构件，因此"概念性知识"是理解的基础。[1]

理解加工的主要是事实性知识和概念性知识，在认知的复杂程度上高于记忆，是应用的基础，也是实现迁移的最大基础。

与安德森和克拉斯沃尔等的观点不同，格兰特·威金斯（Grant Wiggins）和杰伊·麦克泰（Jay McTighe）认为"理解"的含义有许多方面，理解不仅包括应用，还包括认知领域之外的洞察、移情等能力。他们主张教学要"通过设

1　Lorin W. Anderson, David R. Krathwohl, *A Taxonomy for Learning, Teaching, and Assessing: A Revision of Blooms' Taxonomy of Educational Objectives* (New York: Addison Wesley Longman, 2001), p.70.

计促进理解"（the understanding by design），简称UbD理论，提出了理解的六个
维度，即解释、解读、应用、洞察、移情、自知，指出"这些方面反映了理解
的不同内涵，而一个完整而成熟的理解在理想中或多或少地包含了所有六种理
解的充分发展。前三个方面表示有理解力的人所能做的事；后三种更能说明一
个人的洞察力"[1]。不过这六个维度之间并不存在一定的等级层次，针对具体的
学习内容，可以选择六个维度里的一个或几个方面来衡量学习是否达到理解
水平。

如果把理解作为预期的教学目标，则包括制造意义（making meaning）和
迁移两部分：

> 我们可以从理解的两个基本方面来说，计划和教学的目的是，随着时
> 间的推移，学生将越来越擅长于：（1）制造意义——利用内容和相关内
> 容作出有效推断，并用自己的语言解释推断；（2）迁移——在日益复杂
> 的现实环境中，以越来越独立和有效的方式应用所学。[2]

从制造意义的角度来说：

> 理解是一种通过反思和分析一个人的学习而产生的想法：一种重要的
> 概括，一种新的见解，一种从先前碎片化的或困惑的经验或学习中获得
> 意义的认识。理解不是事实（虽然听起来像事实），而是广义上的"理
> 论"：它是推理的结果——必要时在老师的帮助下萌发并检验想法——最
> 后提出一个对学习者来说似乎有用且具有说明性的观点。
> ……
> 迁移取决于这种意义的制造。关键的有关联的想法使我们能够看到事
> 情的主题/模式/理论，并借以把握新情境。[3]

看来，不管是安德森和克拉斯沃尔等的布卢姆教育目标分类学修订版，还

1　Jay McTighe, Grant Wiggins, *The Understanding by Design Handbook* (Alexandria, VA: Association for Supervision and Curriculum Development, 1999), pp.10-11.
2　Grant Wiggins, Jay McTighe, *The Understanding by Design Guide to Creating High-Quality Units* (Alexandria, VA: Association for Supervision and Curriculum Development, 2011), p.107.
3　Ibid, pp.14-15.

是威金斯和麦克泰的UbD理论，都把意义作为理解的核心。他们提出的理解的维度其实可以视为理解的行为表现，即回答了布卢姆提出的"一个'真正理解'的学生该做什么"的问题。不同的是，在布卢姆教育目标分类学修订版中，理解包括的"解释、举例、分类、总结、推断、比较、说明"七个方面都属于认知领域；而在UbD理论中，由"解释、解读、应用、洞察、移情、自知"构成的理解六维则突破了认知领域，涉及情感领域，并且在认知水平的复杂程度上高于前者，将在前者分类中列于理解之后的"应用、分析、评价和创造"都纳入理解之中。

总之，理解与意义的产生有关，不论称其为建构（construct）还是制造（making），都是将新知识与已有知识相联系，整合进图式和认知结构中，产生新的想法、推论、认识等。从学习的角度讲，理解是有意义学习（Meaningful Learning），是建构主义学习。

（二）理解道德需要人类学背景

人类学是研究人的科学，其中的"人"以类为单位，是某一在体质、精神、文化特质等方面拥有共性的群体。人类学的研究范畴除了较早的以人体为对象的体质人类学外，近代以来研究更多地指向人类社会的文化现象和文化生活，包括风俗、语言、民族志等，以期从文化演化、文化差异等角度解释人类自身的生存、发展和特性。人类学侧重于呈现人类社会、文化、生活各个层面的现象，侧重于"摆事实"，而不是像社会学一样给出解释现象的理论假设。这就能够从两个方面为道德学习提供富含社会历史文化意义的背景，促进学习者对道德的深度理解：一是理解本身作为意义的建构，只有在经历文化意义的背景下才能实现；二是作为理解对象的道德规则本身源自人际活动、人类生活，单独一人无需道德，因此只有将道德规则放置于具体的社会文化情境中才能产生意义，才能被理解。

首先，让我们来看人类学如何为理解的实现提供背景。

加德纳（Howard Gardner）曾指出年幼儿童具有直觉理解（intuitive understanding）的能力：

> 正如我们所看到的，孩子可以流利地使用和理解符号系统，也可以就

心灵、物质、生命和自我作出解释。由于这些看起来很容易，我将它们称为直觉（天真或自然）理解。这些理解往往是不成熟的、误导性的或根本错误的，在许多情况下它们是年幼儿童所能接受的最原始的科学解释。然而，这种直觉理解是强大的，在许多情况下，它们被证明是足够有用的。[1]

儿童的直觉理解从何而来？加德纳没有解释。但是他所指出的这个现象是普遍的，就此不同的哲学家曾从自己的立场和观念出发，给予不同的命名和解释。如柏拉图（Plato）认为这是因为人具有先天的理念，世间万物是理念在现实世界中的映射；康德（Immanuel Kant）提出人脑中先天存在认识形式或能力，可称之为"范畴"，它们不是知识，当它们通过图式去整理感觉材料时，就产生了知识，产生了对世界的认识。皮亚杰（Jean Piaget）反对康德图式的先验性，指出图式虽然是个体在具体认识活动之前已有的内部条件，但它是通过主客体的相互作用建构而成的。最早的图式是婴儿从出生起就具有的以身体感官为基础的基本行为模式，婴儿主动运用这些基本行为模式对环境作出反应，获取知识。而在与环境互动的过程中，原来的图式也获得改变。

如果搁置先验与经验的差别与争议，其实不管是理念、范畴，还是图式，它们都揭示了一个同样的事实：儿童在某个具体的认知活动开始之前，已经具备内在的认知条件，使得他们能够对认知对象产生学习倾向和意义上的联系。哲学解释学在将"理解"解释为人的存在方式之时也涉及了这一事实。海德格尔（Martin Heidegger）用"前理解"来描述理解产生的前提，并从"先有""先见""先知"三个方面对"前理解"的结构进行了分析。伽达默尔（Hans-Georg Gadamer）将"先有""先见""先知"合为一体，统称为"先见"，指出它是历史文化赋予个体的，是个体一切理解的起点。这种赋予包含两种方式：一是通过生理上的延续，二是通过语言。每个人都降生于一定的历史文化当中，每一种语言都是历史文化和传统的载体。因此，当个体在接触、接受语言时，就接受了历史赋予他的"先见"，不论其本身是否意识到这一点。正是这种个体自身对"先见"的无法摆脱，使得理解在哲学解释学那里获得了

---

1 Howard Gardner, *The Unschooled Mind: How Children Think and How Schools Should Teach* (New York: Basic Books, 2011), p.9.

哲学意义，成为人的存在状态。而对于认知意义上的理解来说，"先见"就是在具体认知活动之前的心理状态，是理解能够发生的基础。当这个理解看起来没有明显的逻辑推演过程时，往往被认为是一种直觉理解。

"先见"使我们看到了历史文化在理解中的基础性作用。对于历史文化起作用的方式，哲学解释学主要诉诸语言。其实，除了语言是历史文化与传统的重要载体，人的心理状态本身就是历史文化的产物。在荣格（Carl Gustav Jung）的"原型"观念中，每个人与生俱来的集体无意识构成了一切心理活动的基础，原型作为集体无意识的内容既是一种遗传的心理倾向，又可以被表征为一个个具体的原始意象。作为心理反应形式和倾向，原型由人类祖先世代重复性的活动而巩固下来，类似于列宁所说的"格"："人的实践经过千百万次的重复，它在人的意识中以逻辑的格固定下来。这些格正是（而且只是）由于千百万次的重复才有着先入之见的巩固性和公理的性质。"[1]虽然通过遗传赋予个体的原型是没有具体内容的形式，但它具备对某些内容的先天的反应倾向性，当后天环境中符合某种特定原型的情景出现时，原型就被激活，理解得以发生。当个体后天的经历越多、体验越多，能够产生的具体意象也越多，原型就能被更多地激活、显现。在此过程中，个体就认知对象建构起个人意义，实现理解。

可见，理解的产生脱离历史文化难以实现。不仅因为作为理解的心理反应形式——原型是人类社会历史文化实践的产物，还因为理解的对象——原型的内容存在于社会历史文化之中。所以理解需要社会历史文化背景，即人类学背景。

其次，让我们来看理解道德为何需要人类学背景。

前文论证理解的实现需要人类学背景，是从理解发生的学习心理机制方面切入的。此处论证理解道德需要人类学背景就需要从理解的对象——道德的特性入手。当我们说人类学背景时，即指社会历史文化背景。如果理解的对象是诸如热胀冷缩的物理现象，显然不需要社会历史文化背景。但是，当理解的对象本身就是社会历史文化现象时，那就只有将其置于社会历史文化背景之下，才能被学习者真正理解。而道德，正是一种重要的人类社会历史文化现象。

---

1 列宁：《列宁全集》第 38 卷 . 人民出版社，1959，第 233 页。

人类道德从何而来？进化伦理学继承达尔文（Charles Robert Darwin）的观点，认为人类道德的根源在于动物的社会性本能，如合作、互助等。人类祖先发现能够合作、互助的群体更容易在残酷的生存竞争中胜出。出于生存的需要，这些特质被保存下来，并成为群体生活的规则。为了种族的延续，公正、不得杀人、禁止乱伦等逐渐随着人类社会的发展而成为共同的道德原则和规范。这些原则在不同的情境下可以演化成不同的规则。比如，公正是人类社会公认和追求的道德原则，但遵循公正原则却可能有不同的具体规则：在原始部落中，食物稀少，为了保证让尽可能多的人活下来，公正是平均分配有限的食物，而在与外族决斗时，公正是优先将食物分配给参与战斗的人；在当代食物能够保证基本供应的前提下，公正是多劳多得、少劳少得、不劳不得。

除了道德原则外，不同种族、不同地域的人也在生存演进的过程中发展出适合本族本土的道德规则，这些规则在他族看来可能只是一种文化习俗，但对于本族族民来说却具有道德意义。比如，在我们汉族文明中，一般在葬礼上穿戴红色服饰是不礼貌、不道德的，会被认为是对逝者及其家属的冒犯。因为红色代表喜庆欢乐，而死别是悲伤的。但如果逝者高龄，他的（玄）孙辈则被要求穿戴红色，因为此时逝者被认为是一生圆满而去，是值得高兴的事，是喜丧。正因为红色在我们看来是喜庆是吉利，因此中国的传统婚服一定是红色，而在西方基督教婚礼中，新娘穿的却是白色婚纱，因为在我们看来不吉利的白色在他们看来代表着纯洁。可见，在不同的文化背景下，颜色有不同的寓意，这些颜色在不同场合下的使用规则是习俗，当它与是否尊重他人联系在一起时，便与道德相关了。

可见，不管是道德原则还是道德规则，都离不开社会的、历史的、文化的具体背景。虽然道德相对主义过于偏重道德在不同文化、地区、民族之间的相异性而否定其共通性，但它确实揭示了道德作为社会历史文化现象本身的具体性。如果我们把道德绝对主义所主张的在道德上存在绝对的对错和标准理解为道德原则的绝对性，把道德相对主义所主张的道德在不同文化中的不同理解为道德规则的相异性，那么道德绝对主义和相对主义之间并没有什么不可调和的矛盾。无论是道德原则，还是道德规则，都是人类社会历史文化的产物，都需要放置在具体的社会历史文化背景下解读。而呈现社会历史文化正是人类学研究的课题，是人类学可以提供的背景。

（三）教育戏剧提供学校德育欠缺的"活"的人类学背景

深度理解道德所需的呈现社会历史文化的人类学背景，学校德育可以通过讲述的方式提供，为何还需要教育戏剧呢？换言之，教育戏剧能够提供哪些已有学校德育难以提供的东西呢？那就是戏剧能够做虚拟但似乎是真实的、能让人信以为真（make-believe）的"活"的人类学背景。表现为以下三个方面。

第一，教育戏剧关注人类的共性，它以人际交往、人际互动共同经历的人类学方法进行学习。在教育戏剧的发展历程中，它曾经只是被作为训练儿童语言能力、身体反应能力、智慧技能等的工具。威在"以儿童为中心"的教育理念影响下，提出戏剧要关注"个体的个性"，帮助每个儿童在戏剧中"找到自己"。这一观点曾对教育戏剧实践活动产生了广泛的影响。但是这种个人主义的方法在希思考特的教育戏剧实践中被抛弃，取而代之的是注重所有人共同经验的人类学方法。伯顿高度评价这一方法，他写道：

> 教师们花了很长时间来把握希思考特的戏剧与学习的观念，其革新直"击"他们，因为在她的实践中如此鲜明地表现出，戏剧就是一大群人的经验。这远远不止是一种新的方法论，它对那些追随威的格言（教师要处理"个体的个人经验"）的戏剧实践者来说是对其根本的挑战。希思考特直觉地意识到戏剧的本质是共性。作为一个天才的和坚定的教师，希思考特当然尊重每个个体的重要性，但她也知道戏剧是用共同表达联合个体差异的一种方式。[1]

乔·诺里斯（Joe Norris）描述希思考特的方法是：

> 将他们重新安排在一个辩证对立的框架中，在这个框架中，他们向他人学习，他人向他们学习。这一区别将希思考特的作品与英国早期的作品区分开来。意义的协商一直是希思考特工作的基础。[2]

---

1 Liz Johnson, Ceciy O'Neill, et al, *Dorothy Heathcote: Collected Writings on Education and Drama* (London: Hutchinson, 1984), pp.7-8.
2 Joe Norris, "Review: Dorothy Heathcote: Collected writings on education and drama," in *The Journal of Educational Thought,* Vol.27, no.1(1993): 105.

在希思考特强大的影响力辐射下，关注共性、采用共同活动的方式、强调参与者之间的互动成为教育戏剧实践遵从的原则。所有学习者共同参与，彼此互动，在辩证对立中一起经验，由此成为教育戏剧方法的特征之一。这种方法对于道德教育来说特别适用。因为道德本身要处理的就是人与人之间的关系，人际互动是道德最根本的特征，它是群体生活的规则。共同活动的方式不仅符合道德本身的特征，这种活动方式本身也是道德教育的手段。

第二，教育戏剧将个人意义的建构置于强调社会历史文化意义的人类学背景之下。教育戏剧强调共性，并不是抹杀个人意义，相反，它是在学习者共同参与的社交事件中建构个人意义。20世纪60年代中期，约翰·艾伦（John Allen）在观摩希思考特的戏剧实践后写道：

> 教师（指希思考特）和她的大学生们做的项目持续整个星期，在这个项目中，在校的孩子们从个人的、社会的、人类学的和艺术的所有方面对诸如出生、结婚、死亡等主题作了极其深入的调查。[1]

伯顿作为希思考特的同盟军，不仅在实践中贯彻了与之相同的路线，更在理论上对意义的建构作出更多的阐释：

> 传统上我们已采用了一套文学分类法来分辨意义的层次。例如，在剧情（Plot）和主题（Theme）之间的分别，一向显而易见。前者的意思是一连串的特定事件，后者则指那种在有举例作用的特定事件背后意味着的意义，即引申成较广义的、把人类行为抽象化的高层次意义。我想加入第三个层次，就是情境（Context），即所选择的物质处境如地点、时代或风俗习惯，使剧情和主题得以发展。[2]

戴维斯指出，伯顿是采用了一种"人种方法论"（ethnomethodological）的途径来建立角色。他认为希思考特和伯顿都受到荷尔（Hall）《沉默的语言》（*The Silent Language*）一书的影响：

1　转引自 Gavin Bolton, *Acting in Classroom Drama: A Critical Analysis* (Stoke on Trent: Trentham Books Limited, 1998), p.173.
2　大卫·戴维斯：《盖文·伯顿：教育戏剧精选文集》，黄婉萍、舒志义译，心理出版社，2014，第108-109页。

这本书讲述我们每一个人如何只有透过某种文化才能是个人,一种文化的任何优点与弱点都潜藏于该种文化的社会历史中,因此,建立角色必定牵涉创造、认同那些管辖我们社交互动的"潜"规则。[1]

这就明确点出了社会历史、文化是戏剧意义的来源。在《想象真实》中,戴维斯提出教育戏剧活动的中心是意义的创造。"意义可以主要集中于个人的层面、个人在社会中的层面,或主要是社会的层面。"[2]从"帮助学生理解他自身以及他生活的世界"这一目的来说,教育戏剧主要涉及个人在社会中这个层面的意义。"我偏向将它看成是一个辩证的过程,探索个人在社会中,以及个人中的社会。"[3]此处,"个人在社会中"指将个人放置于社会背景下去理解,"个人中的社会"则指通过个人去理解社会历史文化,因为每个人的行动都受制于社会历史文化,而同时其本人又是社会历史文化的产物,在他身上潜藏着本民族本地区本群体的社会历史文化。

第三,教育戏剧通过"亲历当下"的方式将学习者带入"活"的人类学背景。"亲历当下"是希思考特的发明,是她对教育戏剧的重大贡献。自她起,因为鲜明突出的"亲历当下"特征,教育戏剧也常被称为"亲历当下"戏剧。伯顿将"亲历当下"戏剧定义为一个受控事件(managed event)、一种有别于舞台戏剧的经验顺序。参与者在"亲历当下"戏剧中的举动与我们在"真实生活"中努力向彼此呈现一个社会事件时所作的举动无异。它就像经历一个社会事件(如"举办"聚会、专业会议)一样无法重复,参与者无法重新经验在"亲历当下"戏剧中创造的经验。与经历社会事件的不同只是在于,参与者在"亲历当下"戏剧中能意识到戏剧中的事件是他们自己"制造"的,是他们在没有时间和空间的限制下操纵的。[4]他们可以在一个情境中待上很长的时间来发掘它、理解它的意义,而不必考虑它的结局。因此,一般戏剧所注重的情节不是希思考特关注的焦点,她始终关注的是从一个"内在"境遇引出或预示下一

---

1 大卫·戴维斯:《盖文·伯顿:教育戏剧精选文集》,黄婉萍、舒志义译,心理出版社,2014,第XXVIII - XXIX页。
2 大卫·戴维斯:《想象真实:迈向教育戏剧的新理论》,曹曦译,中国人民大学出版社,2017,第76页。
3 同上书,第77页。
4 Gavin Bolton, *Acting in Classroom Drama: A Critical Analysis*. (Stoke on Trent, London: Trentham Books Limited, 1998), pp.180-181.

个"内在"境遇。她认为情节只会提高人"接下来要发生什么"的心理期待，而"内在"境遇才更有助于参与者"亲历当下"。

在教育戏剧中，参与者的经验是鲜活的、真实的，那些本来与自己有距离的社会历史文化通过"亲历当下"戏剧的结构设计可以被感知被体验。那些未曾关注的价值观也可以在"亲历当下"戏剧中被关注和审思。这一点对于道德教育来说非常珍贵。因为道德规则是具体的境遇性的，而学校教育在提供具体的可体验的境遇上存在巨大的困难。价值观是抽象的，最好的学习方式是通过具体的社会事件去经历和理解，而学校教育能够提供的可以经历的真实的社会事件有限。"亲历当下"的教育戏剧显然可以较好地弥补学校教育的这些不足。当然，要使参与者能真正地在"亲历当下"中理解各类道德规则，理解和审视各种价值观，前提是戏剧教师进行良好的设计与引导，时刻把握戏剧活动的核心是意义而不偏离。戴维斯曾借邦德之言批判当代英国剧场追逐利益，目的是挣钱，戏剧方法是"包装"："不要追求意义，看绚丽演出吧。"[1]这对于我国的教育戏剧来说具有同样的警示意义，目前不少教育戏剧也存在关注外在形式而忽视内容价值之弊。缺乏对社会历史文化之中的价值观的关注与思考，教育戏剧也便没有大的价值了。正是在此意义上，戴维斯曾评价希思考特的"专家的外衣"的缺陷在于缺乏对社会性境遇中的价值观的拷问。[2]

二、为道德学习营造自然的生活情境

远古时代，个体的道德学习在自然的生产和生活过程中进行。随着学校的产生和发展，道德学习逐渐脱离自然的生产和日常的社会生活，转而成为学校制度化生活的内容。伴随着学校教育制度化和形式化程度的不断加深，学生的校内道德学习生活距离日常的社会生活愈来愈远。道德学习几乎缩减为对道德知识的掌握和对道德技能的训练，而缺少了对道德精神的涵养和道德智慧的修炼。针对这一弊端，始于21世纪初的我国第八次课程改革中，鲁洁教授主持课程标准的研制，提出并贯彻了"生活德育"理念，主张道德教育"回归生活世界"。然而，要在非生活化的学校中实现这一目标并不容易，如何在学校中

1　大卫·戴维斯：《想象真实：迈向教育戏剧的新理论》，曹曦译，中国人民大学出版社，2017，第24页。
2　同上书，第68页。

营造自然的利于道德学习的生活情境是其中的关键问题。而这，在教育戏剧中似乎可以找到答案。

（一）道德学习的自然特性

"自然"一词，有两种最基本的含义：一者为自然界，与人类社会相对；二者为非人工，不加干预，保持事物本来的面貌。"道德学习的自然特性"中的"自然"指后者，意谓道德学习可以自然而然地发生，不需人为地设计与组织。这种特性使道德学习与学校教育中的学科知识和技能的学习形成显著的差异。学科知识和技能的学习与掌握虽然也可以在自然的生活状态下进行，但其效率远远不及在学校中有计划、有组织地学习，甚至一些高深的学问除了有组织的学校教学外，似乎并无他处可以获得。而道德学习恰恰相反，在学校有计划有组织的道德教育中，学生个体虽然也可以获得道德上的发展与成长，但它不是学生道德学习的唯一途径，甚至不是主要途径。因为道德存在于现实生活中，不存在脱离生活的纯道德活动。学生除在学校有组织的道德教育中学习道德外，也在他自身的生活中学习道德。而且，因为学校与现实社会生活之间有距离，在学校道德教育中习得的道德知识与技能往往不能自然地转化为现实生活中的道德智慧。个体的道德智慧更多地来源于以内隐的方式发生于现实生活中的道德学习。

1. 道德学习内生于自然的生活

道德是生活的要素之一，任何人只要生活于人类社会就不可避免地与他人发生联系，就不得不学习如何与人交往，就不得不了解这个社会或所在群体已有的各种规则，就不得不掌握各种生存于世所必备的人际互动技能。简言之，一个人只要活着，就是在过包含着道德的生活，他为此付出的努力就包含着道德方面的学习。因此，道德与道德学习是生活的伴生物，道德学习内生于自然的生活。这可以从两个方面来看。

首先，道德学习是人类个体生存生活的需要。学校产生之前，人类个体的一切学习均在自然的生活中进行。为了生存，个体不仅要学习生产劳动的知识与技能，更重要的是要学习在人类社会中生活的法则。这些法则最早由人类的社会性本能在长期的生存斗争中检验提炼而来。如达尔文所分析的，人作为社会性动物，拥有与生俱来的社会本能，如乐群、有同情心、能为他人服务等。由于这些特性有利于种群的生存，它便通过群体自然选择的机制被人类保存并发展为道德意识和规则：

> 当两个居住在同一片地区的原始人的部落开始进行竞争的时候，如果（其他情况与条件相等）其中的一个拥有一个更大数量勇敢、富有同情心、而忠贞不二的成员，随时准备着彼此告警，随时守望相助，那么这一个部落就更趋向于胜利而征服其它的一个。……自私自利和老是争吵的人是团结不起来的，而没有团结便一事无成。一个富有上面所说的种种品质的部落会扩大而对其它的部落取得胜利，但在时间向前推进的过程中，我们根据过去一切的历史说话，这同一个部落会轮到被另外某一个具有更高品质的部落所制胜。社会与道德的种种品质就是这样地倾向于缓慢地向前进展而散布到整个的世界。[1]

可以想见，原始人个体要想生存下来，必须依靠部落的力量，而整个部落要在严酷的生存斗争中胜出，需要部落成员勇敢、富有同情心、忠贞不二、守望相助，因此他不得不压抑自私、胆小、利己的本能，而去发展部落需要的社会性本能，学习怎样变得更加勇敢、富有同情心、忠贞不渝、守望相助，等等。同理，随着人类社会的成型和发展，越来越多地表现为习俗的社会生活规则形成了。它们渗透于生活的各个方面，渗透于个体生活的一切环境。个体无法停止生活，也就无法停止接触、接受、遵守这些规则，此时他的道德学习与生活完全融合在一起：在生产劳动中、在生活物资的分配中、在祭祀中、在歌舞中、在生活的一切方面，生活的过程就是道德学习的过程。

其次，道德学习依赖于个体生活的具体情境。道德作为调节人与人之间关系的各种规范和准则，虽然可以概括为各种抽象的原则和规则，但在个体执行这些规则和准则时面对的情境却是具体的。若脱离具体的生活情境来谈论和学习道德，恐怕只能学习些道德名词，而无法真正掌握道德观念，付诸道德实践。例如苏格拉底（Σωκράτης/Socrates）与年轻人谈道德：

1　达尔文：《人类的由来》. 潘光旦、胡寿文译，上册，商务印书馆，1997，第201页。

苏格拉底照他所建议的写完了以后[1]，问道："虚伪是人们中间常有的事，是不是？"

"当然是。"尤苏戴莫斯回答。

"那末，我们把它放在两边的哪一边呢？"苏格拉底问。

"显然应该放在非正义的一边。"

"人们彼此之间也有欺骗，是不是？"苏格拉底问。

"肯定有。"尤苏戴莫斯回答。

"这应该放在两边的哪一边呢？"

"当然是非正义的一边。"

"是不是也有做坏事的？"

"也有。"尤苏戴莫斯回答。

"那末，奴役人怎么样呢？"

"也有。"

"尤苏戴莫斯，这些事都不能放在正义的一边了？"

"如果把它们放在正义的一边，那可就是怪事了。"

"如果一个被推选当将领的人奴役一个非正义的敌国人民，我们是不是也能说他是非正义呢？"

"当然不能。"

"那末我们得说他的行为是正义的了？"

"当然。"

"如果他在作战期间欺骗敌人，怎么样呢？"

"这也是正义的。"尤苏戴莫斯回答。

"如果他偷窃，抢劫他们的财物，他所做的不也是正义的吗？"

"当然是，不过，一起头我还以为你所问的都是关于我们的朋友哩。"尤苏戴莫斯回答。

"那末，所有我们放在非正义一边的事，也都可以放在正义的一边

1　苏格拉底与青年尤苏戴莫斯谈论正义，尤苏戴莫斯要列举出一些正义与非正义的作为，俩人商议把正义的作为写在一边，非正义的写在另一边。

了？"苏格拉底问。

"好像是这样。"

"既然我们已经这样放了，我们就应该再给它划个界线：这一类的事做在敌人身上是正义的，但做在朋友身上，却是非正义的，对待朋友必须绝对忠诚坦白，你同意吗？"苏格拉底问。

"完全同意。"尤苏戴莫斯回答。苏格拉底接下去又问道："如果一个将领看到他的军队士气消沉，就欺骗他们说，援军快要来了，因此，就制止了士气的消沉，我们应该把这种欺骗放在两边的哪一边呢？"

"我看应该放在正义的一边。"尤苏戴莫斯回答。

"又如一个儿子需要服药，却不肯服，父亲就骗他，把药当饭给他吃，而用了这欺骗的方法竟使儿子恢复了健康，这种欺骗的行为又应该放在哪一边呢？"

"我看这也应该放在同一边。"尤苏戴莫斯回答。

"又如，一个人因为朋友意气沮丧，怕他自杀，把他的剑或其他这一类的东西偷去或拿去，这种行为应该放在哪一边呢？"

"当然，这也应该放在同一边。"尤苏戴莫斯回答。苏格拉底又问道，"你是说，就连对于朋友也不是在无论什么情况下都应该坦率行事的？"

"的确不是，"尤苏戴莫斯回答，"如果你准许的话，我宁愿收回我已经说过的。"[1]

可见，正义作为抽象的道德原则，其实渗透于社会生活的各个方面。虚伪、奴役、欺骗、偷窃这些在一般情况下的不良行为在某些特殊的情境下可以是正义的。道德与否不仅关乎动机，还关乎行为对象。在生活中，道德是具体的、情境性的。个体的道德学习便在这一个个具体的情境中发生。他在其中的体验、习得的观念和行为方式通过概括和反思成为他自己的道德认知、道德判断、道德情感和行为，它们可以迁移到下一个具体的情境中，去处理他面临的新的道德问题。

1　色诺芬：《回忆苏格拉底》，吴永泉译，商务印书馆，1984，第145-147页。

2. 道德学习完成于内隐的学习方式

学校产生之后，承担了很大的道德教育的责任，个体可以在学校内进行道德学习。但在制度化的学校道德教育中，道德学习很大程度上是被着意设计的，是道德教育活动期望引发的有意的学习。这与在自然的社会生活中随时随地发生的道德学习有很大不同，彼时，道德学习绝大部分在不知不觉中完成。心理学上将这种没有被明确意识到的学习方式称为内隐学习。

内隐学习（implicit learning）与人们所熟悉的外显学习（explicit learning）相区别。外显学习需要付出努力，需要采用一定的策略进行，内隐学习不需要明确的能被意识到的努力，因而往往也没有什么策略。在内隐学习中，人们并没有意识到或者陈述出控制他们行为的规则是什么，但却学会了这种规则。[1]因此，内隐学习被定义为有机体在与环境接触的过程中不知不觉地获得了一些经验并因之改变其事后行为的学习。[2]虽然研究者后来发现内隐学习并不一定完全是无意识状态下发生的，可能也有意识参与其中，但其首要特质仍是无意识性。

道德的内隐性和复杂性决定了内隐学习是道德学习的基本方式。道德无论是作为不成文的社会规范，还是作为个人品质，都不具备明确的形式。在社会生活中，道德渗透于一切领域，它无法脱离其他社会现象而单独存在，也没有可以限定的空间范围。道德不能对象化和理论化，不能使人全神贯注于它而忽略其他领域。伦理学家虽然可以将道德对象化、理论化，在研究过程中可以"全神贯注"于道德问题，但在专业研究之外的生活中并不可能完全全神贯注于道德问题。[3]同理，个体也难以将道德问题作为专门的内容进行学习。当他专注于专门的道德问题时，他可以获得有关道德的认识、观念，但并不意味着他在道德方面的成长。因为这些有关道德的认识、观念于他有可能只是和数学知识、物理知识一样，增加了对某一方面的了解，却不一定使他形成与之相关的品德。例如，个体知道什么是诚实、知道交通规则，并不自然具有诚实的品质和遵守交通规则的行为。道德学习的结果追求的是学习者形成自己的道德

1　张卫：《内隐学习及其特征研究》，《华东师范大学学报（教育科学版）》2001年第1期，第56-61页。

2　郭秀艳：《内隐学习理论与实验》，华东师范大学论文，2001.

3　高德胜：《生活德育论》，人民出版社，2005，第42页。

观念并能在此观念的指导下正确地行动。而这种自己的道德观念及其指导下的正确行为是学习者个体在与外部环境中的各种因素不断互动之下建构的。其原理在于：道德自然存在于个体生活中，通过习俗、舆论、良心等各种方式规范个体的行为。当个体的观念与行为不符合道德时，社会舆论、传统习俗就会对他作出否定性的评价。这种否定性的评价看似没有法律后果那样具体的形式和内容，但它无处不在，无时不起作用，使个体认识到自己与他人（或群体、社会）的不相融性，而人天赋的社会属性和社会性本能都使得他难以摆脱融入群体、融入社会的渴望，这使得他不得不去修正自己的观念和行为。他修正的这些观念和行为可能与经济生活有关，可能与政治生活有关，可能与家庭生活有关，可能与社交生活有关，可能与社会生活的任何一方面有关，导致的后果可能是经济上的、政治上的、家庭上的、社交上的各种变化，使得他甚至都意识不到其实它们都是道德层面的。道德学习就这样自然而然地发生了。

总之，在道德学习中，学习往往缺乏明确的线索，在个体自身没有意识到的状态下，学习发生了，个体行为因为经验而获得了改变。虽然道德学习有时也可以被意识到并付出专门的努力，但总的来说，有意的道德学习在整个道德学习中占的比重比不上内隐学习，效果也不如内隐学习。因为，无论从何种角度说，道德都存在约束人的一面，与人追求自由的本性相矛盾，因此人们往往难以像学习其他内容一样主动地去寻求约束，进行道德学习。可以说，道德学习主要完成于内隐学习。

（二）学校难以提供自然的社会生活情境

道德学习作为一种以社会规范为载体的价值学习，与其他以事实性知识为对象的学习不同，它对具体情境的依赖更强，学习方式更加隐蔽。学校虽然也是社会生活的一部分，但其越来越制度化的组织与运行方式对于道德学习来讲却不是一件好事，因为这使得它离自然的社会生活越来越远，越来越难以提供道德学习所需的自然的社会生活情境。

首先，学校的产生和发展都与道德教育或道德学习没有直接关系。学校产生的动因是人类系统高效传递生产生活经验的需要。生产生活经验中虽然也包含着怎样与人相处的社会规则，即道德内容，但学校教育主要传授的是人类在长期生存斗争中积累起来的生产知识与技能。这是人类保证自身生存的第一需要。工业革命后，出于培养更多的工人的需要，班级授课制发明了，学校得到大规模发展，学校教育更专注于如何以更高的效率培养生产劳动者。各个学科的基本知识与基本技能是教学的主要内容。时至今日，学校教育的规模更大，改革良多，但几乎没有一次改革是出于道德教育或道德学习的需要而推动的。在第二次世界大战结束之后的相当长的一段时间内，各国急于恢复经济而弃道德教育于不顾，学校教育只着眼于科技教育内容。因此，学校教育的整个设置与运行在客观上就不以道德教育与道德学习为出发点。为了知识与技能的学习，学生被集中于学校，脱离了道德学习自然发生的土壤。

其次，当代学校教育的功利性使得学生离自然真实的生活越来越远。学校教育培养学生的生活生产能力，使之有一技之长，能够在未来的社会生活中自食其力，这本是学校教育的职能之一，无可厚非。但若学生进入学校只是为了学习一技之长以备未来生存之需，而学校也努力适应甚至引导了这一需求，则大大违背了教育的题中之义。不幸的是，我国学校教育深陷应试教育的沼泽，学生的学校生活因为繁重的知识学习和训练而脱离了正常的轨道，而学校也在升学率即质量的政绩考核体系下成为功利主义教育的"帮凶"。虽然这样的学校教育生活也是生活的一种，但它不是正常的、健康的生活，它不符合人性，排斥人的全面发展，使人沦为考试的工具、科技的手段。它不是人类生活本来的面目，是不道德的生活，无法为学生提供蕴含道德学习机会的自然的社会生活情境。因为缺乏自然真实的社会生活，学校中的道德教育演变为杜威（John Dewey）所说的"通过水外的动作教儿童游泳"：

> 有人对我说，在某个城市里有一所游泳学校，这所学校没有到水中教青年如何游泳，而只是一味地反复训练各种各样为游泳所必需的动作。当一个接受如此训练的年轻人被问到他进入水中做了什么时，他简短地回答道："下沉。"……它（学校）正在努力使儿童养成在社会生活中有用的习惯，然而它几乎好像谨慎而果断地防止训练中的儿童与这些习惯进行必不可少的接触。为社会生活做好准备的惟一途径是参与社会生活。脱离直接的社会需要和动机以及现存的社会环境，欲形成有益于和有用于社会的

习惯，不折不扣地说就是通过水外的动作教儿童游泳。[1]

（三）教育戏剧能够营造类自然的生活情境

上述可见，道德学习内生于自然的生活，有效的道德学习需要依靠具体的道德问题情境。学校非生活化的制度安排虽有利于学科类知识技能的集中学习与训练，但在培养学生德性方面并不占优势，相反，缺失具体生活境遇的道德教育容易流于空泛而于学生实际的道德生活无益。那么，在现行的学校制度和学校组织形式下，如何解决这一问题？我国第八次课程改革在此问题上提出的对策是德育课程的生活化，强调德育为了生活，从生活中来，回到生活中去，在实践上突出德育课程的活动性，努力丰富学生的生活经验与实践：

> 人在现实生活中所面对的道德问题并没有现成的答案，没有放之四海而皆准的行为模式。人所做出的道德决定都应当是在具体情景下种种关系的相互作用中生成的。……这种生成性的道德智慧和数学、物理等一般命题性的知识不同，它不能仅通过知识的传授而获得，而有赖于个人成熟的生活经验、生活实践。道德教育要培养生成性的人，要形成人的道德智慧，就必须在丰富人的生活经验、生活实践上下功夫。[2]

然而，在现行的学校教育制度体系和形式化的运行机制内，丰富学生的生活经验和生活实践并不是件容易的事。教育戏剧通过"亲历当下"的戏剧活动设计提供了解决这一问题的可能性和可行性。

首先，教育戏剧可以为学生营造类自然的社会生活情境。教育戏剧与一般的戏剧一样都是虚拟的，但不是无厘头的想象，而是真实的社会生活的反映。如同童话、小说、民间故事，虽不是某个个体的真实生活，但来源于无数个体的生活经历与体验。经典童话与各类故事能够流传，就因为每个人都可以在其中找到自己的生活、自己的问题、自己的答案。教育戏剧也以叙事性故事为基础，既可以描述一个具体的生活事件过程，也可以深入某一细节细致刻画，为参与者提供慢下来思考、体验、作出反应的机会。教育戏剧还可以改编自学生

1　约翰·杜威：《道德教育原理》，王承绪等译，浙江教育出版社，2003，第13页。
2　鲁洁：《生活·道德·道德教育》，《教育研究》2006年第10期，第7页。

身边发生的真实生活事件。最重要的是，学生参与教育戏剧，不是单纯地观看表演，而是在身临其境中作出即时反应，就如同他在真实的生活中一样，这些即时反应将引起他人的反应，推动戏剧故事的发展。"戏如人生"，戏剧虽是虚拟的，但学生们在戏剧中的感受、体验、所思所想、行为反应都是真实的。由于教育戏剧中的表演是即兴的，而不是按事先写就的剧本排演的，因此学生在教育戏剧中就是在虚拟的生活情境中真实地生活了一遍，增加了他的生活经验和实践。

其次，教育戏剧可以为学生营造典型的具有道德学习价值的社会生活情境。虽然道德学习内生于自然的社会生活，但这并不意味着道德教育只需将学生置于纯自然的社会生活中，学生就能自然发展起社会期望他具备的德行。教育内含设计、引导，哪怕是提倡自然主义教育的卢梭（Jean-Jacques Rousseau）也为其教育小说中的主人公爱弥儿的成长做了许多有意的安排。同理，杜威虽强调学校本身必须是个生机勃勃的社会机构，也要求对这个社会机构作适当的安排："成人有意识地控制未成熟者所受教育的唯一方法，是控制他们的环境。……任何环境，除非它被按照它的教育效果深思熟虑地进行了调节，否则就它的教育影响而论，乃是一个偶然的环境。"[1] 教育戏剧恰好可以通过戏剧活动提供可控的便于道德学习的社会生活情境。戏剧本身反映人的生活，是人类生活问题的典型化与意义化表现，在教育戏剧的设计中，可以将典型的道德问题情境融入故事，实现对学生道德学习的引导，从而达到道德教育的目的。案例2-1来自戴维斯的一次教育戏剧课。我们可以在其中发现学生的道德学习是如何自然发生的。

案例 2-1　医学实验[2]

还有一次，我和一群加拿大的青少年一起工作，他们来自两所不同的学校；来自大学的老师观看了这节课。很显然，这些学生的社会经济背景十分不同，因为门卫突然走进教室要求雪佛兰的车主挪开挡在车道上的车。我以为是老师的，然而一名17岁的学生站了起来，道歉并出去挪车。班上的一半十分

1　杜威：《民主主义与教育》. 王承绪译，人民教育出版社，1990，第21页。
2　案例内容来自大卫·戴维斯：《想象真实：迈向教育戏剧的新理论》，曹曦译，中国人民大学出版社，2017，第30页。案例标题为笔者所加。

自信（那个年轻人属于这一半），而另一半显得温顺谦和，希望保持低调。我们发展了一个戏剧，我问他们谁想扮演一个重要的人物，而谁想扮演不重要人物时。班里的学生立刻像我期待的那样被分开了——社会经济条件较好的一组希望扮演重要的人物。我让他们入戏成为卓越的科学家和医生，他们从世界各地来（在加拿大很容易做到这一点），加入一个研究组织，任务是研究人死后是否还有生命。不那么重要的人们需要钱，所以他们签约成为实验的一部分，实验要持续一年。这段时间这些志愿者会被冷冻起来，所以他们没有任何医学指征上的生命迹象。大量的钱会以月付的形式给他们的家人。一年以后他们会被复活。"不重要的人们"回来以后记不清自己是谁、去过哪里，并且认不出任何人。实验很显然地遇到了灾难性的问题。我两次邀请观看的老师作为媒体来采访：第一次他们其中的一些人泄露了实验有可能出了问题，十分自信的青少年要为保住他们的职业生涯尽力抗争。志愿者苏醒时没有回到原来的状态让这些科学家吃了一惊。这当然只是一共五节、每节两小时的戏剧课的一个大纲。我从一个学生的母亲那里听说，一年以后他们还在谈论这个戏剧——讨论医学实验的优势和劣势，从低收入家庭获利的道德问题，到是否死后还有生命以及如何发现媒体调查的积极和消极方面，等等。

在案例 2-1 描述的教育戏剧活动中，戴维斯将学生带入了非常深刻的道德伦理问题的学习中，其方法是搭建了一个对学生而言是虚拟的但在现实生活中是存在的社会情境：低收入者以命赌钱成为试验品，高收入者从中获利。医学实验的伦理性应该如何确定？媒体的责任是什么？怎么衡量新闻报道的伦理性？学生在现实生活中几乎不会接触到这些问题。教育戏剧通过各种设计使学生进入类真实的生活情境，直面这些问题，全身心投入地思考和解决问题，由此带来的冲击远远高于一般的案例讨论法，以至于他们在课程结束的一年之后仍在谈论。

教育戏剧将参与者放置在戏剧的故事中，又连接现实的世界。当戏剧故事处理的是学生现实生活中面临的问题时，学生在虚构的戏剧境遇中的真实感就更强烈。因为教育戏剧的这种类自然性，学生很容易将在戏剧中习得的东西迁移到现实生活中。如在探索同伴关系的教育戏剧中，戏剧的境遇既让学生能够观看故事中的同伴关系，也可以让他们看见自己现实生活中的同伴关系。有的学生在思考他们参与教育戏剧的经验时写道："教育戏剧要求小组合作，这让我与不熟悉的同学有了进一步的认识，课下也有了交流。本来我在班中不会主动讲话，因为教育戏剧的活动，给予了我和其他同学说话的身份，不再像同班的陌生人，而更像理想中的同班同学。"[1] 教育戏剧让学生之间有了更多的同伴互动与交流，获得同伴的支持和安全感。

三、为道德教育提供有助于道德具身学习的方法

20世纪以来，中西方德育理论与实践都在批判和否定传统德育的强制与灌输的同时努力寻找更好的方法。西方1960年代发展起来的认知—发展模式的两难讨论与公正团体策略、价值澄清学派的价值澄清法、社会学习理论的替代强化法、关心体谅模式的情境故事法，1980年代的社会行动模式，1990年代的关怀理论等，都在世界范围内产生了重大影响，但又都存有许多不足。我国在吸收西方德育理论与方法的合理之处的同时积极探索，尤其在2003年开始的新课改以来，学校德育中加大了实践和活动环节，积极革新，但总的来说仍处于对更多更好的德育方法的探寻中。教育戏剧可以成为学校德育方法的新选项，因其能够保障道德的具身学习，符合当前认知科学对学习的解释，弥补上述德育方法的一些不足。

（一）道德学习的具身性

道德学习是道德领域内的学习，一则因为道德内在于社会生活，而不是一个单独的领域，也不是一个独立的学科（伦理学研究道德但不是要培养学生的德性，与道德学习无关）；二则因为传统上将道德视为来自外在的必须接受的东西，不存在个体对它的学习过程，道德学习的概念出现得很晚。国内探讨道德学习的第一本专著是2003年王健敏的《道德学习》。虽然之前人们很少用"道德学习"这个概念，但并不意味着道德学习和道德学习观不存在。哪怕是视道德为外来的必须接受物而否认道德需要学习的观点，也隐含着"道德的学习是通过被动接受的方式完成"的道德学习观。这种观点导致的结果是在传

---

1 摘录自学生的教育戏剧课学习总结。

统的学校道德教育中，道德规则被视为学生必须接受和执行的既定要求，道德教育往往诉诸强制、说教、灌输等方法。随着开端于皮亚杰和维果茨基（Л.С. Выготский）等的建构主义认知观的兴起，这种错误的道德学习观已被抛弃。学习被视为个体主动地与外部环境积极互动的过程，道德被视为是在个体主动地与外部环境互动的过程中建构的。而随着 20 世纪末以来具身认知研究的兴起，建构论从认知建构扩展为身体建构，学习被认为是具身的，与此相应，道德学习也具有具身性。

1. 具身认知与具身学习的含义

20 世纪末，具身认知（embodied cognition）思潮的出现挑战了传统认知理论，改变了人们的学习观。传统认知论在认识论上持笛卡尔（Descartes）的主客二元论，把认知作为心智独立于身体的表征和加工过程。这一观念既将"身"与"心"相对立，又将身心与环境相剥离。具身认知的哲学基础与二元论相对，但并不是一元论，而是一体论。根据海德格尔的"存在"（being-in-the-world）概念，人是嵌入世界，同世界一体的。认知是大脑、身体与世界的交互的产物。梅洛·庞蒂（Maurece Merleau-Ponty）受其影响，提出"知觉的主体是身体，而身体嵌入世界之中，就像心脏嵌入身体之中，知觉、身体和世界是一个统一体。人是通过身体与世界的互动，通过身体对客观世界的作用而产生知觉和认识世界的，人以'体认'的方式知觉世界"[1]，肯定了身体在认知中的作用。1991 年，瓦雷拉（F. J. Varela）等人在《具身心智：认知科学和人类经验》（*The Embodied Mind: cognitive science and human experience*）一书中明确提出具身认知的理念：认知是"具身行动"，它既依赖具有不同身体体验的身体，也内嵌于更广泛的历史文化情境中。[2] 这个理念得到广泛的支持。具身认知逐渐成为迄今为止认知科学领域研究的一大方向。

具身包括传统认知中的身体与心智。具身意味着身体学习、身体经验、身体是认识方式，身体与环境融为一体。"具身认知的中心观点是：认知、思维、记忆、学习、情感和态度等是身体作用于环境的活动塑造出来的。从根本上

1 叶浩生：《具身认知——原理与应用》，商务印书馆，2020，第 30 页。
2 F. J. 瓦雷拉、E. 汤普森、E. 罗施：《具身心智：认知科学和人类经验》，李恒威等译，浙江大学出版社，2010，第 173 页。

讲，心智是一种身体经验，身体的物理体验制约了心智活动的性质和特征。"[1]

具身认知观对传统认知观的改变表现在三个方面：一是变身心分离为身心合一；二是变"身体是心智的载体"为"心智内在于身体、依赖身体"；三是变"世界外在于身"为"身体内嵌于世界"。这种改变颠覆了传统学习观。传统学习观将学习看作发生在大脑的中枢神经活动过程，重视语言与视觉学习，重视对抽象符号的加工。身体只被看作大脑知识加工素材的提供者和大脑指令的执行者。而从具身认知出发，学习是具身的：学习基于身体的生理性体验而进行，身体经验是知识的源泉。由于身体内嵌于环境，因此学习也就根植于环境。

叶浩生指出，具身学习遵循三个原则。（1）身心一体原则。身体和心智是一个整体，在人与环境的互动中发挥着统一的作用。（2）心智统一原则。心智与身体紧密相连，也是一个整体。学习包括心智过程的认知、情绪、意志和行为等所有成分，身体的活动方式直接影响学习的结果。（3）根植原则。学习过程受情境因素的制约，发生于一定文化环境中。[2]具身学习具有涉身性、体验性和情境性。[3]

2. 道德学习是具身的

在具身认知的框架下，道德学习的具身性呼之欲出。

首先，道德学习发生于身心合一的身体。具身中所讲的身体包含心智，而不是传统认识论中作为心智对立面的身体。在传统认识论中，身体是心智的载体，而心智似乎是独立于身体的实体。心智发生于大脑中枢神经系统，与身体的其他部分无关。相反，因为身心二元对立，这些其他部分似乎是失智或反智的，因此教育中的惯常做法是将身体约束起来，以便大脑能够专心致志地工作。而从具身认知来看，心智过程须经身体体验才能发生，或者说是在身体体验中发生，此时身体与心智是合一的。反映在道德学习上，身体体验对道德感的产生作用更为明显。例如通过身体规训来实现心智上的服从性一直是常用的方法，像军训、罚站等。而且，身体感官影响道德判断也得到了实验研究的支持。例如有的研究表明，白色与道德概念、黑色与不道德概念具有一致的心理

1　叶浩生：《身体与学习：具身认知及其对传统教育观的挑战》，《教育研究》2015 年第 4 期，第 104 页。
2　同上书，第 109-110 页。
3　杨子舟等：《从无身走向有身——具身学习探析》，《教育理论与实践》2017 年第 5 期，第 5 页。

表征，对亮度的感知也会影响人们对道德相关问题的判断。[1]换言之，人们容易把白的、亮的与道德相联系，黑的、暗的则与不道德相联系。而黑白、亮度都是视觉的结果，来自身体感官。这就是庞蒂所说的"在习惯的获得中，是身体在'理解'……理解，就是体验到我们指向的东西和呈现的东西，意向和实现之间的一致，——身体则是我们在世界中的定位"[2]。

其次，道德学习的知情意行等心智过程整体统一。品德心理结构的研究发现，品德包括道德认知、道德情感、道德意志、道德行为等要素，可能还包括其他未被发现的要素。这些要素在道德活动过程中是整体统一发生的。要素的区分只是为了便于研究和分析，而在实际生活中，没有哪一个道德活动过程是由单一的某一个要素发生作用而实现的。所有要素活动统一于身体与环境的交互作用过程中。正因如此，道德神经科学的研究发现，当一个人面对道德问题时，大脑皮层上的多个区域会被同时激活，涉及处理情绪情感、感觉、运动、语言等不同信息的区域。

再次，道德学习是身体与环境交互作用的建构过程。建构观原来用于解释心智认知的产生，用于说明认知是心智与外部环境交互作用的结果。具身认知框架下，心智认知建构扩展为身体认知建构，因为认知产生于身体与环境的交互作用。"学习既不是孤立于中枢过程的信息加工，也不是外部环境条件对行为的机械作用。具身学习是个体最大限度地利用内部心理资源和外部环境条件，以达到心智、身体和环境之间动态平衡的过程。"[3]皮亚杰用动作和图式、同化与顺应来解释这一过程。在道德学习上，他把个体与环境之间的互动主要解释为个体与同伴和成人之间的关系。维果茨基则从更大的社会文化背景方面来解释。确实，道德领域的学习比其他学科的学习更依赖社会文化背景。而因为道德处理人与人之间的关系，其本质是实践的，所以道德学习也比其他抽象符号的学习更依赖身体。身体感受到具体情境下的各种因素中隐含的信息，又通过身体传达自身的意愿。这种身体上的反应很多时候难以言明，是一种无意识状态的学习。将人与环境的互动归于身体，是对身体感知运动价值的承认，

---

1 叶浩生：《具身认知——原理与应用》，商务印书馆，2020，第382页。
2 莫里斯·梅洛-庞蒂：《知觉现象学》，姜志辉译，商务印书馆，2001，第191页。
3 叶浩生：《身体与学习：具身认知及其对传统教育观的挑战》，《教育研究》2015年第4期，第110页。

其在教育上引致的一个结果是对身体本身的重视和利用。

（二）在教育戏剧中实现道德上的"做中学"

道德学习突出的具身性，决定了道德教育应更多地借助身体活动的方式而不是坐而论道，回到中国传统哲学与文化强调的体认上来。教育戏剧天然的活动气质，十分匹配道德学习的具身性。将教育戏剧用于道德教育时，教育戏剧便不仅是一种教育活动，也是一种德育的方法，相当于德育课程的教学法，保障参与者道德学习上的"做中学"。

"做中学"是杜威在批判传统学校教育的基础上提出的教学原则。以经验论哲学观和本能论心理学为依据，杜威认为来自行动的怎样做的知识是最初最牢固的。"任何把身体活动缩小到造成身心分离即身体和认识意义分离开来的方法，都是机械的方法。"[1] 遗憾的是，传统学校德育除了惩罚身体以示训诫，训练身体以养成某种习惯外，并不怎么利用身体，却往往在道德教育中严格控制学生的身体活动，将道德学习缩减为道德知识的学习，以致学生只是获得了杜威所说的"关于道德的观念"（ideas about morality），而没有形成"道德观念"（moral ideas）。两者之间的区别在于前者只是与道德有关的一些知识价值观等，不论学习者是否接受，它们都存在；后者才是个体内在的道德方面的观念和价值观等，属于个体品德结构中的内容，相当于道德认知。更遗憾的是，身体惩戒的德育方法往往让学生将道德与痛苦联系在一起，视道德为约束压制，从而讨厌道德与道德学习。这是对道德的极大误解，道德确实有约束抑制不良意念与行为的一面，但还有倡导性的一面，它们都关乎社会生活中的人际交往和利益处置。道德学习中的"做"首先是对身体的学习价值的肯定，是承认由身体感知和运动带来的直接经验对个体道德成长的重要性。在教育戏剧活动中，身体是学习的基础，没有身体的参与，戏剧无法展开，学习没有依托。因此，从此角度看，将教育戏剧作为德育方法的优点是不言而喻的。

首先，在教育戏剧中"做中学"，道德发展的整体性成为可能。已有的德育方法根据品德结构要素，往往选择从某一要素入手培养学生的德性，如，发端于国外的道德两难讨论法和价值澄清法将重点置于培养学生心智过程的推理

1　约翰·杜威：《民主主义与教育》，王承绪译，人民教育出版社，1990，第 151-152 页。

与判断上，关怀理论与关心体谅学派从情感要素出发，将关怀作为道德学习的重心，社会行动模式的着眼点是行为；我国常用的说理法、陶冶法、行为训练法等也都侧重于培养品德知情意行中的某一个要素，未能顾及品德心理的统一性与完整性。在教育戏剧中通过身体，知情意行各个心理要素都参与到与环境的交互作用中，从而避免了割裂完整的心理过程所带来的弊端，如"重知轻行"的培养造成"言行脱节"或"言行不一"。

其次，在教育戏剧中"做中学"，极大地利用了道德的无意识学习。在道德教育上，应该采用直接教学的形式还是间接教学的形式始终是一个众说纷纭的话题，但比较有共识的是学生的品德发展绝不是单凭直接教学能够实现的。"直接的道德教学的影响即使在最好的情况下，在数量上相对而言也是比较少、在影响上则比较轻微。"[1] 而间接教学又往往失之于难控性。在教育戏剧中，道德的直接教学与间接教学可以同时发生，如明确形式的道德中心的探讨是直接的，但诉诸身体感官实现的影响是间接的。尽管各品德要素如何完成整体性学习的机制尚不完全明确，但可以肯定的是，在身体参与的具身学习中，身体与环境交互作用过程中发生了非常重要的内隐的无意识的道德学习。

再次，在教育戏剧中"做中学"，道德学习的结果容易迁移。因为身体的参与，教育戏剧中的道德学习是实践性的，学习的结果产生于情境，是具体的、依赖情境的，成为个人的直接经验。因为经验的连续性，"之前情境中的某些东西被传递到之后的情境当中。……在一种情境中他所学的知识和技能方面的东西，会成为有效地理解和处理后来情境的工具，其过程会随着生活和学习的持续而不断往前推进"[2]。在教育戏剧活动中形成的道德观念与行为能够运用到参与者以后的生活中去。这就将减少德育低效甚至无效的情况。

例如，参加《裁缝与鞋匠》的教育戏剧后，学生写道："这是一个故事，也好像是一种真实的生活。我们在与同伴交往的时候，面对与自己不同的人，习惯用固定的方式去'定义'一种人、一种生活，用思想禁锢、绑架一个人。比如'热情、大方、外向'是好的，'内向、朋友不多'是不好的。有时，我们为了让自己成为别人喜欢的人而忘了自己本是怎样的人。人与人之间是不同

1　约翰·杜威：《道德教育原理》，王承绪等译，浙江教育出版社，2003，第9页。
2　约翰·杜威：《经验与教育》，盛群力译，中国轻工业出版社，2016，第30页。

的，在教育戏剧的过程中我慢慢发现了自己。""这学期的教育戏剧，让我在生活中拥有了更加丰富的经验，让我知道与他人交往时，如何化解遇到的各种各样的问题，以及在与他人交往时，应注重他人感受，尊重他们。在和同伴有冲突时，一定要冷静。教育戏剧让我们以一种方式感受到了教育的乐趣，让我敢于去分享自己内心所思考的。"[1]

1　摘录自学生的教育戏剧课学习总结。《裁缝与鞋匠》的教育戏剧活动见第五章。

DIE

第三章

——

教育戏剧的育德原理

教育戏剧能够培育人的道德品质，但是教育戏剧何以育德？其育德的原理是什么？似乎迄今尚未有系统的论证。已有研究涉及该问题较多的是从某一方面出发论证教育戏剧对发展理解能力和道德推理能力的作用，如认为教育戏剧中的个人角色扮演能够发展参与者的道德推理能力；[1] 教育戏剧提供的文化背景和开放的讨论有利于发展批判性的反思和更成熟的理解水平；[2] 教育戏剧中的角色扮演通过设身处地为他人着想，提供了一种替代的情感体验，情景有助于理解社会文化习俗；[3] 教育戏剧中的复杂的道德情境对于引导学生发展一种道德推理很有价值；[4] 等等。它们解释了教育戏剧培育某一品德要素的原因，但未从根本上说明教育戏剧何以育德。其实，解释这一原理并不难：根据个体道德发展的规律，推动发展的内在动因是个体内部的矛盾运动，教育戏剧恰恰用戏剧冲突触动了这样的内部矛盾运动。为使这种冲突真正抵达内心，教育戏剧运用了亲历当下、虚实之间等多种手法，调动了多种心理成分参与的多种道德学习方式，实现了道德上的教育与自我教育。

一、在理解世界中成人：教育戏剧与道德教育目的相通

教育戏剧能够育德，很多时候是从隐性育德的角度讲的，但有些时候，教育戏剧探讨的主题就是伦理道德问题，一出教育戏剧的展开就是一个典型的道德教育过程。有这样的现象发生，是因为教育戏剧与道德教育在目的上相通，有些部分高度重合。两者都旨在帮助参与者理解世界，成为有责任感有担当的人。教育戏剧以帮助参与者理解世界为己任，要理解世界，就必须关注、理解这个世界上的价值、规则、信念等；道德教育旨在培养学生良好的品行，而良好的品行与对社会规则、价值观的理解息息相关，可以说不理解社会、不理解

1　Nick Mavroudis, Pagona Bournelli, "The contribution of drama in education to the development of skills improving the interpersonal relations of multicultural classroom students," in *Journal of Educational Issues,* Vol.5, no.2(2019): 42-57.

2　Robyn Shenfield, "Perspectives on moral ambiguity and character education in the drama classroom," in *Drama Australia Journal,* Vol.40, no.2(2016): 95-104.

3　Karina Szafrańska, "Developing empathy and moral sentiments in preschool children through drama," in *Elementary Education in Theory and Practice,* Vol.11, no.3(2016): 255-266.

4　John Basourakos, "Moral voices and moral choices: Canadian drama and moral pedagogy," in *Journal of Moral Education,* Vol.28, no.4(1999): 473-489.

他人的人难以成为理性的道德人。因此，帮助学生理解社会的伦理、规则、价值，理解个人与他人、个人与社会的关系，就成为教育戏剧和道德教育的共同目的。它不仅体现在理解的内容上，而且也体现在理解的维度上。

（一）理解的内容

戏剧本身具有教化功能。一般认为，戏剧起源于祭祀仪式。祭祀活动在古代是人类重要的精神性社会生活，是日常生活的一部分。年轻一代正是在祭祀活动中，通过一整套复杂的仪式，如跪拜、念诵、歌舞、献祭等，来学习社会规则，领悟生命。戏剧在将祭祀仪式艺术化的同时保留了它的教化功能，具有寓教于乐的功能。古希腊戏剧当时已具有明显的公民教育意义，比如《被缚的普罗米修斯》宣扬了反抗专制的精神，《俄狄浦斯王》歌颂了顽强、勇于承担责任的气概，《美狄亚》则反映了女性遭受的不公及复仇带来的灾难，等等。近代以来，戏剧反映社会问题，表达作者的社会理想，启迪民众的作用更加突出。不过，戏剧的这种教育功能基本是通过民众站在戏剧故事之外的观看实现的，直至教育戏剧发展出参与者进入戏剧，将自身的内在与外在联系起来，才将戏剧的教育目的放在了首位。按教育目的的不同，教育戏剧的内容可以简单分为两种：一是将教育戏剧作为学科教学法，其内容主要是各学科知识；另一种将教育戏剧作为以帮助学生理解世界为目的的教育活动，其内容与道德教育的内容相同，都关涉社会生活，重点是社会生活中的各种价值观、规则、观念等。

当前，教育戏剧受邦德戏剧的影响，更加深入地关注人类社会生活的各个层面，揭示其中的普遍意义。其中，英国大伯明翰（Big Brum）剧团曾与邦德合作，以教育剧场的形式在帮助儿童、成人方面做了许多开创性和示范性的工作。库珀作为大伯翰剧团曾经的导演和演员，非常明确地指出：

> 大伯明翰认为儿童不是未成长的成年人，他们有自己的权利和成为人的特殊经历。艺术是一种对于世界认知的方式，剧团利用剧场和戏剧来和年轻人探索生命的意义以及他们所栖居的世界。剧团工作的核心是探索什么是人、人类寻求公正的紧急性，以及在世界上安家的需求。这些主题都

是自古希腊以来不同年龄戏剧的核心。[1]

他分析邦德戏剧的特点是：

> 所有邦德的戏剧都有一个核心——什么是人？这些剧作都在处理人类寻求公正的需求。……邦德将我们平凡的每日生活和非凡的宇宙性命题联系在一起。教育剧场一直在努力地将儿童的内在世界与外在的客观世界辩证地联系在一起，并且关注外在世界的文化和自然互动时内在的增长，以及对自我和社会的阐释。[2]

从上述言论中我们可以概括出三点：第一，教育戏剧通过每日生活探索生命的意义；第二，教育戏剧帮助儿童理解自我和社会；第三，在前两者的基础上，教育戏剧帮助儿童探索什么是人，最后指向成人。此三点也可以总结为教育戏剧是帮助儿童在理解世界的过程中成人。理解的内容包括理解生命、理解自我与社会、理解什么是人。从理解即意义的建构角度讲，我们也可以将此表述为教育戏剧帮助儿童把握生命的意义，阐释自我与社会，建构人的意义。而这也是道德教育的目的。如鲁洁所指：

> 德育课堂所要回归的生活世界是一个事实世界与意义世界相互联结的世界。回归生活世界的教育不是仅仅使人去认识一个事实世界，它的更为重要的职能是指引人们进入意义的世界。德育课堂是一个探索生活意义的课堂。它要使儿童逐渐去理解和体验：生活是有意义的，生活中的我是有价值的，它还要在不断丰富儿童生活经验的基础上拓展他们的意义场域。德育课堂是迷人的，这是因为意义世界是充满人性的世界，追寻意义的过程是一个人的全身心投入的过程，在这个过程中各种生命的潜能都被激活，各种能量都能得到释放。[3]

在追寻意义的过程中一个人全身心投入，"各种生命的潜能都被激活，各

1　下文关于教育戏剧的发展介绍参照 Gavin Bolton. "Changes in thinking about drama in education," *Theory into Practice*, Vol.24, no.3(1985): 151-153; 克里斯·库珀：《逆流而上——关于教育剧场和教育戏剧的历史回顾》，曹曦译，见学国际教育文化院内部资料·见学教育戏剧工具书，第二卷，2018，第 92 页。

2　同上书，第 99 页。

3　鲁洁：《行走在意义世界中—小学德育课堂巡视》，《课程·教材·教法》2006 年第 10 期，第 20 页。

种能量都能得到释放"，正是鲁洁倡导的道德教育"成人"的表现：

> 本性的人之生成是道德教育之指向。"做"才能成人，要"成为人"，必须学习"做人"，必须讲究"做人之道"。生活论意义中的"成人之道"，是使道德从远离人的存在和生活世界的抽象理性的规范体系重新回归为人类生存的自觉意识，它所关注的是怎样使人活得更像一个人，它所确立的是人的生活原则和根本方向。[1]

"道德与法治"作为我国最主要的义务教育德育课程，为使儿童"成人"，在内容上以"成长中的我"为原点，由"自我认识"到"我与自然""我与家庭""我与他人""我与社会""我与国家和人类文明"，不断扩展学生的认识和生活范畴。[2]它们按与儿童生活紧密程度依次展开：自身—自然—家庭—他人—社会—国家和人类文明。学习主题包括入学教育、道德教育、生命安全与健康教育、法治教育、中华优秀传统文化与革命传统教育、国情教育，见表3-1。

表3-1 义务教育道德与法治课程的内容

生活 ＼ 内容	入学教育	道德教育	生命安全与健康教育	法治教育	中华优秀传统文化与革命传统教育	国情教育
自我认识						
我与自然						
我与家庭						
我与他人						
我与社会						
我与国家和人类文明						

从这个表中可以看出，我国中小学的道德教育是广义的，而不单指道德品质教育。如我们在前一章中所分析的，道德可以作为一个单独的研究领域，但在生活中是渗透于所有领域而无法单列的。道德教育要回到生活，就要关注生活的所有领域，在自然的生活的本来面目中来培养学生的德性。但是，要在教

---

1 鲁洁：《做成一个人——道德教育的根本指向》，《教育研究》2007年第11期，第11页。
2 中华人民共和国教育部：《义务教育道德与法治课程标准（2022年版）》，北京师范大学出版社，2022，第17页。

材中涉及所有领域又是不现实的，因此选取了与道德特别密切相关的领域。各个领域内涉及的具体的价值、规则、观念都是教育戏剧常探讨的主题。

（二）理解的维度

教育戏剧和道德教育要帮助学生实现的对世界的理解是怎样的呢？如前所述，理解即意义的建构。对理解的维度作出阐释的主要有两种理论。

一种是安德森和克拉斯沃尔等在布卢姆教育目标分类学修订版中提出理解有七个维度（解释、举例、分类、总结、推断、比较、说明）；另一种是威金斯和麦克泰在UbD理论中提出理解有六个维度（解释、解读、应用、洞察、移情、自知）。两者有比较大的差别。安德森模式的七个维度按认知的复杂程度从低到高排列，威金斯和麦克泰模式的六个维度没有水平高下之别，只是呈现理解的不同方面。而最重要的差别是安德森模式中的理解只是认知过程中的一个类别，整个认知过程包括记忆/回忆、理解、应用、分析、评价、创造六个类别；威金斯和麦克泰模式中的理解突破了认知领域，涉及情感领域，而且在认知过程中涉及了更多的类别，见表3-2。

表3-2　安德森与威金斯等的理解的维度

理解的维度	安德森等（布卢姆教育目标分类学修订版）	威金斯和麦克泰（UbD理论）	领域				
			认知				情感
			事实性知识	概念性知识	程序性知识	元认知知识	
解释	√	√		√			
举例	√			√			
分类	√			√			
总结	√			√			
推断	√			√			
比较	√			√			
说明	√			√			
解读		√	√	√			
应用		√			√		
洞察		√				√	√
移情		√					√
自知		√				√	√

那么，理解究竟是否涉及情感过程？哪一种对理解维度的阐释更能说明学习者在教育戏剧活动和道德学习中的状态？从当代认知心理学的研究来看，认知过程不是一个单独发生的心理过程，而往往伴随着情感过程，尤其是在面对复杂的社会问题情境时。在安德森模式中，理解的七个维度基本发生于对概念性知识的学习。在威金斯和麦克泰模式中，解释与解读两个维度主要用于概念性知识的学习，应用维度涉及程序性知识，而洞察、移情、自知基本是认知与情感过程兼具。在教育戏剧活动和道德教育过程中，学习者面对的主要不是用来说明"是什么"的事实性知识或陈述性知识、概念性知识，他们要探索的是在复杂的社会境遇下某个观念或规则意味着什么，某些行为为什么产生，比如，关于"公平"，除了部分概念性知识，更主要的是涉及态度、情感、价值观等。在布卢姆教育目标分类学中，态度、情感、价值观作为情感过程与认知过程并列，因此当把理解视为认知过程的一部分时，其七个维度仅从认知过程加以衡量，而无涉情感过程了。但是从当代认知心理学的研究和教育戏剧与道德教育的学习内容看，在教育戏剧与道德教育过程中发生的学习是既有认知过程也有情感过程的，因此，威金斯和麦克泰的理解六个维度更适用于教育戏剧与道德教育活动。

但是，威金斯和麦克泰的理解六个维度也存在一些缺陷，比如解释与解读难以区分，洞察与移情、自知的关系不够明确等。盛群力等参照罗伯特·马扎诺（Robert J. Marzano）的学习维度理论，将其修改为领会意义、灵活应用、洞察自省三个大的维度，并在大的维度下区分出不同的水平，见表3-3。

表3-3　盛群力等的理解的三个维度[1]

理解的维度	含义
1 领会意义	能够从教学内容中建构意义，整合新旧知识，能运用合理的思维技能来扩展和精练知识，揭示事物的内在联系和含义，并结合实际提出自己的观点和看法。
2 灵活应用	把所学的知识合理地运用于新的情境中，并能进行必要的创新，以解决实际问题。
2.1 良构问题解决	通过执行某个固定的程序，得出某一预期的答案，来解决一个相对简单的问题。

---

[1] 参照盛群力：《21世纪教育目标新分类》，浙江教育出版社，2008，第329、333、335页。

理解的维度	含义
2.2 情境问题解决	通过策划、选择和运用某一最佳的程序,来完成某一新的变式的情境任务。
3. 洞察反省	能多角度地看待事物,具有深刻的见解,并能很好地理解他人、认识自己,具备一种质疑的精神。
3.1 分析问题	确定某个问题的多种观点,并检查每种观点的理由和逻辑合理性,批判性、多样性地看待问题。
3.2 设身处地	移情性地理解他人、把握他人的观点。
3.3 自我反省	
3.3.1 自我调节	对自己学习过程中的思维策略、思维习惯、情绪态度等的调节。
3.3.2 合理规划	系统地定义目标,确定所需步骤,预期潜在问题,分配任务职责,以及制定时间表和核查时间表。
3.3.3 调用资源	对可用资源,如人力、物力、财力和信息资料的有效利用。
3.3.4 回应反馈	能积极听取他人意见来改进自己的业绩水平。
3.3.5 评估效能	评估行为的有效性,实际上是一种自我评价的过程。

从表 3-3 可以看出,领会意义和灵活应用都属于认知过程,洞察自省则包含了认知过程和情感过程两个方面。领会意义是学习者原有认知结构中的知识与新知识之间产生连接,能够明白新知识的含义,产生有意义学习。教育戏剧强调戏剧故事或戏剧活动主题与参与者生活之间的连接,目的就是使参与者能够领会戏剧的意义。当戏剧故事或活动主题离学习者的生活较远时,就要组织能够连接学习者已有知识和戏剧主题的材料进行活动,在学习理论中该材料称作"先行组织"者或"学习支架",在教育戏剧中该部分活动称作"保护入戏"。灵活应用包含简单问题解决和情境问题解决两个水平,前者是知识的简单应用,后者是在复杂情境下的创造性应用。在教育戏剧与道德活动中,学习者面对的基本是情境性问题,需要创造性地应用已有的知识,因此属于后一水平。洞察自省包括分析问题、设身处地、自我反省三个水平,其中自我反省又包括自我调节、合理规划、调用资源、回应反馈、评估效能五个部分。在意义建构,即理解的实现中,洞察自省能够帮助学习者调整自身的视角和资源,更好地从整体上认识并把握事物的本质。在复杂的情境性问题的解决中,洞察自省尤为重要。教育戏剧就是利用情境性问题构建学习空间,让学习者能够在即兴的表演活动中觉察他人的立场,反思自己的观点是否合适,行为是否恰当,

并考虑采取更好的措施。在此过程中，学习者逐渐认识自己，认识他人，认识这个社会的文化，理解其中的价值观念。因此，在教育戏剧活动中，认知与情感始终参与。当然，学习者参与教育戏剧活动的模式不同，他们在其中发生的认知过程与情感过程也有所不同。例如，戴维斯将学生参与戏剧活动的层级分为：情绪层级、感觉主导（对思考过程的无意识）、深思的感受、有感觉的思考、理性思考几个层级，见表3-4。

表3-4　学生参与的模式和层级[1]

入戏的角色	情绪层级	感觉主导 （对思考过程无意识）	深思的感受	有感觉的思考	理性思考
居民					
义工					

戴维斯用表3-4来分析在一个教育戏剧活动中，学生入戏为不同角色（即参与戏剧的模式）时在认知和情感过程上的差别。有意思的是，与前面心理学家和教育学家对理解的阐释不同，这里出现了认知过程的初级水平——感觉和情感过程的初级水平——情绪，出现了心理活动的无意识水平——感觉主导的直觉回应。为什么在前面有关理解的维度中没有这些层级？原因在于，理解的对象往往被认为是间接知识，因此在传统教育目标分类学中它被置于记忆之后。而在教育戏剧中，理性的间接知识是以感性的方式表达和呈现的。各种价值、观念、规则不是用语言直接讲述的，而是在利用戏剧元素制造的情境中让学习者感受到的。感受的基础就是各种感知觉及其引起的情绪：视觉、听觉、触觉、时间感、空间感等以及它们带来的情绪体验。有些感觉会直接影响学习者的思考而未被其本人意识到，所谓不知不觉、潜移默化。这正是在教育戏剧中学习的独特之处。当然，教育戏剧中的学习也常借助表达、讨论和反思等理性手段。因此，在教育戏剧中实现理解的途径除上述心理学家和教育学家已揭示的可意识到的理性方式之外，也包括无意识层次的直觉学习、内隐学习和感知觉学习。如此，不妨扩展理解的维度，在上述理解的三个维度中加上直觉意会维度，用以表示那种没有明显的因果和逻

1　大卫·戴维斯：《想象真实：迈向教育戏剧的新理论》，曹曦译，中国人民大学出版社，2017，第100页。

辑推演关系但却接收或掌握了意义的认知方式。这种方式在道德学习中同样存在，即道德的内隐学习。除此之外，道德学习中也存在领会意义、灵活应用和洞察自省。概括教育戏剧和道德学习中的这些特点，可以将教育戏剧与道德学习中的理解的维度罗列如下。

维度1：直觉意会

借助感知觉感受情境中隐含的意义，往往是内隐的、无意识的，有时表现为直觉。

> 例如：从一张空椅子感受到某类东西的缺失，从一张带有自绘图案的信纸上感受到写信人的重视，从言语者的声调中感受到他对事件的真实态度，等等。

维度2：领会意义

有意识地调动已有的知识经验解读当前的情境，能识别其中的价值、观念等，并说出它们的含义，能揭示事物的内在联系，并提出自己的观点。

> 例如：在一个穿裙子的大班男孩遭到同学嘲笑的故事情境中，识别出社会性别角色对个人的意义、社会对男女两性不同的期待、服装的意义、欺凌异见者（男孩穿裙子不同于常人）等多种价值和观念，并能用自己的语言表述出来，说明观点。

维度3：灵活应用

用已知的价值、观念等对新的情境作出判断，并解决新的情境问题。包括两种水平：一是简单地运用已知价值或观念解决一个简单的问题；二是综合地运用已知价值或观念创造性地解决一个复杂的问题。

> 例如：面对大班男孩穿裙子上学遭到同学嘲笑的问题情境，是根据必须符合习俗规则这一价值要求男孩更换服装、根据友爱的价值要求同学们停止嘲笑，还是出于教育应该保障学生自由探索的权利、教育应该引导学生社会化、教育应该保障学生的个性化等价值的考虑，设计相关的社会性别角色探索活动来引导学生，反映了对价值观念的两种不同水平的应用。

维度 4：洞察自省

多角度地批判性地看待事物、他人和自己，具有深刻的见解，能够自我评价，改进自己的言行。包括三个方面。

一是分析问题。能够从不同立场不同角度分析问题，衡量各种观点的合理性。

二是设身处地。能够站在他人的立场去了解、把握他人的情感反应与价值观点。

三是自我反省。对自己所采用的思维策略、方式方法、问题解决的效果进行评估，积极听取他人意见，自我改进。

> 例如：面对上述大班男孩穿裙子上学遭到同学嘲笑的问题，能够站在大班男孩本人、其父母、同学等不同人的立场去了解他们的观点、态度、内心感受，寻找问题的核心，对问题中隐含的各种观点进行分析，对自己上面提出的解决问题的思路、方法、效果进行评价，听取他人意见作出改进。

在教育戏剧和道德学习过程中，他人的意见往往是在情境现场，通过语言、动作、体态等各种方式即时反馈的。在情境故事的推进中，学习者不断地接收他人的反馈，即时作出应对，实际上就是在即时地不断自我反省、自我改进。此过程，正是理解不断加深的过程。

（三）理解的目的

理解的维度回答了一个"真正理解"的学生可以做什么：他能够领会意义，不论是有意的还是无意的；他能够揭示出事物之间的联系；他能够用自己的话来解释；他能够灵活应用解决问题；他能够设身处地地为别人着想；他还能够反思自己，改进自己，深刻地看待问题；等等。所有这些，是一个人在认知与情感及行为状态上一种比较令人满意的能力，拥有这些能力又有什么价值呢？教育戏剧和道德教育希望学生拥有这些能力是为了达到什么目的呢？

也许，有人会说，理解本身就是目的，就像哲学解释学所说的"理解是人的存在方式"。但是，仔细分析，哲学解释学所说的理解与教育戏剧和道德教育所说的理解并不完全一致。哲学解释学的理解侧重强调的是一种状态，是人处于理解的心理和行为状态中；而在教育戏剧和道德教育中追求的理解是学习的一种结果，它也可以表达为"理解了什么"，如理解社会就是"理解了社会"。有理解的行为，不一定有理解的结果，就像有时候学习了但不一定就学会了。通过良好的教学活动设计，使学生"理解了社会"，当然是教育戏剧和道德教育的目的，但不是终极目的。在理解的维度里，可以看到真正理解的学生能够拥有的能力，但能力是中性的，而教育戏剧与道德教育都是有自己的价值取向的，它们并不中立。它们希望通过帮助学生理解社会而培养出有责任担当的人。

伯顿曾经说自己的一个长期的目的是"帮助学生知晓如何以及什么时候来适应他生活的世界（或什么时候不[去适应]）"[1]，懂得什么时候去适应社会，什么时候不去适应社会，这种行为的前提是理解社会，并对具体的社会情境有价值判断。这与一般所说的教育要培养适应社会的一代相比，有更多的批判性与责任感。因为社会生活在运行中总有不良不公的一面，仅仅是适应社会，显然无法改良社会。邦德戏剧被视为当代教育戏剧实现突破的重要推动力，也是因为其对责任的高度强调与教育戏剧的理念相符。库珀曾评论道：

> 这是邦德对世界戏剧最重要的贡献——他发展出一种新的戏剧形式来检索我们生存的方式以及价值面。布莱希特创造了一种让观众袖手旁观的剧场样式，冷静地理解展现在他们面前的人性的问题。……邦德则几乎一个人，并且在逆流而上的境况下发明了新的戏剧形式——坚持我们能够做出我们是谁以及我们要什么样的生活的抉择。在极端境遇中，为了保护我们为子孙留下的财富，我们愿意牺牲多少。这种形式拒绝我们袖手旁观的观看和评论。[2]

拒绝袖手旁观，承担自己的责任，正是道德教育要培养的学生的重要品质。这在中小学德育目标和德育课程目标里都有相关的明确表述。例如，《义

1　转引自大卫·戴维斯：《想象真实：迈向教育戏剧的新理论》，曹曦译，中国人民大学出版社，2017，第27页。

2　下文关于教育戏剧的发展介绍参照 Gavin Bolton. "Changes in thinking about drama in education," *Theory into Practice*, Vol.24, no.3(1985): 151-153; 克里斯·库珀：《逆流而上——关于教育剧场和教育戏剧的历史回顾》，曹曦译，见学国际教育文化院内部资料。见学教育戏剧工具书，第二卷，2018，第101页。

务教育道德与法治课程标准（2022年版）》规定该课程的总目标包括："理解社会主义核心价值观的内涵及其重要意义……了解个人生活和公共生活中基本的道德要求和行为规范……理解宪法的意义，知道与学生生活密切相关的法律，能够初步认识到法律对个人生活、社会秩序和国家发展的规范和保障作用……主动承担对自己、家庭、学校和社会的责任"等。可见，帮助学生理解社会的目的是使其成为负责任的积极的公民。[1]

总之，教育戏剧和道德教育都强调要理解世界，包括理解自己，理解他人，理解社会。两者都希望帮助学生理解社会，使其能够承担责任。目的上的这种相通性，使教育戏剧与道德教育具有内在的相似性：都是帮助学生理解生活、发展社会性的教育活动，只是道德教育更聚焦于道德领域、教育戏剧的活动主题更宽泛罢了。但从我国道德教育的学校实践来看，其内容其实远远超出道德领域，属于大德育的范畴。这是由道德渗透于一切社会生活领域的特性决定的。所以教育戏剧与道德教育时而相同，或者说教育戏剧就是道德教育的一种活动形式就不足为奇了。

二、以两难推动发展：契合个体道德发展的规律

道德教育能够起作用的关键在哪？为什么在同样的教育条件下，有的学生品德发展得好，有的学生却不见改变？是有的学生可教，有的学生不可教？当然不是！每个人都有天赋的道德学习的心理基础，它们是学生品德发展的内部条件。道德教育作为外部条件，是要通过与内部条件的相互作用来产生影响的。只有当道德教育作为外部条件触发了学生内部已有的状态发生矛盾运动并得到解决，学生的品德才能有所发展。冲突是戏剧的必备元素，道德教育利用教育戏剧构建适当的道德两难情境，就容易触发学生思想内部的矛盾运动，使之产生有质量的道德学习。

（一）个体内部矛盾运动是道德发展的决定性因素

影响个体道德发展的因素很多，从大的方面可以分成先天遗传和后天环境两类。在后天环境中，道德教育是人为的有意的因素，对个体道德发展的作

1　中华人民共和国教育部：《义务教育道德与法治课程标准（2022年版）》，北京师范大学出版社，2022，第9页。

用明显。另外，后天的自然状态的社会环境也是重要的影响因素，这在前面章节已有论述。得自先天遗传的心理形式和对外反应的倾向性，构成了个体道德学习最初的内部条件。在后天环境的影响下，这个先天的心理形式慢慢具有后天的道德内容。当个体进入学校教育阶段后，他参与道德教育活动的起始状态中已包含了以往道德学习的结果，即具有一定的道德认知、道德情感和行为习惯。每一个或每一次具体的道德教育过程中，学生有没有产生有效的道德学习，能不能获得道德上的发展，取决于作为外部因素的道德教育措施有没有引发个体内部的矛盾运动。

1. 个体道德是主体内部矛盾斗争的结果

道德从社会的层面看是调节人与人、人与社会、人与自然之间关系的一系列行为规范和准则，从个体层面看是个体接受或内化这些行为规范和准则之后在个性上表现出来的稳定的特征。这些行为规范和准则是对人性中那些不利于社会生活的部分的约束与限制，是对那些有利于社会生活的部分的鼓励。因此，道德本身往往就是矛盾斗争后的选择结果，如自由对纪律、利己对利他、独占对分享、冷漠对关心，等等。弗洛伊德（Sigmund Freud）曾从人格心理学角度分析过儿童道德如何在矛盾斗争中形成。

弗洛伊德认为，本我（id）、自我（ego）和超我（superego）三个彼此相关的部分构成人格。本我是一些生物性或本能性的冲动，是本能，遵循"快乐原则"，在现实生活中往往受到限制和压抑。自我是个体呈现在生活中的那一面，遵循"现实原则"，使本我只能获得现实许可的那种快乐和满足，控制、压抑其冲动。超我是从自我中分化出来的，监督自我，遵循"至善原则"，使个体趋向社会规范。儿童从一出生就具备各种本能，但这些本能并不能完全得到满足，因为父母在养育儿童的过程中很早就向儿童提出了社会化的要求，甚至养育方式本身也是父母社会化生活的结果。比如，生理本能决定了儿童饿了就哭就要进食，但随时随地的哭泣和进食会干扰他人的正常生活，因此父母会定时喂养。婴儿天生的无助和依赖他人照料才能生存的特性，使得他们不得不适当地压抑自己的本能，去适应父母制定的进食时间表。这就是他社会化的第一步。等他稍长大，父母不断地向他提出各种社会化要求，出于对父母的依赖，害怕失去父母对自己的爱，他不得不克制本我需要，放弃做出不好的事情。逐渐地，出于对父母的积极的爱和依恋感，儿童将父母的批评和社会的批评内化为良心或超我，最后能够抵制外界的诱惑，按道德规范行动。其中，压抑不利于社会生活的那部分本能，抵制外界的诱惑，都是个体内部本我与超我矛盾斗争的过程。斗争的结果，过度欲望被调至适度，自我就表现为符合社会行为规范和准则，就是道德的了。

2. 个体发展是主体内部矛盾运动的结果

唯物辩证法认为事物发展的根本动因是内部的矛盾运动。个体的发展同样如此。维果茨基的"最近发展区"理论为说明这个问题提供了很好的视角。维果茨基发现，儿童可以在成人或比自己成熟的同伴的帮助下解决原本无法解决的问题，这与他自己独立解决问题的水平之间存在差距。他举例说，一个7岁的儿童能够独立做出7岁组的测试题，那他的独立解决问题的水平就是7岁的水平。当他在成人或比他强的儿童的帮助下能够做出9岁组的测试题时，他的潜在的解决问题的水平就是9岁的水平。9岁和7岁水平之间存在的差距就是"最近发展区"："有指导的情况下借成人的帮助所达到的解决问题的水平与在独立活动中所达到的解决问题的水平之间的差异确定为'最近发展区'。"[1] 由此，维果茨基主张教学要走在发展的前面，即教学对儿童提出的要求要超出他已有的水平，但不能超出太多，而是要落在他的"最近发展区"内。例如，对上面这个最近发展区在7—9岁水平之间的儿童而言，教学时提出的要求应该高于7岁水平，但不超出9岁水平。因为只有超出他现有的7岁水平的要求才会与他已有的发展水平之间构成矛盾，为了解决这个矛盾，他要想各种办法去解决，包括寻求他人的帮助。但如果教学提出的要求过高（超出9岁水平），高于他在他人帮助下仍不能达到的程度，那他就会放弃努力，在他的内部就无法产生矛盾运动，也就无法推动发展。

因此，基于维果茨基对发展与教学之关系的论说，科斯鸠克（Г.С.Костюк）、赞可夫（Л.В.Занков）、鲁宾斯坦（С.Л.Рубинштейн）等提出"发展－自我运动"论，强调：（1）所谓"发展"是个体内在矛盾的扬弃过程，亦即"自我运动"；（2）外部条件总是通过内在条件起作用的。[2] 这一论断明确个

1　黄秀兰：《维果茨基心理学思想精要》，广东教育出版社，2014，第92-93页。
2　钟启泉：《维果茨基学派儿童学研究述评》，《全球教育展望》2013年第1期，第19页。

体的发展是其内部"自我运动"的结果，且"自我运动"是在外部条件的作用下发生的，不是主体内部自发的运动。这说明，个体的发展既不是由外部条件决定的，也不是内部因素自发运动导致的，而是个体内部因素在外部条件的作用下产生了矛盾运动，并由矛盾中代表新要求、新力量、新事物的一面战胜旧的那一面（即扬弃）而实现的。

显然，科斯鸠克等对个体发展的解释符合唯物辩证法的事物发展观，这与他们作为苏联心理学家受到的意识形态影响有关。他们的观点换个角度去看，与当代建构主义观内在相似，这也是因为他们的观点来源于维果茨基，而维果茨基本人也是建构主义的重要代表人物。换言之，维果茨基的个体发展观本身就内含矛盾发展论的要义，科斯鸠克等则更鲜明地阐释了这种矛盾发展论。与维果茨基发展观中内含矛盾发展论相似，建构主义的另一位更早期的代表人物皮亚杰也对个体发展（主要是认知发展）有相似的阐释，并且将其运用于个体的道德认知发展。

3. 个体道德发展的决定性因素在于主体内部道德方面的矛盾运动

皮亚杰认为在具体的某一个认知过程开始之前，个体都已具备一定的认知上的内部条件，即图式。不过，他摒弃了康德图式的先验性，而视其为可以通过后天经验改变的认知结构。个体最初的图式是以身体感官为基础的基本行为模式："图式是动作的结构或组织，这些动作在同样或类似的环境中由于重复而引起迁移或概括。"[1]最早的动作是与生俱来的无条件反射，个体以此为图式与周围环境互动，逐渐发展起各种活动与心理操作。个体运用图式对环境作出反应，获取知识，而图式也在个体与外部环境的互动中发生改变。当遇到新事物时，用原来的图式就能理解、认识新事物的，这个认识对象就被纳入原有的图式中去，原有的图式扩大。这个过程被皮亚杰称为同化。当遇到新事物时，用原来的图式无法理解、认识新事物的，个体便调整原有图式或创立新的图式，以便同化新事物，这一过程被称为顺应。通过同化与顺应，个体与外部环境相互影响，形成认识。因此：

> 认识不完全决定于认知者或所知的物体，而是决定于认知者和物体

---

[1] 皮亚杰、英海尔德：《儿童心理学》，吴福元译，商务印书馆，1980，第5页。

之间（有机体和环境之间）的交流或相互影响。根本的关系不是一种简单的联想，而是同化和顺应；认知者将物体同化到他的动作（或他的运算）的结构之中，同时调节这些结构（通过分化它们），以顺应他在现实中所遇到的未预见到的方面。[1]

这段话里所说的调节，也称自我调节或平衡，是皮亚杰所主张的影响发展的首要因素。依据皮亚杰的观点，影响发展的其他三个因素是：成熟、经验、广义的社会传递（语言传递、教育等）。平衡为首要因素是因为平衡促进了同化与顺应之间的和谐，并使得另外三个因素之间处在协调状态。个体的发展是从一个低水平的平衡状态通过同化与顺应进入下一个较高水平的平衡状态而不断推进的过程。

显然，皮亚杰的同化、顺应、平衡等概念也可以用科斯鸠克等的"自我运动"来说明：个体内部各因素受到外部环境的影响而产生矛盾，产生了不平衡，各种因素通过同化或顺应自我调节，解决矛盾，达到新的平衡，个体的认识或发展得到提升。在皮亚杰描述的儿童道德概念的发展中，我们也可以用个体内部的矛盾运动进行解释。皮亚杰曾写道：

> 不能否认，平等的概念或平等公正的概念具有其个体的或生物学的根源，但这种根源是平等公正概念发展的必要的、而不是充足的条件。在儿童的很早的阶段，人们能够看到两种反应，这两种反应对于平等公正的概念的完善发挥了非常重要的作用。第一种反应是早在婴儿期就出现的妒忌：当八至十二个月的婴儿看到其他儿童坐在他母亲的膝上，或把他们的玩具拿给另一个儿童时，他们常常表现出强烈的愤怒的迹象。第二种是人们在模仿和接着而来的同情心中可以看到的利他主义以及分享的倾向，这同样也是很早就出现的反应。一个十二个月的婴儿把他自己的玩具交给另一个儿童等等。然而，决不能把平等主义看作一种本能或个人心灵的自发的产物，这是不言而喻的。我们刚才提到的这些反应既可以导致利己主义，也可以导致对别人的同情。当然，妒忌将阻止别的人取得对自己的优

1　皮亚杰：《皮亚杰教育论著选》，卢濬选译，人民教育出版社，2015，第2页。

势，而交往的需要将阻止自我欺骗别人，这是确定无疑的。然而，对于真正的平等和真正互惠的欲望来说，必须要有作为共同的生活中"特殊的"产物的集体的规则。个人彼此的行动与反应必然产生一种平等的意识以把"别人"和"自我"结合起来和限制起来。而且，在间或发生的争吵和每一次的和解中所模糊地感觉到的这种现象的平衡，自然要以儿童之间长期的互相教育为前提条件。[1]

此段论述中，皮亚杰的主张可以概括为：（1）儿童先天具有的某些情感反应只是平等公正概念发展的必要条件；（2）使先天的情感反应发展为真正的平等概念需要在共同生活中与同伴相互影响相互教育；（3）共同生活促进儿童道德概念发展的原理在于：交往的需要使得儿童不得不遵守集体规则、不得不约束天生情感中利己的那一面，而去发展利他的那一面。其中第三点，揭示了儿童在外部环境（共同生活）作用下的内部矛盾的自我运动：出于交往的需要，儿童要在共同生活中和其他人一样遵守集体的规则，这个规则要求所有成员平等；而在天生的情感反应中，儿童有利己的倾向。是为了满足利己而不遵守集体的平等规则，还是应该遵守集体的平等规则而克制利己倾向？这在儿童内部就产生了矛盾运动。彼时，与其他儿童之间"间或发生的争吵和每一次的和解"作为"儿童之间长期的互相教育"影响着儿童内部的矛盾运动。矛盾运动的结果若以遵守集体的平等规则胜出，则儿童对平等规则的理解较之前进步，他的平等或公正概念得到发展。

可见，皮亚杰虽然没有明确提出自我矛盾运动的概念，但他对个体内部各因素关系的分析是符合矛盾运动论的。与维果茨基强调社会文化因素对个体发展的决定性作用不同，皮亚杰更强调个体内部的自我调节作用。这也是一般所认为的两者在理论上的差异。而事实上，这两者之间并不矛盾，它们只是强调了促进发展的不同方面：社会文化对个体提出的要求与个体现有的发展水平之间存在差异，导致个体内部产生矛盾，个体通过自我调节努力解决这个矛盾，达到社会文化对自己提出的要求，获得发展。维果茨基主张教育作为社会文化因素要走在发展的前面，即提出高于学生已有水平的要求。

---

[1] 皮亚杰：《儿童的道德判断》，傅统先、陆有铨译，山东教育出版社，1984，第392-393页。

皮亚杰揭示了个体内部的矛盾运动，但也没有忽略经验、教育尤其是同伴关系等外部条件的作用。但，正如科斯鸠克等指出的那样，外部条件总是通过内在条件起作用的，个体发展的决定性因素是其内部矛盾的自我运动，道德发展亦如此。

（二）道德两难触发个体内部矛盾运动

正因为道德本身是对人性中不同部分的调节，正因为个体道德是主体内部矛盾斗争的结果，因此哲学家们往往利用道德两难来分析问题，当代心理学家们则利用道德两难问题情境来研究个体道德心理。其中的杰出代表科尔伯格（Lawrence Kohlberg）不仅利用道德两难问题揭示了个体道德认知发展的规律，还发展出一套利用道德两难讨论法促进学生道德发展的教育策略。

1. 道德两难推动道德发展的典型：科尔伯格道德两难讨论法

科尔伯格继承皮亚杰的建构主义观，认为个体的道德发展是主体主动与环境互动的结果，认知发展是道德发展的必要条件。他设计了一些道德两难故事，作为引发儿童道德判断的工具。通过访谈研究，发现儿童道德发展经历从低到高的三个水平六个阶段。在此基础上，科尔伯格提出利用道德两难讨论法来促进儿童的道德发展。道德两难是包含道德冲突的假设性两难情境。要解决问题，需要在不同的道德价值之间作出选择，而选择是道德推理和判断的结果。以著名的两难故事"海因茨偷药"为例。

> 欧洲有个妇女患了一种特殊的癌症，生命垂危。医生认为只有一种药能救她，就是本镇一个药剂师最近发明的镭。药剂师制造这种药要花很多钱，而他索价要高出成本的10倍。药剂师花了400美元制造镭，而一小剂药他竟然索价4000美元。病妇的丈夫海因茨到处借钱，试过各种合法手段，但他一共才借到2000美元，只够药费的一半。海因茨不得已，只好告诉药剂师，说他的妻子快要死了，请求药剂师便宜一点卖给他，或允许他赊欠。但药剂师说："不行！我发明这种药就是为了赚钱。"无奈，海因茨撬开药店的门，为他妻子偷来了药。[1]

1　科尔伯格：《道德发展心理学：道德阶段的本质与确证》，郭本禹、何谨、黄小丹等译，华东师范大学出版社，2004，第617页。

故事中的海因茨在走投无路的情况下为妻子偷来了药，这种行为是对还是错？回答只有"对"或"错"两种，但为什么"对"或"错"？即偷药或不偷药的理由却可以有很多。这些理由反映出回答者的道德推理和判断处于不同的阶段，见表3-5。

表3-5　不同道德发展阶段者在"海因茨偷药"问题上的回答举例

道德发展水平与阶段	偷药的理由	不偷药的理由
水平一：前习俗水平——个体还没有真正地理解和坚持习俗或社会规则和期望		
阶段1：以惩罚与服从为定向	妻子死了会受到来自她娘家人的惩罚	偷药被发现了会受到惩罚
阶段2：以工具性的相对主义为定向	他需要妻子活着，为他洗衣做饭	他的妻子平时对他不好，不关心照顾他
水平二：习俗水平——个体按习俗或社会规则和期望来判断		
阶段3：以"好孩子"为定向	他做的是好丈夫应做的事，是个"好人"	偷药会给家庭带来苦恼和名誉丧失，使他不再是一个"好人"
阶段4：以法律与秩序为定向	他要承担婚姻中作为丈夫的职责，要为妻子的死负责	偷东西犯法，违反了法律规范，这是绝对不能做的
水平三：以习俗的、自主的或有原则的水平——个体对社会规则的接受以理解和接受这些规则背后的一般道德原则为基础		
阶段5：以社会契约和个人权利为定向	法律没有考虑到海因茨这种情况，为了生命这个人的基本权利可以去偷	不论情况多么危险，都不能采用偷的手段，但可以采取其他的方法解决
阶段6：以普遍的伦理原则为定向	尊重生命、保存生命的原则高于一切，应该去偷	他偷了药，其他急需这药的人就买不到了，这对他人不公平，要综合考虑其他人的生命价值

可见，处于不同发展阶段的儿童对同一个道德两难问题会依据不同的标准进行不同的推理，作出不同的判断和选择。因此，当不同发展阶段的儿童在一起探求问题的答案时，他们就会接触到不同的推理和理由。科尔伯格指出道德教育要利用这些不同的推理与理由，造成儿童道德认知上的冲突，因为"当讨论成功地激起讨论者的认知冲突时，道德变化就可能发生了。讨论者面对比自己高一级的道德推理时可能对原来的立场产生怀疑，并开始考虑其他观点的可取之处。他不会简单地转变立场，但会重新建构自己对道德问题的推理过程"[1]。

1　Richard H. Hersh, John P. Miller, Glen D. Fielding, *Models of Moral Education: An Appraisal* (New York: Longman Inc, 1980), p.134.

引导讨论需要遵循两个原则：（1）就真正成问题的情形引起真正的道德冲突、不确定性和意见不一；（2）向儿童揭示高于他自身发展水平一个阶段的思维方式。[1]前一个原则强调真正的道德冲突、不确定性和意见不一，是特别针对传统道德教育总是提供"正确答案"而言的，"正确答案"只是强化了美德总会得到奖励这一信念，没有真正引发认知冲突，推动道德思维的发展。后一个原则的提出是基于杜里尔（E.Turiel）的实验发现：儿童拒绝低于自己发展水平的道德推理，不能理解高于自己两个阶段的道德推理，只有高于其一个阶段的道德推理才能被同化到他的思维中去。[2]

对于如何在学校道德教育中贯彻这两条原则，科尔伯格在布莱特（M.Blatt）实验的基础上提出了道德两难讨论法。其实施程序包括六个步骤。（1）测评。对班里学生的道德判断发展阶段进行前测和评估。（2）分组。根据前测和评估结果把学生分成一定的讨论组（8—12人），分组原则是尽可能把两至三种道德推理的主要阶段各自不同而又连接的学生分在一起，且在小组中的比例大致相当，年龄差距不大。（3）选择和准备道德两难问题。标准是具有开放性、包含真正的冲突、两种价值在等级上接近、难易程度与学生逻辑思维发展水平相配、容易在各个阶段的学生中引起意见分歧、具体内容与前测时使用过的有所区别。（4）引发学生对讨论的正确心向或态度。解释讨论所依据的原理和目的、教师和学生在小组和小组讨论中的作用、讨论组的行为规则等，以引导学生对即将进行的讨论有正确的期待和态度。（5）引导学生对道德两难问题进行讨论。包括引导讨论的开始和深入。开始阶段要确保学生理解教师用于提问的问题，帮助学生比较问题内容包含的道德成分，引导学生说出自己的判断的依据，鼓励判断依据不同的学生相互作用。深入阶段要按阶段顺序，引导阶段相邻的学生就他们的观点进行讨论，使较低阶段的学生发现自己推理中的不适当之处和较高阶段的推理方式存在较大的合理性，从而促进其道德判断沿阶段顺序向上发展。（6）讨论的转换和扩展。引导学生对道德两难问题的各种主要观点进行讨论，使较低阶段的学生理解较高阶段的论据之后，结束该道德两难问题的讨论，转到围绕别的基本道德范畴组织的道德两难问题的讨论上去。讨论

1　科尔伯格：《道德教育的哲学》，魏贤超、柯森等译，浙江教育出版社，2000，第207页。
2　同上书，第208页。

086　　|

一段时间之后，后测，对学生的道德判断重新测量和评估，确定学生的进步情况，根据结果重新分组，开始下一循环。[1]

科尔伯格道德两难讨论的内容，即两难问题可以虚构（像海因茨偷药），也可以取自真实的历史事件（如越南战争），还可以是日常生活中的道德问题（像吸毒）。道德两难讨论的方式可以是小组专题讨论，也可以结合影片讨论，还可以结合各学科讨论，等等。但所有的方式都必须符合诱发学生道德认知冲突和积极思维的实质。

2. 道德两难讨论法的价值与不足

道德两难讨论法的原理是积极引导学生与外部环境的相互作用，借助外部力量引发内部矛盾的自我运动，促使学生不断建构自己的道德观，同时促进道德行为的发展。这一方法对于推动学生道德发展的价值不言而喻。

首先，这是尊重学生的方法。传统道德教育往往视学生为"美德袋"，用灌输的方式强制他们接受习俗社会认定的各种美德。道德两难法承认学生在发展中的主体地位，尊重他们思考和选择的权利。

其次，这是真正发挥教育的作用的方法。在看待教育与发展的关系上，曾有观点认为教育要适应学生的发展水平，即在学生已有的发展水平上开展教育，道德教育也曾经是这么做的。而维果茨基的最近发展区理论表明，学生可以在外界的帮助下掌握超出他现有水平的学习内容，教学可以走在发展前面。道德两难法正是适当地走在发展前面。在道德两难法里，讨论小组的成员由发展阶段相邻的学生组成，这既提供了学生个体道德学习时的外部帮助力量，又将学习的难度控制在最近发展区内。因为相邻阶段的学生提出的道德推理只高出一个阶段，由此带来的认知冲突、内部矛盾可以通过学生个体的积极思维解决，从而同化这个高一个阶段的道德推理，使学生道德思维得到发展。

再次，这是有效的方法。道德两难法看到学生道德思维的发展是内外部相互作用下的建构的结果，抓住了认知冲突是思维发展的主要矛盾，积极制造并利用了这一矛盾，因而在促进道德发展上是有效的。其有效性的最早最直接的证据来自布莱特实验：参与讨论的实验组学生在每周两次共历时三个月的实

1　魏贤超：《道德心理学与道德教育学》，浙江大学出版社，1995，第 270-275 页。

验后，大多数向前发展了整整一个阶段，而控制组的学生几乎没有什么明显的发展。科尔伯格正是在这一实验基础上正式提出将道德两难讨论法用于道德教育。而后，也有不少其他人的实验证实了道德两难讨论法的有效性。

但是，道德两难讨论法也不是完美的方法，也存在不足。

首要的一点是，道德两难讨论法主要推动的是道德认知的发展，对其他方面关注不足。虽然道德认知对整体德性发展的重要性毋庸置疑，但它毕竟只是整体中的一个部分，不能代替整体。

其次，个体在道德两难讨论中是置身于事外的旁观者，无法真正地进入两难境地。当他身处真实的两难境地时，他作出的判断与行为选择可能与讨论时完全不同。也就是说，两难问题的假设性质决定了个体不能真正进入问题所描绘的境遇，因此在讨论中建立起的对问题的处置较难迁移到真实的生活中。这也是一直以来将道德教育抽离实际生活进行单独教学所造成的难以克服的困境。

最后，教师使用道德两难讨论法存在困难。按照科尔伯格道德两难讨论法的实施要求，教师要通过测量对学生进行道德发展水平评估并分组，要能够引导学生发表自己的观点并实时判断转换教学方法。这不仅对教师本身的理论与逻辑推理水平要求较高，而且比较费时。从实际教学的情况看，我国道德教育教学工作大都由其他学科教师兼任，他们中的绝大多数没有学习过专门的道德教育理论，也没有接受过专门的道德教育技能的培训，测量法也不是他们在师范院校学习时的必修内容，在面对学生不同的观点时的及时反应反馈没有扎实的道德理论素养和迅敏的逻辑推理能力是不能胜任的。因此，完整程序的科尔伯格的道德两难讨论法在实际的学校教育教学中运用得并不多，较多的是老师们有意无意地用一些故事作引，让学生讨论该如何理解故事，如何解决故事中的困难。此时也有不同发展水平的学生之间的相互影响，但效果不定。

总之，道德两难讨论法符合最近发展区理论，意识到了学生发展的内在动因在于自我矛盾运动，并积极努力地利用教育来制造矛盾，推动发展，是道德教育的有效方法。如果能够克服上述不足，将可以更好地发挥效用。

（三）经由戏剧冲突中的道德两难推动道德发展

教育戏剧内在的戏剧冲突对于参与者而言是生动的道德两难问题，能够促发道德认知冲突，而教育戏剧特有的活动方法又能够弥补科尔伯格式道德两难问题讨论法的不足，更好地推动个体内部矛盾运动，促进道德发展。

1. 教育戏剧内含丰富的道德两难情境

冲突是戏剧的必要元素。教育戏剧虽然是一种特殊的艺术形式，但仍保留了冲突这一核心要素。一出好的教育戏剧，是巧妙地结构冲突、解决冲突的过程。在这一过程中，参与者在教师的引导下有效地探索意义，制造意义，探讨生活中的各种价值问题。这既符合戏剧本身的特性，又突出了教育性。

> "戏剧"起源于古希腊文中的"Dran"，意思是做与意义相关的事。希腊戏剧将所有关于人的问题都放到了舞台上，通过扮演一个既在戏里又在观众思想（想象）里的冲突。最好的教育剧场和过程戏剧中的参与者和观众要制造这个意义，这让我们离邦德所称"共同的人性"越来越近。[1]

"一个既在戏里又在观众思想（想象）里的冲突"是从希腊戏剧开始建立的戏剧特征，在教育戏剧中参与者既是扮演者又是观众，他同时在戏里戏外制造着、经历着、体验着、审视着冲突。非但如此，教育戏剧还常常将参与者带到极端的处境，使其处于麻烦之中，要求对其进行解释，并尽可能解决。这一方法源自希思考特开发的解决问题的技术。它要求教师作为一个促进者，引导学生以小组解决问题的方式参与到一个任务中。任务通常是作为一个身处困境者（Man in a Mess）处理现实生活中面临的各种冲突。伯顿评论"这些戏剧课的'内容'的确与剧场实践不谋而合，两者都含有对社会、心理或灾难处境的消解方法"[2]。

在困境中，参与者面临的许多冲突都涉及价值与道德，毕竟道德本身就存在于一切社会生活领域。教育戏剧以帮助学生理解社会为己任，不管某一次教育戏剧活动是否以理解社会道德为目的，道德总是渗透在各种社会问题中。当

---

1 下文关于教育戏剧的发展介绍参照 Gavin Bolton. "Changes in thinking about drama in education," *Theory into Practice*, Vol.24, no.3(1985): 151-153; 克里斯·库珀：《逆流而上——关于教育剧场和教育戏剧的历史回顾》，曹曦译，见学国际教育文化院内部资料·见学教育戏剧工具书，第二卷，2018，第101页。

2 大卫·戴维斯：《盖文·伯顿：教育戏剧精选文集》，黄婉萍、舒志义译，心理出版社，2014，第183页。

教育戏剧活动探索的内容的本身就是道德问题时，戏剧冲突往往更明显地表现为道德两难问题。

下面以陈媛版本的教育戏剧《红鬼与青鬼》为例说明。[1]

《红鬼与青鬼》改编自日本儿童文学作家滨田广介的一则童话《红鬼的眼泪》。《红鬼的眼泪》的故事梗概是：

> 一个心地善良的红鬼孤独地住在大山里，他一直想和住在山下的人类做朋友，就在家门口挂上欢迎人们来家里做客的牌子。可是因为他长相怪异丑陋，偶尔碰到他的人类都吓跑了，更不可能有人来家里做客。住在远处的朋友青鬼知道红鬼的心事后，给他出了一个主意。由青鬼故意到人类的村子里捣乱，红鬼随后赶到，帮助人类打败青鬼，以此博取人类的信任。这个计策果然成功，人类接纳了红鬼，和红鬼做了朋友，经常到红鬼家里做客，红鬼不再孤独。但在此之后好久，红鬼都没见到青鬼。他找到青鬼家，发现青鬼留下的一封信："赤鬼君，你要和人类好好相处，快乐活下去。如果我再找你，人们就会以为你是坏鬼。所以我决定出行，但我永远不会忘记你。再见，请保重身体，我去到哪里也是你的朋友。"红鬼痛哭不已。[2]

这个故事里没有明显的说教，但有很好的寓意。故事给予读者的第一感觉是温暖，来自青鬼对朋友红鬼的付出。但除了第一感觉，故事还提供了很强的回味：

- 一开始红鬼因为长相怪异丑陋而不被人类接受，人类为什么会以貌取人？
- 他们是根据什么来判定陌生者是否可以交往的呢？
- 红鬼为什么羡慕人类的热闹生活，要和人类做朋友？
- 他明明有青鬼这么好的朋友，因为要和异类做朋友而失去同类朋友，是一种值得的代价吗？
- 红鬼痛哭是因为后悔那么迟才意识到青鬼才是真正的朋友吗？还是后悔因为自己的欲望而害得朋友有家不能回呢？

---

1 本书中《红鬼与青鬼》教育戏剧活动中的情节和事件记录于陈媛在见学国际教育文化院 2018 年教育戏剧暑校上海中级班上的工作坊内容。
2 详见滨田广介：《红鬼的眼泪》，《文苑》2010 年第 7 期，第 45-48 页。

● 一个人要得到本不属于自己的东西，是否该牺牲原有的一些东西？

● 无论什么代价都是值得的吗？哪些是值得的？哪些是不值得的？

除此之外，不同的读者还可能关注并思考故事里的不同情节和事件。

故事虽然以鬼为主角，其实写的是人的欲望、人的情感、人的需求、人的矛盾、人的关系。这样的故事既虚又实，每个人都可以在红鬼身上找到自己的影子，比如到一个新环境后不能融入当地或在一个群体中被忽视，为了被接纳而使了一些小手段。但对于上面的诸多问题，故事中又都没有明确的答案，留下了许多想象和讨论的空间，很适用于学习。如果将故事中的冲突加以突出，便能成为很好的教育戏剧故事。

在陈媛版本中，原作《红鬼的眼泪》中隐藏的冲突经改编后被放大并推向极致，成为整个教育戏剧活动探索的中心：当一个人自己的利益与朋友的利益发生矛盾，而这个朋友有恩于自己时，他应该怎么取舍？这是一个典型的道德两难问题。在原作中，这个冲突表现得并不明显，而且也没有成为红鬼的两难选择，而是由青鬼直接作出了决定：为了维护红鬼与人类交往的利益，他牺牲了自己正常生活的利益而离家远行。红鬼知道青鬼为自己而远走他乡后痛哭不已，在他的眼泪里可能是有心理冲突和矛盾运动的，但这些在原作中都由作者直接呈现了，没有留给红鬼面对冲突和解决冲突的空间。在教育戏剧《红鬼与青鬼》中，陈媛为了将参与者带入学习中心，对原作进行了改编，增加了以下情节和事件。

（1）红鬼在山上目睹了山下的人类一年一度的"友爱"狂欢庆典，更加向往人类生活。

（2）村民上山偶遇红鬼被吓到，红鬼害人的谣言四起，全村高度警戒。

（3）红鬼在青鬼的帮助下，假装打败青鬼，保护了村民。村民视红鬼为保护神，给予牌匾，邀请红鬼负责村里的安全巡逻任务。

（4）红鬼久未见青鬼，请假去找青鬼，只发现青鬼的信。更糟糕的是，他回来时遇到村长押着刚刚被抓的青鬼。

（5）村民决定处决青鬼，红鬼面临要不要说出实情以解救青鬼的矛盾。

此时，红鬼需要处理的问题比原作中复杂且困难得多：他好不容易取得人类的信任，与他们友好相处，还被委以重任，如果说出实情，村民们一定会觉得受骗上当，认定他是坏鬼，有可能将他杀了；如果他不说出实情，那他的好朋友青鬼就要冤死在村民的手里。是为了保持自己好不容易得到的生活状态闭口不言，还是为了救青鬼、还青鬼清白而说出实情，其结果有可能是自己死在村民手里？这是真正地在自己的利益和他人的利益之间进行选择，而且这个他人还有恩于自己，这个利益还生死攸关。

正是因为复杂且困难，参与者作为红鬼在此处可能一直犹豫不决。教育戏剧活动中便设计了一个处决青鬼的时间。而更绝的一个设计是，就在红鬼在处决时间到来的前几分钟就要下决心之时，处决青鬼的枪声意外地响了，青鬼被提前处决了。留给所有的参与者极大的震惊和懊悔，对于入戏为红鬼的参与者尤甚。最后，教育戏剧活动设计了"在青鬼的墓碑上留言"和"为红鬼故事馆写解说词"的环节，以便所有参与者反思交流。

（6）枪声意外响起，青鬼被处决。

（7）在青鬼的墓碑上留言或为红鬼故事馆写解说词。

这样，《红鬼与青鬼》通过将故事推向极端而使参与者深刻地进入道德两难情境，激发了他们内在的思想矛盾运动，通过反思交流实现相互间的影响，进一步探讨冲突及其背后的价值观，在参与者不同的价值选择中理解、辨析、行动。

2. 教育戏剧中的道德两难学习对道德两难讨论法的超越

在教育戏剧的道德两难情境中进行道德学习，是否能推动学习者道德发展呢？与道德两难讨论法相比，有什么不同？拉里·迈克尔·戈登斯通（Larry Michael Goldstein）用实验回答了这一问题。

实验以 3 个完整英语班的 86 名 11 年级的学生为对象。将 3 个班随机地确定为 3 个实验组：第一组用希思考特的教育戏剧方法探索社会道德冲突问题（简称戏剧组）；第二组用讨论法探索相同的社会道德冲突问题（简称讨论组）；第三组为控制组，不用任何一种方法来探讨社会道德冲突问题。在 9 周的时间内共进行 10 次活动。实验采用社会道德反映量表（Sociomoral Reflection Measure，SRM）作为前测和后测的工具，得出社会道德反映成熟度评分（Sociomoral Reflection Maturity Score，SRMS）、整体阶段评分和道德阶段应用评分，用以分析是否存在组间差异。实验结果显示：根据 SRMS 和整体阶段评分，戏剧组与讨论组的社会道德推理能力都显著高于控制组；道德阶段应用评分上，控制组与其他两组相比显著下降；戏剧组和讨论组在三个评分指标上没有显著差异，但是，戏剧组的后测平均SRMS和整体阶段评分确实比讨论组的分数增加了更多。数据表明，在高中阶段，希思考特的戏剧教学法与讨论教学法一样有效地提高了社会道德推理能力。[1]

从戈登斯通的这个实验中，我们起码可以得到三个信息：

（1）利用教育戏剧进行有关社会道德冲突问题的学习，可以提高社会道德推理能力；

（2）利用教育戏剧比用讨论法可以提高更多的社会道德推理能力，但提高的程度尚不足以在两种方法之间构成显著差异；

（3）实验只检测了道德推理能力，未涉及道德发展的其他要素。

概言之，教育戏剧在提高学习者的道德推理能力方面是有效的，且效果略优于讨论法。那么，在培养道德品质的其他方面，教育戏剧是否也同样有效呢？因为戈登斯通实验的检测工具SRM本身就是测量道德判断的，且其设计的依据也是科尔伯格有关道德认知的三个发展水平，因此用这样的工具无法检测道德发展在情意等方面的变化。我们无法从该实验中获知答案。但是，除了实验数据，我们认识和分析问题还有另一条思路，那就是思辨分析。前述已知，道德两难讨论法能够推动个体道德发展，但也存在不可避免的不足。教育戏剧如能克服这些不足，必能更有效地推动个体道德发展。因此，不妨来分析一下在教育戏剧中用道德两难情境进行道德学习是否能克服讨论法的不足，同时也恰好可以回答一下为什么在戈登斯通实验中教育戏剧提高道德推理能力的作用略高于讨论法。

首先，针对道德两难讨论法集中于道德认知而对其他道德要素关注不足的缺点来看，在教育戏剧的道德两难情境中，引发道德学习的不只是道德认知，而是道德认知、道德情感、道德意志、道德行为等各个品德要素的全面参与。在道德两难讨论法中，学习的媒介主要诉诸语言，因而投入的心理过程以认知为核心，包括分析、判断、推理、比较、解释、说明等。参与者的

---

[1] Larry Michael, Goldstein, "The Dorothy Heathcote approach to creative drama: Effectiveness and impact on moral education" (New Brunswick: Rutgers University, 1985), pp. II-III .

道德学习主要发生在逻辑思维层面。但在教育戏剧构造的道德两难情境中，参与者不仅要进入逻辑思维层面的学习，还要同时进入感知觉学习、情感体验与反应并作出即时的动作反应。此时，他们如同处于真实生活中的道德两难情境中，产生的反应有时是认知主导的，有时是情感主导的，有时甚至只是直觉的条件反射。例如，在上述《红鬼与青鬼》的教育戏剧活动中，参与者入戏为红鬼，面临是否要说出实情去救青鬼的两难情境时，在道德认知上，有些参与者推理"我作为红鬼说出实情，村民就会放了青鬼吗？他们可能会因为我们两个鬼都欺骗了他们，认为我们都是坏的，把我们都杀了。既然我说出实情也救不了青鬼，那我再去送死还有什么意义呢？"此时他们考虑道德两难问题的依据是结果导向的，在两害相权取其轻的结果论支配下，找到了不救青鬼的理由。但当他们面对青鬼被吊在树上等待枪决的场景时，一些人改变了原来的想法，面对青鬼，愧疚感占据了上风，"我一定要救青鬼，哪怕结果是死，也好过独活"成了内心最响的声音。还有一些人或呆若木鸡或泪流满面或语无伦次，甚至不由自主地在青鬼面前跪下，各种反应不一而足。可见，在教育戏剧营造的两难情境中，参与者对道德活动的投入是全身心的，是多种品德要素共同起作用的。因此，从能够激发各种品德要素的矛盾运动来看，教育戏剧优于讨论法。

其次，针对道德两难讨论法无法使学习者卷入（指产生内在的情感连结或利益纠葛）两难困境的缺点来看，教育戏剧恰好能够克服这一不足。在教育戏剧中，教师或引导者首先要做的就是通过各种方法将参与者带入戏剧中他要成为的那个角色的内心。在《红鬼与青鬼》中，参与者进入戏剧故事的角色是想与人类交朋友的红鬼。为了使参与者能够真正进入红鬼最后的道德两难境地，故事从一开始设置了村民们热闹的生活，与红鬼的孤独形成鲜明的对比；让参与者帮红鬼设计邀请人们来家里做客的牌子，使参与者进入红鬼的内心，体验他的情感与需求。同时，也通过参与者的设计，让参与者进入共同建构故事和塑造红鬼的过程，使得他为故事的发展承担责任。之后，还有各种各样的任务，要求参与者在戏剧故事的发展中去完成，其目的都是使参与者深入体会红鬼的内心状态。如此，当最后红鬼面临是否要放弃好不容易得来的结果去救青鬼时，参与者才深深地感受到左右为难。而正因为他已进入红鬼的境地和内心，因此当他面对被吊着的青鬼时，才会出现许多他自身都不曾预料的反应。这是一个人在真实的情境中自然而然发生的下意识的反应。此时，他的行为反应不是完全由道德判断支配的，有时甚至根本找不到明确形式的道德推理，而是情感与认知、意识与无意识的混生物。但是，正是这样的学习过程，对参与者来说是直抵内心的、印象深刻的，在过后的反思中能够沉淀概括出更多的道德感悟，其中包括对道德两难情境中的价值观的分析，对自己的认识，对行为适当性的评判，等等。因此，从参与者能够更好地进入道德两难境地学习的角度看，教育戏剧也超越了讨论法。

但是，对于道德两难讨论法的第三个缺点——教师使用上的困难，教育戏剧也无法避免。教育戏剧不是简单地按剧本表演，它需要教师有分析学生、结构戏剧、灵活应用、即兴表演、逻辑推理等各方面的能力。对于一般的教师来说，没有接受过有关戏剧学的培训，要设计出有效的教育戏剧活动，确实是有很大难度的。但这并不妨碍教育戏剧成为有效的道德教育手段和活动，当教师得到有关教育戏剧理论与实践的足够培训后，教育戏剧将超越道德两难讨论法，更好地促进教育戏剧活动参与者的道德发展。

三、亲历当下：在戏剧境遇中调动多种道德学习方式

通过调动多种品德要素投入学习，使参与者卷入两难境地，教育戏剧能够超越道德两难讨论法，更好地激发参与者内在全面的矛盾运动，推动其道德发展。但是，矛盾运动是从宏观上对个体道德发展规律的揭示，具体的道德学习在教育戏剧中是怎么实现的呢？从道德教育与道德学习的目的是理解，而从理解的核心是意义的建构来看，教育戏剧中的道德学习是在参与者亲历当下的过程中完成的。

（一）"亲历当下"作为方法论

亲历当下是希思考特戏剧活动的重要特色，后来成为教育戏剧的必备特质，也是一出教育戏剧成功带领参与者完成学习任务的要件。它是教师设计与组织教学时所追求的、学生参与教育戏剧浸入情境的状态，因此从教师角度看，亲历当下是一种教学方法论；从学生角度看，亲历当下具有具身学习属性。

"亲历当下"的英文 living through 在中文中没有现成的对应词，如果将它视作 live through 的现在分词，则可以取其"正在度过、亲身经历"的意思。因此根据它在教育戏剧中的意思国内译成"活在当下""身历其境""体验当下""身临其境"等。本书认为，through 有经历的意思，强调过程性；living 是 live（活）的现在分词，强调动态的活着做什么事，也可以用中文"过怎样的生活"中的"过"来理解。在教育戏剧中，living 是虚拟状态下发生的真实经历，是属于参与者自己的经历，而不属于他模拟的戏剧角色的经历，因此译为"亲历"更好。又因为参与者亲身经历的戏剧情境和当时的反应体验都是即时的、当下的、不能重复的，为强调其"此时此刻"的性质，将 living though 译为"亲历当下"应该是比较合适的。

在希思考特看来，"戏剧意味着'亲历当下'"（drama means "living through"）：

> 戏剧所要呈现的必须在当下（in the present）实现，并且必须是被看着发生的（戏剧意味着"亲历当下"），因此在戏剧中人物必须按"生活节奏"（"life-rate"）行事，他们的行为和言语应该与当时的情境和时代有关，而且就像在生活中一样，他们不会对行为的后果未卜先知——除非他们是神或超人类。[1]

可见，"亲历当下"是亲眼看到、亲身经历当时的情境。希思考特对戏剧即"亲历当下"的这一阐释"可能就是'亲历当下'名称的由来"。[2] 她将这个特点放大，发展成教育戏剧的重要标志。后来的学者从不同角度对"亲历当下"作了更多解释。

伯顿从参与者角度指出"亲历当下"包含主动和被动两个方面的体验：

> 我们首先需要更准确地知道我们所说的"亲历当下"是什么意思。像所有体验一样，"亲历当下"有两个方面：一种感受是"它正在我身上发生"；另一种感受是"我正在让它发生"。第一种是被动的；第二种是主动的。当婴儿被母亲拥抱时，这种体验几乎完全是被动的；当他拥抱他的

1　Dorothy Heathcote, "Drama," in *English in Education,* Vol.3, no.2(1989): 59.

2　Adam Bence Bethlenfalvy, "Living through extremes: An exploration of integrating a Bondian approach to theatre into 'living through' drama" (Birmingham City University, 2017), p.14.

母亲时，他在某种程度上减少了被动，但在另一种程度上保留了被动，因为他必须服从他的行为对自己的影响。[1]

奥图尔将"亲历当下"视为体验式角色扮演（experiential role-play）："在体验式角色扮演中，角色在叙事的同时亲身经历了他所叙述的故事，这是教育戏剧中最主要的特定形式。"[2] 点出了参与者在教育戏剧中进行角色扮演时既是在叙事，同时又是在经历这一故事，因此他的扮演不是演给别人看的，而是在角色里体验故事。但"亲历当下"并不等同于体验，因为角色所叙的故事是他即兴创作的，所以在弗莱明（Mike Fleming）看来，在"亲历当下"中更多的是即兴创作："亲历当下的即兴创作按生活节奏发生，结果未知，意义在过程中协商获得。这些体验，即时而令人情感极其投入和兴奋。"[3] 面对情境的即兴创作有别于有计划的应对，因此像在真实的生活中一样，其结果不是预先可知的，总要等到参与者即兴创作的东西，如动作、语言、物件等出现时才能引发下一个动作、语言、物件等。这些随之出现的下一个动作、语言、物件等是另一个参与者接收到他即兴创作的东西，进行了意义解读之后产生的新的即兴创作。因而，意义也不是事先具备的，而是在不同参与者交互即兴创作的过程中生成的，是两者甚至多者之间协商的结果。这一过程，不是按事先约定的剧本的照本宣科，而是参与者之间实时的一来一往，只有全情投入才能完成。伯顿将亲历当下的戏剧与舞台剧作比较，指出其不仅未经排练，而且不能排练：

> 在主题、背景和动作方面，"亲历当下"可能与舞台剧相似，但所采用的程序不是剧作家（处于创作之外）的程序，而是作为参与者从事件内部反思该事件的意义。参与者在"亲历当下"戏剧中的表现就像我们在"现实生活"中努力向彼此呈现一个社会事件一样。[4]

弗莱明十分强调面对情境的即兴创作与有计划的应对之间的区别，因此他

1　Gavin Bolton, *Towards a Theory of Drama in Education* (London: Longman Group, 1979), p.53.

2　John O'Toole, *The Process of Drama: Negotiating Art and Meaning* (London: Routledge, 1992), p.136.

3　Mike Fleming, *The Art of Drama Teaching* (London: David Fulton Publishers, 1997), p.4.

4　Gavin Bolton, *Acting in Classroom Drama: A Critical Analysis* (Stoke on Trent: Trentham Books Limited, 1998), pp.180-181.

将"亲历当下"定义为:

> 亲历当下就是以所有发生的一切都实时展开的方式参与戏剧。
>
> 亲历当下具有即时性和实时性。它令人难以置信地投入、兴奋和充满活力。[1]

"实时展开"强调了事件的进展,强调了当参与者身处其中时事件处于变化中的重要性。那么,亲历当下的戏剧对个体有什么用呢?瓦格纳在分析希思考特的教育戏剧方法时曾写道:

> 希思考特认为戏剧是大多数普通人用以应对新的或令人不安的经历的一种方式。当一件大事即将发生时,我们经常在脑海中提前预演。……我们可以试着想象情况会是什么样子。我们甚至可以把自己"投射"到未来的事件中,并在脑海中把它表现出来。有时,我们甚至可以借助体验把它大声地说出来或用动作表现出来,帮助自己适应它。总之,我们将它戏剧化。这种戏剧化的行为帮助我们探索,减少焦虑,增强我们对事件的控制力。
>
> 我们还通过戏剧来学习接受一段令人不安的经历:手术、驾驶考试、争吵。当我们重温震惊,一遍遍讨论细节,我们消化了这件事,它最终成为一个我们可以承受的事实。到那时,它已经成为一个好故事。戏剧性的亲历当下使一个令人不安或难以把握的经历具体化了。[2]

这段话可以概括为:通过"亲历当下",戏剧活动的参与者得以在具体化的虚拟情境中解决麻烦(或混乱)。这与希思考特戏剧实践的两个基本假设有关:一是参与者必须卷入事件制造意义,二是戏剧与人类的生存相关。[3]为了达到这一目的,希思考特将虚构的故事分解为几个阶段,帮助参与者一步一步地为戏剧承担责任,卷入虚拟的情境中,使他们不是在扮演预先写好的角色,而

---

1 Adam Bence Bethlenfalvy,"Living through extremes: An exploration of integrating a Bondian approach to theatre into 'living through' drama", (Birmingham: Birmingham City University, 2017), p.206. Appendix D.

2 Betty Jane, Wagner, *Dorothy Heathcote: Drama as a Learning Medium* (Washington, D.C.: National Education Association of the United States, 1976), p.16.

3 Gavin Bolton, *Acting in Classroom Drama: A Critical Analysis* (Stoke on Trent: Trentham Books Limited, 1998), p.178.

是进入角色和情境，并对其做出反应。参与者亲历当下即亲历危机，处于"在剧中"（being in the drama）的状态：

> "亲历当下"一词并不是指参与一场持续的即兴表演，而是指参与者如何体验和应对一场虚构的危机。它的重点是促进参与者在情境中的"存在"。[1]

弗莱明从理论上分析"亲历当下"被忽略的原因时，再一次指出了其特点：

> 强调"存在在事件中"而非"假装"，强调直接而非距离化的参与，强调感受而非内在的认知。[2]

卷入虚拟故事、"在剧中"并不意味着参与者完全以角色的视角和身份感受和思考，他还需要在角色中自我观看。希思考特帮助参与者"亲历当下"的一个重要方法是教师入戏，即教师在教育戏剧中扮演角色，其作用是推动参与者进入新的境遇，出现新的认知和情感反应。因此教师入戏并不贯穿于整个戏剧活动，教师也不固定在特定的角色上。教师入戏只出现在教师以剧中角色的身份能更好地推进参与者思考的时候。在不入戏时，教师也准备着随时用提问、反思等各种方式推动参与者，因此，在希思考特课堂上参与者连续角色扮演的时间不会超过五分钟。

以希思考特的这些"亲历当下"的戏剧方法论和方法为基础，伯顿发展出了帮助参与者进入"在情境中"（being in the situation）状态的结构，提出了要从虚拟（角色）与真实（自我）两个世界去观看的观点。他把"亲历当下"的戏剧的目的称为"帮助儿童理解周围的世界及与其之间的关系"。为了更好地理解，奥尼尔发展出了构建前文本和不同视角的方法。戴维斯发展出了帮助参与者进入"在文化中"（being in the culture）状态的结构。他强调从更宏大的文化背景中去理解和把握意义，制造意义，进一步阐释了伯顿的连接角度与"虚实之间"理论和希思考特的框架距离、解释的层次等理论。不过，戴维斯不再把教师入戏引导作为"亲历当下"的必要方法，他结合邦德戏剧理论与方法，

---

1 Adam Bence Bethlenfalvy, "Living through extremes: An exploration of integrating a Bondian approach to theatre into 'living through' drama", (Birmingham: Birmingham City University, 2017), p.112.
2 大卫·戴维斯：《想象真实：迈向教育戏剧的新理论》，曹曦译，中国人民大学出版社，2017，p.187.

更多使用了中心、戏剧事件、场景（site）等概念与技术。

"亲历当下"是一种戏剧教学方法论，它要求教师有机使用各种方式方法，使教育戏剧的参与者能够真正进入虚拟情境中体悟思考感受，作出真实的反应，同时又在虚拟与真实的自我之间切换审视，实现意义的建构。它承认学习者的主体地位，不以教师的感受代替学生的感受，主张以学生的生活经验为基础，分析学习内容与学生已有知识的连接，通过创设各种情境、语境，使学生亲身感受到文化、价值观对人的思考和行为的影响，从而更全面地理解社会、他人和自己。这样的方法论与理念十分适用于道德教育。在"亲历当下"的教育戏剧中，道德学习的几种有效方式被充分调动起来，道德学习有效地发生了。

（二）叙事构境连接个人与社会

前文述及教育戏剧的其中一大德育价值在于能够为学生的道德学习提供类自然的人类生活情境。此处进一步揭示教育戏剧如何将这些情境结构到戏剧中，引发参与者的道德学习。

情境是对人有直接刺激作用、有一定生物学意义和社会意义的具体环境。[1]情境对事件发生或对机体行为产生影响，是人们社会行为产生的具体条件。有效的道德学习离不开具体的情境，既是道德内在于生活的特性使然，也是由道德学习的各种心理要素的作用方式决定的。无论是道德认知还是道德情感都离不开具体的作用对象，这些对象由具体情境提供。道德行为更是只有在具体情境中才能生成。在"亲历当下"的教育戏剧中，参与者的道德学习首先体现为真实发生却可能未被意识到的内隐的意义学习，它来源于戏剧叙事（narrative）的意义性。

1. 叙事诠释现实的一般规则

叙事，在当代叙事学研究中虽未就定义达成共识，但一般在三种意义下使用：一是将叙事看作真实或虚构的接连发生的事件，相当于故事；二是将叙事看作用言语来表达事件之间各种不同关系，相当于叙述；三是将叙事看作一种认知方式或思维方式，如里蒙-凯南（Rimmon-Kenan）提出的"叙事是指感

1　杨青：《简明心理学辞典》，吉林人民出版社，1985，第307页。

知、组织和建构意义的方式，是一种不同于逻辑和话语思维的认知模式，但绝不亚于逻辑和话语思维"[1]。第一种意义侧重的是叙事的内容，其主体是事件或故事，包含四个要素："动机"（action）、"发生的事件"（happenings）、"角色"（characters）和"背景"（setting）。[2]第二种意义侧重的是叙事的方式，主要是叙述，其载体（或媒介）在当代极其丰富，包括书面或口头语言、漫画和绘图小说、舞蹈、电影、电视等。不同的媒介会产生不同的叙事语境，达成不同的效果。戏剧是其中一个具有独特效果的媒介。第三种意义侧重的是揭示叙事对于个体认识活动的价值——解释和理解现实。前两种意义下的叙事容易把握，而把握第三种意义下的叙事也就能明了教育戏剧叙事何以能促进个体道德学习了。

叙事是人类自古以来解释和理解现实的重要方式。当代教育和心理研究受经验主义与理性主义的影响，一开始对叙事解释现实的价值和原理未予重视，随着研究的社会文化观转向和建构主义的兴起，才关注到叙事。其中一个杰出的代表人物是杰罗姆·布鲁纳（Jerome Bruner）。布鲁纳早期受皮亚杰的影响，重视个体成长过程中的不变逻辑，发展起认知主义的教育观，即重视学科结构，重视开发学生的高级思维能力。他主导了美国 20 世纪 60 年代的教育改革，其专著《教育过程》（1960）影响深远。后来布鲁纳受维果茨基思想的影响，认识到人除了是生物—心理的存在，也是历史—文化的存在。在《教育文化》（1996）一书中，他以文化、心灵、教育为三个基础概念，提出了文化和心灵视野下的教育观。其中，他高度重视叙事的文化与教育功能，专章论述了叙事诠释现实的原理。

布鲁纳认为，人们理解现实的基础既不是经验主义者强调的经过检验的知识，也不是理性主义者主张的不证自明的真理。他们是通过故事——使用叙事模式来理解现实的，比如朋友"冷冷"的问候是什么意思。故事包含的关于人类遭遇的想法、关于主角是否相互理解的假设、关于规范标准的先人之见，使得人们能够成功地从他人的语言中获知他的意思，看到表象后面"真正的"是什么。[3]

1　转引自尚必武：《什么是"叙事"？概念的流变、争论与重新界定》，《山东外语教学》2016 年第 2 期，第 68 页。
2　廖春阳：《麦金太尔道德叙事思想研究》，湖南师范大学，2020，第 9 页。
3　Jerome Bruner, *The Culture of Education* (Cambridge: Harvard University Press, 1996), pp.130-131.

在叙事中，故事总是关于某个具体的人物与事件，是特殊的。人们是怎么从这种特殊中理解现实的呢？布鲁纳指出那是因为叙事的特殊中其实包含着一般。他概括了用叙事诠释现实的九种通用规则。[1]

（1）按人的投入搭建的时间结构。叙事中的时间只与人（叙事中的主角或叙事者）相关，它的长短轻重都是由人对事件所赋予的意义而定。如将时间分割成开头、中段和结尾都是为了让故事能够展开。

（2）类型化的特殊性。叙事有关具体的特殊的人物与事件，但特殊的故事可以从各种类型中加以理解，比如坏男孩追求女孩、恶人恶报、权力腐败等。类型是想象和交流人类状况的特殊方式。

（3）行动有理由。人的行动在叙事中不是偶然的，而是为信仰、欲望、理论、价值或其他"意向"所驱动。行动"背后"的意欲状态就是叙事要提供的理由。

（4）诠释学的成分。叙事具有诠释的功能，所有故事都无法用单一、独特的方式去理解，其意义本身就是多重的。

（5）隐含的合规性。为了吸引听众，叙事总是打破常规，与预期背道而驰，将寻常的合法性隐含在出乎意料中。

（6）指涉模糊。由于叙事中的事实是由故事营造的，因此叙事的"内容"到底是什么始终是开放的。所谓的事实与虚构不过是从文学的角度来看的。至于在一则叙事中究竟指的是什么往往是模糊的。

（7）以困境为中心。叙事将"麻烦"置于中心。值得讲述和解释的故事通常诞生于困境中。困境不只是在于主角与境遇的不匹配，还在于主角的内心挣扎。

（8）内在的协商性。人们接受各种不同版本的故事。叙事的可协商性在儿童社会理解能力发展的早期就开始了，而且无处不在。这种考虑多种叙事解释的准备为一致的文化生活提供了灵活性。

（9）叙事的历史延展性。故事可以一个接一个，互为首尾，连接成历史。人类的思维是相似的，它们共同工作的主要方式之一是通过叙事共同积累历史。

叙事诠释现实的这九项规则，核心指向意义：时间的结构根据它对叙事中

1　九项规则的表述概括自：Jerome Bruner, *The Culture of Education*. (Cambridge: Harvard University Press, 1996), pp.133-147.

的人的意义而设，通过特殊性反映类型的普遍意义，把能够解释行为意义的理由作为叙事的内在逻辑，通过困境将人引入意义的探索，为了突显意欲表达的意义打破常规（我们日常所说的"反转"），接受人们对文本意义的多种解读而不作明确或唯一的表达，将当下故事与历史相联系，等等。其目的就是帮助人们理解一种文化下的日常行为，尤其是社会生活，以建立起自己的理论来解释别人为什么会这样做。因此，"叙事既是一种思维方式，也是一种文化世界观的表达。我们正是通过叙事来看待自己在这个世界上的存在，文化也正是通过叙事向其成员提供自我认同和能动的模式"[1]。

2. 教育戏剧叙事构建学习情境的方式

叙事的这九项规则布鲁纳并非针对戏剧而提，但他在论述这些原则时所举的例子大多与戏剧有关，因为戏剧本身就是非常重要而独特的叙事媒介，而叙事也是戏剧的特性。作为戏剧形式之一的教育戏剧不仅适于用这些规则来分析，而且特别突出了其中的某些规则，以便更好地将参与者引入"亲历当下"的戏剧情境，体悟叙事情境中隐含的社会文化意义。

第一，在时间结构上，教育戏剧叙事突出营造"现在"（now time），或称实时、当下。教育戏剧中有故事的开头、中段、结尾，但并不绝对地明显地按此结构展开叙事，这也符合布鲁纳对叙事的时间结构的概括，因为"现在"正是参与者在教育戏剧中最投入最有意义的时间。

由于教育戏剧并不旨在向参与者讲述一个完整的故事，而是要将参与者引入对人类生活和价值观的思考，因此它不追求展示一个完整的故事，相反，它可以停在故事的任何一个段落（只要此处对于完成整出教育戏剧的意义有价值），深入故事主角的内在去探索。因此，"现在"有可能是在故事的开头，也有可能在中段，当然还有可能是在结尾。教育戏剧中教师作为戏剧活动的引导者，其职责就在于将参与者引入"现在"的故事情境中。例如，教师对学生说"让我们收拾行李离开吧"，她是在以教师入戏的方式邀请学生进入虚构的戏剧情境，此时的时间是"现在"，任何手势、言论或脚步，都不仅发生在虚构的"现在"的这个时间里，而且在虚构的空间中是可见的。[2]

1　Jerome Bruner, *The Culture of Education* (Cambridge: Harvard University Press, 1996), p. XIV.
2　例子引自 Gavin Bolton, *Acting in Classroom Drama: A Critical Analysis* (Stoke on Trent: Trentham books limited, 1998), p.182.

当然，教育戏剧突出"现在"，并不意味着不重视故事展开的时间结构。为避免参与者陷入对"接下来要发生什么"的情节的期待，教育戏剧中的叙事更注重利用参与者的心理时间，即由参与者投入情境中后产生的心理需求推动故事的发展。例如，当一个深爱着妈妈的孩子（母子相依为命）意外打破妈妈的心爱之物后，他会怎么办？——为避免妈妈伤心——想偷偷地找到一个一模一样的东西放回到原处——独自踏上寻找之路——克服途中的各种困难……而这，同时也是布鲁纳九项规则中的第3条规则所要求的行动有理由，即行动是由主角内在的愿望、价值等意向推动。为了使这个孩子的独自外出显得合理，在教育戏剧中还要建构母子之情，"母子相依为命"成了这个外出行动的前史。它可以在教育戏剧活动开始之后通过各种设计呈现，此种情形下就发生了奥尼尔所说的"教育戏剧从中间开始"：因为在心理时间和逻辑上的顺序是发生了某种意外——母子相依为命——孩子深爱妈妈——孩子意外打破妈妈心爱之物——孩子想要偷偷补救——孩子独自外出寻找……但这个教育戏剧也可以从"发生了什么以致母子相依为命"开始。不管是何种顺序，目的是建构一个更有利于理解的心理时间。这也正是苏珊·奥尼嘉和加西尔·兰德（Onega，S. & J.García Landa）所主张的"事件以某种时间或因果的方式有意义地连接在一起"[1]。

第二，教育戏剧利用象征和隐喻向参与者提供某一类人或事的状况，提供具体的社会生活情境。此对应于布鲁纳所指的用特殊性反映普遍性。

教育戏剧叙事所采用的故事是典型的，故事中的角色往往是某一类人的代表，而整个故事也往往反映人类生活的某一类现象。许多教育戏剧改编自经典童话，就因为经典童话中富含人类共同的人性和各种典型的社会问题。例如小红帽是无知无畏、只身涉险的象征，灰姑娘代表一类被忽视的弱势群体。当然，每一个角色身上都同时包含不同的特质，出于不同的教育目的，教育戏剧可以用同一个经典故事做出许多不同的版本。比如小红帽可以是探险的化身，灰姑娘可以是女性觉醒的代表。孙悟空更可以象征许多不同的人，因为他就像：

1　转引自尚必武：《什么是"叙事"？概念的流变、争论与重新界定》，《山东外语教学》2016年第2期，第67页。

那些聪明、有高超本领的人；

那些为了学本领而非常刻苦的人；

那些不畏强权敢于反抗的人；

那些有一身本领却又受制于无能领导的人；

那些虽然反抗却逃不脱制度规则裁制的人；

那些有本领又实干但情商不高的人；

那些团体的顶梁柱但经常受委屈的人；

那些本领高强、对坏人有震慑力的人；

那些命运被安排了的人；

那些经过磨难成了大事的人；

那些非常忠心的人；

那些知恩图报的人；

那些爱憎分明的人；

那些挑战权威的人；

那些新来者，对一个成熟的权力结构体系发起挑战的人；

……

教育戏剧也使用类比、隐喻、转喻等手段来帮助参与者把握某一类型。如一个装有手机、口罩、钥匙、梳子、公交卡、纸巾、风油精、笔、指甲钳等小物品的公文包可以类比为百宝箱，隐喻为"有备无患"，转喻为"一个总是在需要时提供帮助的人"。一些物件本身能提升意义，如一把剑、一串念珠、一面旗帜，在其最初的功能性意义之外都有一些象征意义。而有些物件，最初只有功能性意义，教师往往将其赋予更多的意义后用到教育戏剧中，例如盒子不再是盒子，而是秘密、未知世界或其他什么。因此，教育戏剧中使用的物件往往带有强烈的隐喻，是学习情境的重要组成部分。

第三，教育戏剧聚焦动作（或行动）的意义。这是对布鲁纳所说的"行动有理由"的强调。

戏剧是"做"的，叙事中隐含的意义主要通过动作（或行动）来呈现，这是教育戏剧叙事与其他以语言或文字符号为媒介的叙事不同的地方。虽然戏剧叙事在舞台上可以借助舞美、灯光等手段，但它的主要手段还是动作。更何况教育戏剧作为教室戏剧，全然没有道具、化妆、服装可以借助。在教育戏剧中，关注动作，探索动作背后的意义是最主要的学习领域。只是投入于"做"动作而不关注行为后面的理由，或只是抽象地讨论行动的意义而不付诸行动，都不正确，甚至都称不上是"戏剧"。伯顿通过分析一个寄信的动作对此作了清晰的说明：

> 一个行动要能称得上有戏剧性，它必须拥有其他层面、重要性更高的意义。……这种重要性有两个相对而混合的来源：所有独特的个人经历和所有相关的普遍价值。因此，寄信作为一个戏剧行动一定要引起参与者足够强烈的相关情感记忆，使该行动显得重要，以产生适当的意义如"对文字讯息的信任""不能收回的寄信决定""对一封信能引起的冲击的期望""不能知道收信人反应的无力感"。戏剧参与者就是必须关注这些跨越功能性意义的弦外之音，也正是这个意思，才说戏剧经历所产生的意义是独立于行动以外的。另一方面，寄信这个行动又是这些弦外之音的载体，因此也就是这个意思，才说意义是依存在具体行动中的。[1]

一个动作（或行动）究竟会隐含哪些意义呢？希思考特最早提出了五个层次：动作本身；它的动机；为动作注入了什么；它从哪里获悉的；以及它的普遍含义或它揭示的关于参与者的立场，或在更加即时的形式里，人生应该或不应该是何种样式的。伯顿将其概括为动作、动机、注入、模式、立场。吉勒姆（Gillham）和纪（Gee）从更多视角解释了这五个层次（见表3-6）。[2]

表3-6 动作的五个意义层次

希思考特		吉勒姆	纪
动作	做了什么	动作	动作层面
动机	即时的原因	动作的个人意识层面	心理层面
注入	为什么这么重要 / 处于紧急	动作的社会（阶级）关系	社会层面
模式	从哪里获悉的	社会或个人在社会及历史中	历史层面
立场	人生应该或不应该是什么样的	普遍意义	哲学层面

---

1 大卫·戴维斯：《盖文·伯顿：教育戏剧精选文集》，黄婉萍、舒志义译，心理出版社，2014，第116-117页。
2 大卫·戴维斯：《想象真实：迈向教育戏剧的新理论》，曹曦译，中国人民大学出版社，2017，第77-79页。

库珀认为希思考特分析的是"客观中的主观，社会历史世界中的个人"，吉勒姆的分析则是"主观中的客观，个人意识中的社会历史"[1]。不管是社会中的个人，还是个人中的社会，教育戏剧通过动作（或行动）建构起富含情感态度价值观的学习情境。

第四，教育戏剧将困境及其引致的内在冲突作为中心。这是布鲁纳隐含合规和以困境为中心规则的体现。

在叙事中，教育戏剧铺陈了事件发生的具体情境。为了触发人物动作、用动作体现意义，这些具体情境需要具备激发参与者内在冲突、逼迫他们做出行动选择的特性。于是，将戏剧故事中的人物置于困境或两难之中成了叙事的要点。"混乱中的人"是希思考特最早明确提出的概念。她将教育戏剧看作一个处境矛盾的人寻找答案的过程。戴维斯吸收邦德戏剧思想，将它发展成极端和危机。"极端"与萨特（Jean-Paul Sartre）的"境遇剧"理论相通。萨特认为，情境在戏剧中往往体现为一种"极限性"的境遇，是人选择和行动的前提。"极限处境携带着一种紧迫的、带有危险性的情势和两难的选择。唯有在这种极端处境中，人物才能被迫选择，从而彰显自己的性格，以及存在的意义。"[2]例如，在《青鬼与红鬼》的故事中，红鬼被推至在朋友的生命与自己的利益（也有可能是生命）之间作选择的极端境遇，参与者同时进入强烈的内心冲突中。而在朋友与自身利益之间如何取舍正是这个教育戏剧要探讨的中心。概括地说，中心就是要探讨的主题，包含着这个戏剧中最主要的内在矛盾和对抗。通过中心，教育戏剧将参与者引入两难境地。而两难推动参与者道德发展的原理，前文已及，此处不再赘述。

第五，教育戏剧连接参与者的生活经验并给予自由解读的空间。这既符合布鲁纳概括的叙事的指涉模糊、历史延展、可诠释、可协商等规则，同时又更大程度地保证了参与者在教育戏剧中的投入。而因其投入，前面所讲的在困境和两难中探讨行动的各种意义，理解社会，认识自己才有了可能。

教育戏剧叙事作为追求教育功能的艺术形式，虽然相比理性推理更容易吸引人，但也不能保证一定如此，更不能保证引人投入。毕竟我们都有很多被

1　Adam Bence Bethlenfalvy,"Living through extremes: An exploration of integrating a Bondiom approach to theatre into 'Living Through' Drama"(Birmingham: Birmingham City University. 2017), p.112.
2　顾春芳：《戏剧学导论》，北京大学出版社，2014，第147页。

情节吸引着读完了故事后没有什么感触的经历。教育戏剧反对用情节吸引参与者、推动戏剧的进展，而追求被角色的内心需求推动。那它靠什么吸引和打动参与者呢？靠与参与者的生活经验的连接。

从建构主义角度来看，只有与一个人过去经验有关的东西才容易引起这个人的注意，容易被他理解。完全超出一个人生活经验范围的东西是难以被接受的。因此，教育戏剧的有效性在于教师在活动之前就分析参与者的心理需求、生活经历、认知水平等，以便选择一个合适的角度把参与者与这出教育戏剧联结起来。伯顿称之为"在一个主题中找到一个角度"（find an angle within a topic），戴维斯将这个合适的角度称为连接角度，如小朋友喜欢《小红帽》的故事是因为每个人在成长的过程中都有过第一次独立去做某一件事的紧张、兴奋和恐惧，与小红帽第一次独自去外婆家的心理相通："小红帽要在没有大人引导的情况下，被派遣到外面的世界完成一件差事。就像孩子在太小的时候，第一次独自走进城里的商店。这种未知探险对于儿童的吸引是儿童本身意识不到的。"[1] 有人喜欢《灰姑娘》有可能是与灰姑娘一样有离异重组家庭生活的经历，有被欺凌的经历，或是在现实中遇到自己无法解决的困难，想像灰姑娘一样得到意外的帮助或时来运转，甚或只是向往她从未经历过的舞会社交，等等。每个故事都有许多可以解读的面，能产生不同的主题，为把这些主题做成不同的中心，教育戏剧教师事先就分析参与者，看看哪个主题与他们内在的需求关联最大，而且这些内在的需求很多时候是未被本人意识到的，处于潜意识状态。

潜意识包含两个部分：一部分是个体潜意识，它是个体经历过但被显意识压抑的那部分，在合适的条件下会重新进入显意识层面；另一部分是集体潜意识，它是个体得自祖先的，为一个民族、文化、群体所共同拥有的那部分，它处于意识的最深层，类似于存在于个体身上的文化基因。集体潜意识中包含着人类的共性，不仅是同种文化下的个人与个人之间的共性，也包含着同种文化下的古人与今人之间的共性。因此，当教育戏剧通过连接角度将参与者和叙事中的主角连接起来的时候，它叙述的其实不是一个具体的个体，而是一类人、一类事、一类情感、一类欲求。用来叙事的故事只是这一类型的载体。当教育

1　大卫·戴维斯：《想象真实：迈向教育戏剧的新理论》，曹曦译，中国人民大学出版社，2017，第89页。

戏剧将参与者吸引进这个故事时，他其实是在理解这一类型，同时从历史的维度看，他也是在接续这一类型的故事。

在教育戏剧叙事中，故事是留白的，而即便是明确叙述的部分，也允许参与者作不同的解读。这是对现实的尊重，因为现实就是多样的；也是对学习者的尊重，因为每个参与者的经验和关注点不同，学习的起点和领域也不同。同样是面对《小红帽》的故事，有人害怕"不听妈妈的话会有不好的结果"，有人质疑"妈妈自己不去却派小红帽独自走上险途是否合适"。在教育戏剧里没有标准解读，即便在一出已经确定中心的教育戏剧中，参与者也会有不同的感悟与反映。这些都为参与者的学习和创造提供了空间。

3. 在教育戏剧叙事构建的情境中连接个人与社会

从上述对教育戏剧叙事构建学习情境的方式中可以看出，通过叙事，教育戏剧为参与者的学习构建的情境大到历史背景、文化模式，小到一个具体的动作；外至"现在"时间的放慢，内至对心理需求的呼应。情境涉及个人和社会两个层面。它们如何促成参与者的道德学习呢？可以借鉴邦德的场景（site）来说明。

邦德认为场景是戏剧中最重要的元素，通过语言、想象和行动将个人与社会连接起来，他定义了戏剧中存在的四个场景。

> 戏剧中的"场景"很多：舞台、剧院所在的首都或省会城市、时代、语言和文化都是场景。戏剧是如何使用这些场景的呢？
>
> A.指社会场景（城市、时代、文化等），这对观众来说是不言自明的。
>
> B.戏剧发生的具体的社会场景。它和A相同，当然也可能不同。
>
> C.戏剧传达给观众——观众作为场景。观众是社会性的，只能以某种方式（如果足够革新的话）来接受这种传达。C必须将A和B传达给观众。
>
> D.观众作为想象力的场景。A、B和C必须都传达到这个场景。D是戏剧的特殊场景，因为通过戏剧，它包含了所有其他场景及其相互关系。D是什么？戏剧的必须是什么？戏剧的同一性来自满足D的需求。[1]

---

1 Edward Bond, *The Hidden Plot*. (London: Methuen, 2000), p.10.

简单地说，A是宏大的社会文化背景，B是具体的社会文化背景（主要通过布景、道具、叙事等表现出来），C是传递给观众的社会文化背景（主要借助戏剧动作或行动），D是观众脑中的社会文化背景。A与B阐明社会现实，有时两者相同，它们传达给观众的就是C，此时C对于观众来说还是处于外部的，它能不能被观众所把握取决于戏剧结构和方法是否有效，D是观众体验到的，是他们内在想象的。如果C与D是相合的，那么这个戏剧就是内在统一的。

拜特伦福尔维（Adam Bence Bethlen Falvy, A.）结合教育戏剧的各种元素，进一步阐释了这四个场景：

　　A：我们生活的时代。

我们这个时代的重要问题与矛盾。

　　B：戏剧的特殊场景，行动发生的场景。

故事、中心、极端在此展开。

B场景是A场景的表达。

　　C：故事和中心通过动作、想象等呈现。

贯注、展示。

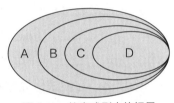

图3-1　教育戏剧中的场景

场景C将故事/情境/中心（场景B）传达给观众/参与者的想象（场景D）。

　　D：观众/参与者的想象。

戏剧产生于想象与被社会接受的意义之间存在差距时。[1]

如图3-1所示，从所代表的范围看，A＞B＞C＞D。D是参与者个体的内部状态；A、B、C都是参与者外部的，其中C又表达着A和B。教育戏剧对参与者产生教育影响的空间是C与D之间的差距。在C中，代表社会文化背景的A和B通过戏剧行动表达出来，此时那些戏剧动作包含着历史的、文化的、社会的等各个层面的意义。当C中的意义传达到D时，就产生了参与者的内在体验或称想象，包含参与者在角色立场上对于中心论题的创造性思考。这个体验中有参与者对于这些动作的已有理解，即参与者原有的心理状态。当这些动作的意义的已有理解和新产生的体验不一致时，参与者就要动用他已有的认知结

---

[1] Adam Bence Bethlenfalvy, "Living through extremes: An exploration of integrating a Bondian approach to theatre into 'living through' drama", (Birmingham: Birmingham City University, 2017), p.137.

构去处理这种不一致，此时学习就发生了。可见，借助四个场景，教育戏剧不仅阐明了社会现实，而且在它和参与者之间建立起直接联系，显现出教育戏剧帮助参与者理解社会的教育逻辑。

由于道德内生于社会文化，存在于现实生活之中，当教育戏剧帮助参与者理解现实时，总会涉及道德领域，使参与者不自觉地进入了两种内隐的道德学习中。

其一，教育戏剧的中心议题是非道德领域的，但由于戏剧总是与现实的社会文化有关，参与者在探索议题时会不可避免地触及现实社会中与道德相关的部分，从而发生道德学习。例如，我们将《灰姑娘》改编成一出探讨亲子关系的教育戏剧，中心议题是"什么影响母亲对女儿的爱"，引导参与者发现继母对继女的虐待（对亲生女的溺爱）行为背后的意义，认识女性在父权社会中的处境。虽然中心议题本身是非道德领域的，我们不是要在道德层面去肯定或否定母亲的行为，而是深入探讨有关两性平等与压迫的社会问题，但它无疑会内在地影响参与者对女性行为道德性的评价。也就是说这种探讨会内在地改变参与者的道德认知，学会从社会的、文化的、历史的角度去看待问题，而不是仅仅对照社会规则来评判。

其二，教育戏剧的中心议题是道德领域的，但由于教育戏剧本身不是直接的道德教学，因此参与者在戏剧中进行的学习仍然以内隐的方式展开。仍以《灰姑娘》为例，我们把它改编成一出探讨欺凌的教育戏剧。欺凌显然属于道德领域的不道德行为。在教育戏剧中，首先会创设故事发生的具体情境，参与者被引导进入角色的内心状态，他们在具体情境中亲身感受导致欺凌发生的各种因素、欺凌者和受欺者的状态，以及这个行为所代表的具体意义，因为感同身受，他们在未来的相似境遇下可以决定做什么或不做什么。参与者在这部分发生的道德理解是通过动作、感受获得的，他们往往将其知觉为戏剧、扮演或艺术活动，却几乎没有人将其归为道德学习活动。可见道德学习也是以他们未察觉的方式进行的，因而是内隐的。

内隐的道德学习方式决定了参与者在教育戏剧中把握道德意义的主要方式是体悟，包含直观感受和情感体验，理性与感性混生共在。它可能是由视觉带来的，如面对一张被放置于一圈椅子之外的破败椅子，参与者感受到了被群体排斥的孤独与无力；它可能是由听觉带来的，如在角色的语音语调中感受到他的情绪和需要；它可能是由动作带来的，如在与对方角色（陌生人）握手时感受到他对自己的欢迎是真诚的还是出于客套；它更多是综合的，参与者以通感的方式把握着情境中各个部分所散发出的信息，将它们在大脑中综合之后，对情境所含的意义作出自己的判断与理解。教育戏剧的中心议题并没有通过语言加以我们日常所说的讨论，但其意义似乎已不言自明，那是因为意义以体悟的方式被参与者接收到了。

当然，强调在教育戏剧中道德学习的内隐体悟特性，不是否定明确的、直接的道德学习的存在，毕竟教育戏剧中也时常发生道德话题的直接对质，但这种直接的外显的道德学习只是少数情况，也不是体现教育戏剧德育价值的主要方面。教育戏剧最主要的德育价值就在于通过叙事构建了一个参与者能够亲历的意涵丰富的社会文化生活情境，使道德学习在这个情境下真实地不知不觉间发生了。

（三）借助动作和扮演体认意义实践道德智慧

戏剧的意义附着于动作上，或者说戏剧通过一系列的动作传达意义。观众通过对动作的解读来把握戏剧想表达的意义。在教育戏剧中，参与者不再是单纯观演的观众，他们既要阅读他人在剧中的动作，同时自己也要在即兴表演中通过动作来表达、发展和推进剧情。在此过程中，他们体认和制造意义，在自己制造的社交事件中探索并实践着道德智慧。

1. 在动作和扮演中体认意义

动作，狭义上就是我们平常所理解的表现于肢体与面部的可见的变化，像说、唱、哭、打、走等，可以用动词来表示。但广义上，动作还包括心理过程，如思考、体验、感受、判断等。前者是外部动作，后者是内部动作。外部动作可见，内部动作不可见。当我们说教育戏剧中的意义附着于动作上时显然指的是外部动作，但是这些外部动作与内部动作密不可分，它们是内部动作的外显化。强调这一点是因为了解动作的意义与内部的思考、体验、感受、判断等有太大的关系。从具身学习的视角来看，意义是由外部动作和内部动作一起完成体认的。瓦雷拉等曾写道：

通过使用"具身的"（embodied）这一术语，我们想强调两点：首先，认知依赖有着各种运动能力的身体所导致的不同种类的经验；其次，各种感觉运动能力本身又根植于一种更具有包容性的生物、心理和文化背景中。通过使用"动作"（action），我们想要再次强调，在一个鲜活的认知中，感觉和运动过程、知觉与动作从本质上讲是不可分离的。[1]

在教育戏剧中，动作无处不在，但比较集中地体现在扮演中。教育戏剧提供了一种通过动作和扮演体认意义的学习模式。

首先，教师引导鼓励参与者用动作来创建戏剧空间，体认个体意义。在此过程中，参与者本身的经验及其对经验的解读被置于动作中表现出来。参与者做出的动作，是内部思考感受判断的外在表现，是对动作所代表的意义的体认。例如，在表现"亲子相爱"时，两名学生分别扮演父与子，用一高一低、两人对视的动作呈现一起攀岩的父子俩，他们想表达的是"小时候是爸爸拉着我攀登"，攀登寓意成长。在表现"家长对孩子的惩罚"时，"妈妈"一手叉腰，另一手揪着"儿子"，"儿子"低头后退躲避。两组动作都是对亲子关系的一种体认。在这些动作和扮演后面，是学生们对自己生活经验及其意义的思考。

其次，教师适时地引导参与戏剧的学生探究动作的社会文化意义。动作的发出者虽然是个人，但每个人和他的动作都根植于更广阔的社会文化背景中。例如，父亲"拉"攀岩吃力的儿子，妈妈"打"犯错的儿子的背后，可能是"家长必须对自己的孩子负责""好爸爸不会落下自己的孩子""好妈妈不会放纵自己的孩子"等价值观，而这些价值观是我们的社会文化中内含的，如表3-7所示。

表3-7　"拉"与"打"的意义层次

动作	父亲"拉"攀岩吃力的儿子	妈妈"打"犯错的儿子
动机	帮他爬上来	让他知道自己错了
注入	帮助孩子	教育孩子
模式	来自教育和生活中的观察、模仿	来自教育和生活中的观察、模仿
立场	家长必须对自己的孩子负责	家长必须对自己的孩子负责

1　转引自叶浩生：《具身认知——原理与应用》，商务印书馆，2020，第23页。文字略改。

当然，对同一个动作可以做出不同的意义解读。例如，给乞丐钱，有可能只是出于同情，也有可能是在向他人展示自己的爱心，还有可能是被他人逼迫，等等。在不同的动机背后是不同的模式与立场，代表着不同的社会文化价值，如表3-8所示。在教育戏剧建构的具体情境下，学生很容易体认家长"打"孩子和"捐款"背后的意义，从而增进对社会的理解。"意识到行动的不同可能来源，并将个人的行为与社区中的其他人、过去的其他人以及世界上任何地方的其他人联系起来。"[1] 带着这样的理解，他们能够批判性地看待相关的社会新闻，也能冷静地处理自己生活中遇到的类似情境。

表3-8　同一个动作的不同意义层次

动作	给乞丐钱				
动机	避免挨打（在别人逼迫必须给钱的情况下）	回报（曾受过对方的帮助）	展示爱心（成为别人眼中的好人）	展示财富（给大笔钱的情况下）	帮人一把
注入	人身安全最重要	知恩图报	好人乐善好施	有钱人大方	他需要我的帮助
模式	从小习得，不遵守权威会被惩罚	来自教育及观察学习	来自教育和生活中的观察、模仿学习	来自生活中的观察、模仿学习	人类移情合作互助的本能，及后天的教育
立场	好汉不吃眼前亏，两害相权取其轻	利他互惠、工具主义、功利主义	符合社会要求，可以更好地生存	让人相信自己，有钱很重要	互助是人类得以生存的基本原则

2. 在动作和扮演中实践道德智慧

道德智慧是个体在困难或复杂的道德情境中，协调知情意行，妥善地处理各种道德关系，实施道德行为的综合能力，具有实践性、情境性、整体性和创造性特征。在道德教育中，道德规则不难教，但如何对待规则、运用规则、使用规则却很难教，因为这关涉复杂多变的具体情境和道德关系。当多种道德关系同时存在于同一个情境中并相互之间存在矛盾时，按哪一种规则行事便成了问题。因此，道德智慧的核心就在于能够处理各种矛盾冲突。这种能力的培养，与道德认知相比，更依赖具身实践。

1　Adam Bence Bethlenfalvy,"Living through extremes: An exploration of integrating a Bondian approach to theatre into 'living through' drama", (Birmingham: Birmingham City University, 2017), p.112.

教育戏剧提供了借助动作与扮演实践道德智慧的条件。

首先，教育戏剧中动作的"创造"性质使扮演具备了实践特性。

伯顿指出，教育戏剧中的扮演（acting）行为有三类：呈现（presenting）、创造（making）和表演（performing）。呈现包括立体塑像、定格画面、论坛剧场等许多活动中的扮演行为，它们的首要职责是展现（show），可以排练也可以重复。表演也是一种呈现，是呈现之下的次分类。创造是那些让参与者自由探索而无需考虑展现给他人看的扮演行为。它不能排练也不能直接重复。[1] 创造是"亲历当下"的教育戏剧的独特之处。"参与者将自己的真实经历带入虚构的情境中。当参与戏剧时，学生利用他们有关社会习俗和行为的知识。但是为了创造戏剧情节或真正理解戏剧表演，他们需要在戏剧的象征动作中创造新的意义。"[2] 为此，每位参与者都兼具剧作家、演员、导演和观众的职责。他既是动作的编导，又是演员，还是观众，他在戏剧中通过动作实现自我观看。弗莱明将其称为"感知者"（percipient），他结合了参与者与观看者的功能[3]，同时也肯定了认知与情感、精神与动作的共同作用。创造的过程，也是参与者探索社会文化的内在法则的过程。

> 当一个孩子进入虚拟时，他/她就在通过尝试一段对话、一个情节、一个动作等重塑他/她的已知世界（就他/她所见的已知世界的"规则是什么"）并观察在其中的自己，因为在这些对话、情节和动作中反映着这些规则。[4]

这种尝试与探索正为道德智慧的实践所需。它使参与者能够在扮演中发展出对他人情感价值观的觉察力、对情境的整体感觉及对社会规则的确认，并适度地行动。

其次，教育戏剧的虚拟性使道德智慧的实践在安全而有效的空间内展开。

在创造性的扮演中，教育戏剧的参与者体验到自己对事件的把控，同时又

1　Gavin Bolton, *Acting in classroom drama: A Critical Analysis* (Stoke on Trent: Trentham Books Limited, 1998), pp.273-274, p.270.

2　Mike Fleming, *Starting Drama Teaching (4th edition)* (Oxon and New York: Routledge, 2017), p.17.

3　Gavin Bolton, *Acting in Classroom Drama: A Critical Analysis* (Stoke on Trent: Trentham Books Limited, 1998), pp.266-267.

4　Ibid, p.273.

看到扮演行为中的自己："我正在让它发生（在戏剧事件里建立的角色）；它正发生在我身上（活在当下的体验）；我意识到它发生在我身上（产生'虚实之间'的效果）。"[1]因此，他们很清楚自己是在虚拟的情境中扮演一个虚构的角色，这个角色身上的价值观属于角色而不是自己，角色的行为无论好坏都属于角色，而不代表真实的自己。但是真实的自己却可以在虚拟的角色里体验不同的价值观与行为方式，而无需对虚拟角色的行为带来的后果负责。这种安全性对道德智慧实践尤为珍贵。因为道德智慧的核心是处理涉及善恶的矛盾冲突，真实的模拟扮演冲突会对参与者造成伤害。现实中有的学生因为扮演了反面角色而被同学们孤立就是一个令人心痛的事实。

例如，在一个传统的解决冲突，如面对欺凌的练习中，学生被要求模拟冲突的双方。无论是扮演欺凌者还是被欺凌者，他们在扮演中稍有不当就有可能被视为其自身行为有问题。而在教育戏剧中，我们会通过虚拟的故事来探讨这个话题。在进入欺凌情节前，会有很长的社会文化和心理的建构，使参与者进入故事人物的内在。当我们选择用《灰姑娘》来探讨这个话题时，设计了三个女孩抢夺舞会礼服的焦点事件，在这之前，对礼服的来历、代表的意义、三个女孩在家庭中的地位都进行了探索。当学生扮演的三个女孩创造抢夺这个行为时，她们代表的是角色的价值观与立场，因此抢夺的凶狠程度并不影响大家对扮演者人品的评价。而每一位扮演者也在即兴表演中探索着如何应对对方，包括语言上的、动作上的、神情上的，等等。在三人互相角力的创造下，每组呈现的结果各有不同。每个参与者都在安全的空间内体验了欺凌与反欺凌，对这个问题有了新的理解，也看到了自己面临该问题时的不足，对于将来万一遇到相似问题有了应对准备。

总之，教育戏剧"力求与参与者的真实生活场景保持距离，这样参与者就能更自由地探索不同的主题。因此，这种戏剧绝不是简单的真实的排演。学生们创造了一个从表面上看可能与现实生活非常不同的想象世界。在这种情况下，他们可能会同情他人，并将不同的观点内化"[2]。

---

1 大卫·戴维斯：《想象真实：迈向教育戏剧的新理论》，曹曦译，中国人民大学出版社，2017，第63页。
2 Betty Jane Wagner, *Building Moral Communities Through Educational Drama*. (London: Ablex Publishing Corporation, 1999), p.4.

（四）在距离化和虚实之间自我观看和自我教育

弗莱明指出："戏剧的教育价值部分源于这样一个事实，即一个人可以积极参与戏剧，同时对自己的行为进行审查。"[1]确实，参与者在"亲历当下"的教育戏剧过程中，不仅能够理解他人的行为及其背后的社会文化价值，同时也能更深入地了解自己，看到真实的自己，从而调整自己的行为，达到道德教育上追求的最高层次——自我教育。

教育戏剧中，参与者的自我观看与自我教育主要在戏剧的距离化和虚实转化之中实现。距离化是希思考特结构教育戏剧的手法，虚实之间则由伯顿提出，戴维斯继承和发展。

1. 在距离化中自我观看

距离化，也称陌生化或间离，意思是与剧中的故事与人物状态保持一定的距离，不完全浸入戏剧故事或戏剧人物的情感中，以保持自己的能动性和辩证思考的能力。希思考特的距离化来自德国戏剧家贝尔托·布莱希特（Bertolt Brecht）的"陌生化效果"（Verfremdungs Effekt）。在布莱希特之前，欧洲戏剧按照亚里士德（Αριστοτέλης）在《诗学》中提出的标准创作，布莱希特称之为"戏剧形式的戏剧"或"亚里士多德式戏剧"。他批评戏剧形式的戏剧通过让观众与剧中英雄人物的共鸣而导致观众沉沦于情绪中无法思考。他主张建立一种以辩证唯物主义和历史唯物主义的思想来认识生活、反映生活的新型戏剧，即"史诗戏剧"，或称"叙事戏剧""非亚里士多德式戏剧"。这种戏剧的目的在于唤醒观众的意识，能够观察和思考人生，批判性地看待社会、他人与自己。因此有时也被称为"教育剧""教育剧场"，以区别于亚里士多德式戏剧的娱乐性。从戏剧形式的戏剧到史诗形式的戏剧，戏剧的重点发生了变化，如表 3-9 所示。

1　Mike Fleming, *Starting Drama Teaching(4th edition)* (New York: Routledge, 2017), p.17.

表 3-9　戏剧重点的移动[1]

戏剧形式的戏剧	史诗形式的戏剧
舞台体现一个事；	舞台叙述一个事件；
把观众卷进事件中去；	把观众变为观察家；
消磨他的行动意志；	唤起他的行动意志；
触发观众的感情；	促使观众作出抉择；
向观众传授个人经历；	向观众传授人生知识；
让观众置身于剧情之中；	让观众面对剧情；
用暗示手法起作用；	用辩论手法起作用；
保持观众各种感受；	把感受变为认识；
把人当作已知的对象；	把人当作研究的对象；
人是不变的；	人是可变的，而且正在变；
让观众紧张地注视戏的结局；	让观众紧张地注视戏的进行；
前戏为下场戏而存在；	每场戏可单独存在；
事件发展过程是直线的；	事件发展过程是曲线的；
自然界是不会发生突变的；	自然界是会发生突变的；
戏展示世界现在的面貌；	戏展示世界将来的面貌；
表现人应当怎样；	表现人必须怎样；
强调人的本能；	强调人的动机；
思想决定存在。	社会存在决定思想。

　　在表 3-9 中，可以看到史诗形式的戏剧力图向观众揭示事件的发展、变化与人的动机作为有关，强调人的主观能动性。这清晰反映在两类戏剧是表现人"应当"怎样还是表现人"必须"怎样的差异中。"应当"的德文是 sollen，表示别人要求或命令你应该怎样；"必须"的德文是 müssen，表示自发的主动的一定要如何。这两个词的区别就在于前者是被动的，后者是主动的。因此，戏剧形式的戏剧表现的是人被要求着行动，史诗形式的戏剧表现的是人自身认定的行动。为了保证观众的主观能动性，布莱希特将陌生化作为自己的戏剧理论和演剧方法。

　　什么是陌生化？布莱希特说："对一个事件或一个人物进行陌生化，首先很简单，把事件或人物那些不言自明的、为人熟知的和一目了然的东西剥去，使人对之产生惊讶和好奇心。"[2]意即将人们习以为常的东西以某些方式变得陌

1　布莱希特：《布莱希特论戏剧》，丁扬忠等译，中国戏剧出版社，1990，第 106-107 页。
2　同上书，第 62 页。

生，从而在演员与角色、演员与观众之间产生距离，使演员和观众都能够以新的角度看待习以为常的东西。这也是美学中所说的"距离之美"，所以陌生化也称"距离化"或"间离"。在审美中一定的距离产生美感，布莱希特的陌生化则是为了让观众从陷于习以为常、无法思考的状态中抽离出来，重新审视那些熟视无睹的现象，观察社会，思考人生。例如，他在剧作《四川好人》中讲述了一个生性善良的好人无法存活，不得不变身坏人来维护自己的利益的故事。为了促使观众对产生这一现象的社会现实的思考，他将故事的背景设置为远离欧洲观众的中国四川。陌生化的结果是："观众能够看到这个人这样那样，原因在于客观环境使然；同样地，环境如此，也由于人的影响。但是，这个人不仅可以把他表现为现在这个样子，还可以表现为他可能的那个样子。环境也可以表现为与现状不同的另一种样子。这样就使得观众在剧院里获得一种新的立场。"[1]

显然，布莱希特的方法指向最后的社会实践，他希望观众在剧院里不再因沉醉于舞台上的虚幻而忘记现实，他希望通过戏剧让观众干预现实。这也是他主张教育剧的原因。希思考特采用了布莱希特的陌生化方法，以实现教育戏剧参与者的自我观看。因为在教育戏剧中，没有单纯的观众，参与者既为演员又为观众。陌生化方法指向的观众的观看与思考就变成了参与者的观看，且主要是自我观看。这在教育性上与布莱希特戏剧一致，尽管希思考特教育戏剧的目的不带有布莱希特式的政治性。

希思考特将教育戏剧的参与者称为自我观看者（self-spectator），这是她自创的一个词。伯顿解释说："这是一种观念，指参与者在自己制造的虚构情境中看到自己的反应。"[2]其双重价值在于"参与者既是自己的创作的观众，又是自己的观众"[3]，即他同时在看自己的创作和他自己。

不论是布莱希特的观看，还是希思考特的自我观看，目的都是促使观众/参与者成为思考和判断的主体。为此，布莱希特采用的陌生化方法有很多，比如消除舞台上下一切容易让观众入迷的东西，演员用自己的身份发表见解等，

1　布莱希特：《布莱希特论戏剧》，丁扬忠等译，中国戏剧出版社，1990，第 63 页。
2　Gavin Bolton, *Acting in Classroom Drama: A Critical Analysis* (Stoke on Trent: Trentham Books Limited, 1998), p.278.
3　Ibid, p.266.

以求破除"第四堵墙"[1]，让演员与观众互动，以免观众误以为戏剧事件是在没有观众的时候发生的真实事件。教育戏剧中本来就没有传统形式上的舞台，也不存在观众和"第四堵墙"，而且就是要让参与者进入"信以为真"的情境中，但它仍然要避免参与者陷入虚构境遇中的情绪纠结而不能思考。既要让参与者在虚构境遇中体验，又要让他们保持思考，希思考特采用的距离化方法主要是让参与者在虚构的戏剧情境与真实的现实情境之间来回转换，时而入戏作为剧中人物，时而出戏作为学习者进行商议反思。因此，在希思考特的课堂中，参与者每次即兴表演的时间不超过五分钟。她会提醒参与者回顾自己当时的感受。例如，在著名的公开课"梦想家"中，希思考特要求刚出戏的参与者"注意你在想什么；从你的想法中可能会看到你的感受"[2]。并让参与者将自己的感受告诉前来听公开课的老师，由这些旁观者记录下来并在参与者再次入戏时念出来。这样全班都在再次入戏时听到自己和同学在虚构情境中的想法。在此过程中，参与者实现了既是创作的观众又是自己的观众的双重价值。拜特伦福尔维分析在这一距离化过程中发生的自我观看：

> 希思科特为戏剧的参与者打开了一个空间，让他们反思虚构的情境，更具体地说，反思处于这种情境中的人们的想法和感受。同时有几个层面在行动：首先，他们有机会处于虚构的情境中；然后让他们有机会想象在虚构的环境中他们会有什么感觉和想法；第三层是他们向外界的人口头表达自己的想法；最后，当他们回到虚构情境中时，他们可以在听到他人的思想和感受的背景下感受到自己的反应。通过进出虚构情境，参与者有机会从外部看到自己。这种反思使他们意识到处于虚构情境中的不同层次，更重要的是使他们与虚构情境保持距离。[3]

2. 在"虚实之间"自我反思

如拜特伦福尔维所指，希思考特的自我观看是让参与者从外部看到自己，

1　传统舞台三面为墙，第四面墙实体并不存在，而是源于约定俗成的认同：视舞台台口为区隔演员与观众的第四面墙。

2　Betty Jane, Wagner, *Dorothy Heathcote: Drama as a Learning Medium* (Washington, D.C.: National Education Association of the United States.1976), p.17.

3　Adam Bence Bethlenfalvy,"Living through extremes: An exploration of integrating a Bondian approach to theatre into 'living through' drama", (Birmingham: Birmingham City University, 2017), p.19.

它需要参与者在虚构情境中停下，在现实情境中反思自己在虚构情境中的感受。这种反思是与虚构情境有距离的，也是距离化方法所追求的结果。然而，伯顿认为反思也可以在虚构情境内部进行，方式是在虚构事件内部自我观看，参与者同时处于虚构世界和真实现实世界中，以戏剧中的虚构角色与真实生活中的身份两种视角看待戏剧事件，当他以戏剧角色的身份在虚构情境中作出反应时其实带着由真实身份引发的思考与情感。伯顿称这样的状态为"虚实之间"（metaxis）。

"虚实之间"源于伯顿对反思的理解。他认为经验本身既不是生产性的，也不是非生产性的，是你如何反思它，决定了它的好坏与重要性。[1]

> 反思的时机对其有效性至关重要。在戏剧性事件发生后立即进行常规的教师/课堂讨论并不总是最有帮助的。也许最强大的形式是与戏剧同时进行的反思，这是来自戏剧内部的，这样当事情发生时，当语言被说出来时，它们的含义和应用可以作为戏剧本身的一部分合法地表达出来。[2]

伯顿认为在戏剧事件之后的讨论并不总是最有帮助，是因为在戏剧事件之后教师时常难以敏锐地捕捉到参与者在戏剧过程中的经验的意义，他们甚至会讨论错误的观点，引用错误的内容。而在戏剧内部进行反思，参与者的反思结果就以动作、语言等方式直接表现出来，这种表现构成了戏剧本身的一部分，使戏剧事件继续开展。

奥尼尔和戴维斯同样贯彻"虚实之间"的理念，力图在参与者体验的过程中，即时性地建立反思，使参与者同时积极地生活在想象的虚构世界和现实世界里。例如，戴维斯在《虐童》中建构了儿童保护专员面临一个病童的家长疑似虐童时，是否要处置家长（处置的结果是无人照顾病童）的戏剧事件。在这个事件之前，戴维斯花了很长的时间建立参与者作为儿童保护专员的信念：让参与者应聘儿童保护专员的工作，对他们进行培训。所有这些都是在虚构的想象世界中进行的，但参与者在面对必须作出决定的虚构情境时，他们在生活中的真实身份与儿童保护专员的虚构身份同时起作用了。"X（男性）：我感到我

1　Gavin Bolton, *Towards a Theory of Drama in Education* (London: Longman, 1979), p.126.

2　Ibid, p.127.

内心有两个人，同时在思考法律和人性的冲突，这直接导致了在戏剧中做的决定——以法律之名拯救一个孩子。然后我发现我处在一个十字路口：一侧是代表着无助的人性的孩子，另一侧是许多以法律之名冒犯人权的事情。……Y（女性）：我认为一方面作为一个孩子的母亲，另一方面作为一名儿童保护专员，我需要思考该如何保护她。"[1]

实现"虚实之间"的效应，最重要的是两个方面：一是在保护入戏中建立信以为真的虚构情境。为了使参与者进入戏剧境遇中的行为和情感能够依附于具体的个体而展开，保护入戏部分的主要工作是使参与者进入戏剧活动的一个身份或角色，即框架。这个身份或角色不是笼统的，而是具体的，将参与者的个人经验与戏剧活动结合起来，使参与者既成为戏剧中的角色，又不完全是这个角色；使这个戏剧中的个体既是他本人，又不完全是他本人。这个角色是参与者个体经验和情感需求的投射。在后面的戏剧活动探索中，参与者得以以一定的距离观看自己，此即所谓"离间效果""虚实之间"。虚构给予参与者安全感，他们可以没有顾忌地探索、表达。信以为真是为了让参与者浸入戏剧情境，为此要有足够的细节和足够的时间来引导。用创造虚拟空间的细节使参与者意识到自己身处虚拟世界，产生同时处于两个世界的感觉。二是在虚构的角色与参与者的现实角色之间建立连接。两种角色之间是否有连接，以及连接的角度是什么，都会影响参与者的戏剧体验，作出不同的反应和反思。例如，上面引文中所呈现的现实中的母亲在戏剧中的反思与男性参与者不同，虽然他们彼时同处于儿童保护专员的角色中。

3. 通过自我观看和反思实现自我教育

不论是距离化，还是"虚实之间"，希思考特和伯顿的目标其实是一致的，即都是促进参与者在戏剧活动中的自我观看和反思，所不同的只是前者在外部、后者在内部展开。虽然在外部展开的有距离的自我观看和反思更容易偏于理性，效果上可能也有伯顿所说的事后讨论的不足，但它仍然是一种有效的促进理解的方式，对于参与者理解自己、他人和社会至关重要。特别是在揭示一些隐含的社会文化意义方面，不可或缺。如要通过戏剧动作或行动的几个层

---

1 大卫·戴维斯：《想象真实：迈向教育戏剧的新理论》，曹曦译，中国人民大学出版社，2017，第133页。

面去认识它背后的意义，跳出虚构情境的有距离的讨论就具有不可替代的作用。"虚实之间"的优点是能弥补距离化的不足，使情感、理性思维和想象力共同作用，并使自我观看与反思后出现的行为直接在戏剧中表现出来、得以被检视。

在教育戏剧中的自我观看与反思，从理解的四个维度来看，属于第四维度——洞察自省，包括分析问题、设身处地和自我反省。它们不是单纯的思维上的反思，而是混合情感与想象的"做中思"。参与者在虚拟情境中，根据自己的判断采取行动，又根据行动收到的即时反馈进行情意上的调整。因此，洞察自省在戏剧活动中发生，但又可以迁移到其他类似的情境中。也就是说，它们完成了伯顿所说的三类反思：个人的、普遍的和类似的。个人的反思使自我意识发生改变，通过教育戏剧经历，参与者对自己的心理或所处的社会环境有了更深的了解。普遍的反思使参与者能够有意识地将一种经验置于更高的抽象层次中。类似的反思使参与者从戏剧语境跨越到另一种语境。[1] 这其实也是参与者自我教育的过程。

对道德学习来说，反省反思是非常重要的环节，是自我教育的基础。它是个体自主性的表现，也是德性最重要的因素。因为道德只有在个体自主的前提下才有意义，任何被强制或裹挟下做出的举动都难以被认为是道德的。自我教育能够导向学习者的自主性。但是，我们在道德教育中最困难之处就是难以启动学生自我反思、自我教育的动机，引导他们自我反省、自我教育。能用的方法非常有限，因为自我教育不可能在外在的要求下完成。在教育戏剧中，参与者既处于角色的世界中，又同时在做自己，这两种状态可能发生冲突，两种甚至多种价值观发生矛盾，为了在戏剧事件中作出选择，他必须动用一切心理要素进行工作。在此过程中，他对自己和社会的理解加深，甚至能够将眼前的状况上升到更高的普遍的层次上去思考，并因此能够将此时此地获得的价值观与行动方式迁移到戏剧情境之外。这样的结果是他自我观看、自我反思的成果，而不为任何外在要求所驱动，自我教育才得以实现。

例如，在《花衣吹笛人后传》中，我们有一个探索的中心是"自由与限

1　Gavin Bolton, *Towards a Theory of Drama in Education* (London: Longman, 1979), p.126.

制"。[1] 参与者是小学二年级学生。前文本是镇上的孩子被有魔法的吹笛人带离他们的父母和生活的小镇，幽禁起来，作为对镇民失信于吹笛人的惩罚。学生入戏的角色为被幽禁的孩子。除了不允许孩子们离开幽禁地，吹笛人给了孩子们平时生活中想要的所有自由：没有限制的巧克力、棒棒糖、玩耍时间和睡眠时间，等等。在想干什么就干什么的戏剧时空里，孩子们竟然很快就感觉到厌倦，开始策划逃跑回家。他们说：

> 每天吃吃玩玩太没意思了，回家虽然被父母管着，不像在这里一样能自由地做自己想做的事，但是我还是愿意回去；
>
> 父母不让我们吃巧克力是为我们好，不然牙齿坏了就吃不了东西了；
>
> 吹笛人其实并没有给我们真实的自由，他把我们关在这里，就是最大的不自由；
>
> 我现在想要被爸爸妈妈管着，踏实；
>
> ……

学生们用戏中孩子的身份说话，但他们的想法中都带着自己在现实生活中的视角与经验。他们虽然没有说自由与限制是相对的、辩证的，但他们的语言和行动已表明他们对什么是自由、自己想要怎样的自由进行了思考，也对自己在现实世界中的表现进行了反思。所以当他们以剧中孩子的身份作出逃跑的决定时，实际上已作出了价值选择。此时，完全无需教师说理，学生已完成了在这个中心议题上的自我教育。

---

1 完整的教育戏剧活动见第四章补充案例《花衣吹笛人后传》。

DIE

第四章

教育戏剧育德的内容

教 育 戏 剧 与 道 德 教 育

教育戏剧可以作为学校德育的方法，但与一般方法不同的是，每一出教育戏剧都有自己的主题（或称中心，由英文centre直译而来）与故事，因此在学校德育中运用教育戏剧，首先要确定每一出教育戏剧的中心与故事，使它们既符合学校德育的目标与内容要求，又符合学生当下的发展需求。这就要求教师细致地观察和分析学生，了解他们的生活经历、已有经验与存在的问题；敏锐地把握社会变化及其与学生生活的联系；还要能够在优秀的文化作品中筛选出适用的故事，必要的时候能够自己创编。

一、教育戏剧中心的来源与确定

教育戏剧的中心是一出教育戏剧要探讨的话题，也是参与者（或学生）要学习的领域。在道德教育中，这个中心显然应该是道德议题，但是一则由于道德与其他领域的共生性，二则由于教育戏剧本身就以隐性育德见长，教育戏剧的中心事实上不一定以明确的道德议题的形式出现。这一点也与我国学校德育的大德育性质相符。所谓大德育，即德育涉及的领域除道德领域之外，还包括思想、政治、心理等其他与之关系密切的领域。结合学校德育任务与课程标准分析学生的现实发展需求是确定教育戏剧中心的主要依据。

（一）教育目标：德育任务与课程标准

德育任务与德育课程标准是我国学校德育的指向标，框定了德育的目标与内容，是教育戏剧主题的重要来源。

根据《中小学德育工作指南》（2017年），我国中小学德育内容包括理想信念教育、社会主义核心价值观教育、中华优秀文化传统教育、生态文明教育、心理健康教育。[1] 在中小学最主要的德育课程"道德与法治"的课程标准（2022年）中，对这些内容作了更详细的规定，明确了每个学段的目标：[2]

---

1 《教育部关于印发〈中小学德育工作指南〉的通知》，中华人民共和国教育部政府门户网站：http://www.moe.gov.cn/srcsite/A06/s3325/201709/t20170904_313128.html。
2 中华人民共和国教育部：《义务教育道德与法治课程标准（2022年版）》，北京师范大学出版社，2022，第17、22、27、34页。

第一学段（1~2年级）：以正确的价值观、道德和法律规范对学生进行道德和法治启蒙；

第二学段（3~4年级）：引导学生养成健康的生活习惯、良好的道德品质和健全的人格，形成集体荣誉感和责任意识；

第三学段（5~6年级）：培养学生的道德情感、责任意识，引导学生遵守公共规则，形成深厚的爱国情感；

第四学段（7~9年级）：引导学生正确认识自己，以及个人与家庭、他人、社会、国家和人类文明的关系，了解国家发展和世界发展大势，增强社会责任感和担当意识，立志做社会主义建设者和接班人。

从上可见，价值观、道德观、法律意识、生活习惯、健全人格、责任意识、爱国情感等都是中小学生要具备的，它们涉及个人、个人与他人、个人与家庭、个人与社会、个人与国家的关系。每个方面都有更多更具体的要求，如道德方面的诚信、自尊、自爱、自强、平等待人等；法治方面的民主、公正、规则、权益、环境保护、隐私保护等；人格方面的自我认同、自我管理、理性社交等，这些都是教育戏剧学习主题的来源。当然，在一次教育戏剧活动中，要探讨哪一个具体的主题，还要根据学生的实际情况来确定。在理想的状态下，教育戏剧应该既能回应学生当下的发展需求和急需解决的问题，同时又能着眼于他们的未来发展，因此这个主题应该具有普遍的价值，比如公正、规则、责任，可以针对不同学段学生的具体情况，设计出系列活动。

（二）经验：观察学生的生活经历与问题

成功的教育戏剧活动，必须在学习主题与学生的已有经验之间建立紧密的联系，因此，观察学生的生活经历，了解他们面临或急需解决的问题，是教育戏剧主题的另一个重要来源。这需要教师能够移情性地理解、感受学生的感受。例如，能够解读下列不同情境下学生的感受（见表4-1）。

表 4-1　学生情绪感受解读练习

幼儿	他们的感受（教师填写）
A：他抢我的玩具！ B：这又不是你的玩具。 A：我就要，我就要！（哭，打人……） A：你拿了这么多玩具，我们都没有了。 B：你为什么不早点？老师拿出来的时候你就可以去拿了呀。 A：你这样做一点都不好。我不要和你好了。 B：（哭）	
小学生	**他们的感受（教师填写）**
我让他们上课不要讲话，他们下课的时候不跟我玩，还有几个人骂我。我不想当班干部了。 我想和小丽一起说话一起玩，可是小丽总和小爱一起说话。 她的笔好漂亮，我好想要。可是我妈妈一定不会给我买…… 他们给我取绰号，我一点都不喜欢这个绰号，我让他们不要说，可他们还是在大庭广众之下这么叫。 同学们都在说我的爸爸，可是我的爸爸妈妈分开了，这可千万不能让人知道。 我怎么也背不出这篇课文，我们组就剩下我了，组员说我又懒又笨。学习真没意思，我想玩游戏，我想玩游戏。 我竞选班干部失败，别人笑话我，太丢人了。 有同学说我长得这么矮，像个侏儒，哎……	

　　在现代社会中，儿童在长大成人的过程中拥有最重要的一个身份——学生。成为一名学生后，儿童与父母有了分开的、独立的、并行的时空。他们要以学生的身份与自己的老师、同学打交道，他们要听课，要自己做作业……儿童在学校经历着一切，在经历中产生不同的感受，这样的经历与感受形成了他们独特的生活经验。在学生的生活经验中，有收获，也会遇到各种问题。例如，幼儿园小朋友之间争抢玩具的冲突，让儿童经验到生气、委屈等受挫的情绪，同时也进一步让他们意识到这个世界不是以"我"为中心的，除了"我"，还有其他小朋友，玩具不是"我"的，是大家的。如果"我"想要玩具，"我"需要主动去取，或者"我"可以和其他小朋友协商获得想要的玩具，这比哭和

闹好像更管用。

学生在校园生活中经历的情境，组成了他们的生活经验，影响着他们的人格发展，如下列案例中的初中生。

案例 4-1 粉色饭盒

参加晚自习的同学要自己准备饭盒。初一男孩安让妈妈给他新买个饭盒。

妈妈：小学的饭盒还那么好，干嘛买新的呀，就用那个。

安（生气地说）：我不要，那个是粉色的，哪个男生用粉色的饭盒呀？

妈妈：那个饭盒也是你自己选的呀。就用那个！（斩钉截铁）

第二天早上，安带着粉色的饭盒去了学校。到了吃晚饭的时间，他的肚子咕噜咕噜地响，他想去食堂吃饭，但看看自己的饭盒，又坐回了凳子上。

另一个男生没有饭盒，一个星期前他催妈妈买饭盒，可是工作忙碌的妈妈虽然网购了饭盒，快递却迟迟没到。

这两个男生在晚饭的时间坐在教室里，没有饭盒的男生问安："你怎么不去吃饭？你不是有饭盒吗？"

安支支吾吾说："不想吃。"

没饭盒的男孩说："那你饭盒借我。"说完，就去拿他的饭盒，一看粉色的饭盒，就开始大声嚷："呀，你用粉色的饭盒呀！爱好好奇特呀！"

恰好这时候，同学们打饭回来了，好多人开始笑。

案例 4-2 都是照片惹的祸

小 A 用美图的新功能拍了一张酷炫的自拍照，并在朋友圈晒出这张照片，获得好多同学点赞。但有一条留言让她很不开心。那是小 B 的留言："ZP（照骗）😬"

这时小 A 好多念头涌上来："她在笑话我长得丑呢！这个评论别人看到了会怎么想啊？明天去学校同学们会怎么看我啊？"小 A 越想越难过，可是又不能删除小 B 的评论，她越想越生气。

第二天课间，小 B 在走廊上和同学有说有笑地说着话。小 A 看到小 B，昨天的不高兴就冒上来，走到她旁边说："这颗健达曲奇蛋！"[1] 小 B 觉得受到了侮辱，放学后就找了几个男生围攻小 A。小 A 因为害怕再被围攻，第二天哭哭啼啼不肯去学校，在父母的再三询问下才说出了原委。

除了在学校经历的和同伴交往时发生的各种问题外，学生也要经历与成人相处的问题。河合隼雄在其著作《长大成人的难处》中描写了某个高中生对自己父母的愤愤不平："父母想要自己干活的时候（比如给他们搭把手），会说'你已经不是小孩子了'；不想让自己做某事的时候（比如骑自行车），就会说'你还不是大人呢'，完全只顾自己方便。"[2] 显然，随着身体的发育，学生在生活上越来越独立与自主，心理上也必然要求独立与自主，而获得独立与自主的过程便是一场与父母争夺自由的"战争"。

然而，无论是与同伴交往的问题，还是与成人的相处问题，其背后都有历史的、文化的及当代社会发展问题的投影。家庭与学校，都是社会生活的单位，没有人能够脱离社会的影响。学校在学生成人的过程中扮演着非常重要的角色，是因为它是学生在家庭之外首先要面对的环境，是学生从家庭走向社会的中介。当学生还处于儿童期时，心理极易受影响，具有依赖性，长期沉浸在父母心理的氛围中，学校教育将其从与家庭的无意识的一致性中解放出来，让他们对自己有正确的认识。学校教育也要帮助学生面对在不同成长阶段遇到的不同问题和挫折。在学生经历的这些问题与挫折中蕴含着"意义"，可以转化为学生成长的积极因素。分析学生的这些经历与经验，结合教育目标，教育戏剧的主题便不难确定了。

（三）核心：分析学生的发展需求

教育目标、课程标准是对学生发展的外在要求，经验是从学生内部去看待他的发展状态，将这两者结合起来确定教育戏剧的主题，核心是在一定的理论支持下分析学生的发展需求。

1. 了解学生发展的阶段性特征

儿童去学校的目的是什么？有人可能对这个问题不屑一顾："年龄到了就

1　健达曲奇蛋是一种零食，也是现代年轻人的一个网络用语，嘲笑人的长相外貌。
2　河合隼雄：《长大成人的难处》，梁晓兰译，北京联合出版社，2018，第 3 页。

要去学校，不去学校，无所事事，那这人还有什么用！"人们对这个问题不屑思考的背后是无意识的认同，认为儿童到了学龄就应该去学校，这已经成为文化，成为传统。有人可能会说学生去学校就是学习，学习知识与技能；有人可能会说儿童去学校就有同伴，学会与人交往，为成年独立生活做准备……

学生在学校的环境中通过其生活经验发展人格，适应社会并积极作用于社会，创造新文化。从儿童到成人的过程，需要发展人的意识，学校教育是加强意识形成的手段。不愿意用粉色饭盒的初中男孩，正是他的性别意识在发展，他开始意识并认同自己是个男孩，粉色是女孩喜欢的颜色，同学们的嘲笑也是无意识中文化的影响。女孩自拍并把照片晒在朋友圈，这是一种自我观看，同时也隐含着对同伴评价的期待，从他人的评价中来确认自我的认识，这也是意识的发展。

瑞士心理学家荣格在《人格的发展》一书中说：

> 意识形成于童年。在生命最初的那几年里几乎不存在意识，尽管心理过程在很早的阶段就表明了自身的存在。然而，这些过程并未围绕一个有序的自我得以分类；它们没有中心，因而也无所谓连贯性，这样就不可能存在一个有意识的个性。所以，我们认为，尽管儿童的心理器官有着可塑性和感受性，他们是没有记忆的。只有当儿童开始说"我"时，他们才具备了可被感知的连贯的意识。但是在此之间常常有无意识的阶段。……有意识的心理通过逐渐将零碎的片段结合成整体而得以成形。这个过程贯穿生命始终，但是自青春期开始，它就逐渐变缓，而且添加到意识中的无意识片段也变得越来越少。在出生和心理青春期结束之间这个阶段，意识得到了最为重要和广泛的发展。……我们通过教育和文化来巩固这个过程。实际上，学校教育就是一种有目的地加强意识形成的手段。[1]

学生发展意识的过程，即自我与环境相互作用的过程，其间经历着各种内外冲突。埃里克森（Erik H Erikson）认为，个体一生在不同的年龄阶段经历的内外冲突有所不同，每一个阶段要解决的主要问题也不同。他把这种冲突视为

1　卡尔·古斯塔夫·荣格：《人格的发展》，陈俊松等译，国际文化出版社，2011，第53-54页。

危机，冲突解决得好，危机得以顺利渡过，人格在生理、心理、社会三个方面得到统一，获得同一性。他指出："有活力的人格能经受住任何内外冲突，在每一次危机之后再度出现而且逐次增强统一感，增强正确判断，并增强依照自己的尺度以及与自己有密切关系的人的标准而'善于应付'的能力。"[1] 因此，危机具有发展的意义，伴随着关键的转折点——进步与退步、发展与停滞。如果能顺利发展，就能产生基本力量或自我特质，发展失败自我就会陷入困境。埃里克森将人格发展分为八个阶段，婴儿期和幼儿期的关系范围主要在家庭中，学前期、学龄期和青春期的关系范围从家庭扩展到学校，最后的三个阶段青年期、成年期和老年期的关系范围从学校变为社会，学校是个体进入社会的准备期。表 4-2 是前五个阶段，源自埃里克森的生命阶段表。

表 4-2　埃里克森生命阶段（前五个阶段）[2]

项目 阶段	发展危机	特殊关系范围	发展顺利获得的基本能力	发展失败的核心表现
婴儿期	基本信任与基本不信任	母性角色	希望	退缩
幼儿期	自主与羞愧、怀疑	父性角色	意愿	强制
学前期	主动与罪恶感	基础家庭	目标	压抑
学龄期	勤勉与自卑	邻居、学校	能力	懒惰
青春期	自我认同与角色混淆	同伴团体与外在团体；领导模范	忠诚	否认

（1）幼儿园——学前期（3~6 岁）

这个阶段的主要冲突是主动与内疚。此时的儿童随着运动、语言和想象力的发展，开始产生一种主动感。行为有侵入性的特点，表现为有力地移动、大声地说话或攻击侵犯别人的身体，带来嫉妒与竞争，同时这个阶段幼儿开始发展自我观察、自我指导。这一时期的幼儿，在主动探究行为受到鼓励后会形成主动性，有助于将来成为有责任感和创造力的人；如果受到讥笑，就会逐渐失去自信心，缺乏自己开创幸福生活的主动性，倾向于生活在别人为他们安排好的狭窄圈子里。总的来说，"主动性阶段对于其后的同一性发展的重要贡献，显然在于解放儿童的主动性和目的感，容许（但不能保证）实现一个人的各种

1　埃里克·H.埃里克森：《同一性：青少年与危机》，孙名之译，中央编译出版社，2015，第 62 页。
2　爱利克·埃里克森：《生命周期完成式》，广梅芳译，世界图书出版有限公司北京分公司，2021，第 25 页。

能力去完成成人的任务"[1]。

（2）小学生——学龄期（6~12 岁）

这个阶段的主要冲突是勤奋对自卑。这一阶段的儿童已入学，活动方式有质的变化。以前的游戏活动被正规的学习活动所取代。学习的系统性、计划性与目的性，有助于儿童适应社会，掌握今后生活的必需知识和技能，学会自我约束和自我负责。儿童顺利完成学习课程，会获得勤奋感，获得"能力"的品质，对未来独立生活和承担工作充满信心。反之，就会伤害儿童热爱学习的天性，产生自卑，和自己的任务疏远，麻痹个体的生命力，沉溺想象，导致退行。这也是一个在社交上最具决定性的时期，勤奋意味着和同伴在一起。埃里克森认为在这个阶段的能力"意指在成长中，人类必须整合所有确认和驾驭真实性的成熟方法，并和同一个生产环境中的合作伙伴分享现实"[2]。

（3）中学生——青春期或青少年期（12~18 岁）

这个阶段的主要冲突是同一性对角色混乱。在这一时期，由于生理的成熟快于心理，青少年的发展呈现出动荡的特征。他们开始注重别人对自己的看法。他们一方面面临本能冲动的高涨，另一方面面临新的社会要求带来的困扰和混乱。如果不能整合各种身份角色下的"我"，就会导致角色混乱。此时的主要任务是建立一个新的同一感或自己在别人眼中的形象，以及在社会集体中所占的情感位置。同伴关系是青少年确立自我认同的重要方式，这也是为何青少年热衷追星与建立自己小团体的原因。"青少年期产生的独特能力，谓之忠诚，维系着婴儿期信任和成人信仰两者之间的关系。他们将对于家长指导的需求，转向导师和领袖，忠诚急迫地接受他们的思想仲裁，不论此思想是隐含在'生活方式'中，还是明显外显的。"[3]

这一阶段的危机是角色混乱。青少年的角色混乱可能表现为不自信，也可能表现为对社会与他人的蔑视，这将让青少年最终倾向负面认同，或者严重退行。此时需要教师帮助他们更好地认识自己，了解自己，实现自我同一性。教

1　埃里克·H.埃里克森：《同一性：青少年与危机》，孙名之译，中央编译出版社，2015，第 86 页。
2　爱利克·埃里克森：《生命周期完成式》，广梅芳译，世界图书出版有限公司北京分公司，2021，第 76 页。
3　同上书，第 73 页。

育戏剧的目标是让学生理解社会，建立价值观和承担责任，发展学生人格，与学校教育的目标相同。

2. 分析学生当下的经验与需求

发展阶段论提供了分析学生发展水平与需求的工具，使教师能够从心理发展的一个阶段总体上把握学生，但对于开展教育戏剧活动来说，还需要有对学生更具体的了解。比如，学生的家庭背景、性别、生活的区域、最近感兴趣的活动、身体健康状况、苦恼的事、最近学了什么、有什么期待等，都将影响教育戏剧究竟探讨哪些具体的主题才更符合他们的发展需求。

以我们设计的教育戏剧《灰姑娘》为例，工作对象是就读于城郊接合部普通公立初中的七八年级（即初中一二年级）学生，我们事先对他们进行了分析。

（1）学生生活的社会文化背景

这部分学生是城市移民（外来务工子女），租住于城郊，父母文化程度不高，从事体力劳动为主，亲子之间缺乏情感互动。就读城郊接合部的普通公立初中，同学们的家庭与社会背景相似。童年在乡村老家生活，缺失父母照顾。幼儿园或小学时来城市学校就读，父母仍不能常常陪伴，校外时间大多被关在家里。没有融入城市生活，比如不会去博物馆玩。家中有同辈的，年龄差距也较大。在家中没有独立房间。

（2）学生的行为与心理特征

渴望同伴，重视同伴，竭尽所能对同伴好。比如一人心情不好，所有的人都会抛下自己的事去安慰。

躁动。做事一哄而上。教室里掉落的一张纸都能引起全班同学的亢奋。安静会让他们觉得不安。

看不上父母。

上述行为分别涉及同伴关系、个性心理与亲子关系领域，在根本上属于自我意识发展不良的表现。

健全的自我意识是一个人从青春期开始到成年阶段最重要的发展任务。初中一二年级学生正处于此阶段的初始时期。而自我意识发展的起点是将自身从群体中区分出来。这种区分不同于幼儿期在认识上将自身从周围世界中区分出来，能辨别自己与他人他物；此时的区分是心理上的，是意识到自己的独特性，保有自己的独立性的。在这些学生的成长中，父母陪伴与情感交流的缺失，使他们未能较完整地从父母眼中获得对自己的认识（即缺乏父母镜映）。受现实生活条件所限，他们没有物理上的自我空间（如独立房间），这也导致心理上的自我空间得不到孕育。青春期生理变化带来的认识自己的心理需求、对情感与归属感的需求，使得他们将目光投向了同伴。他们关心同伴，在意同伴的情绪，努力照顾同伴的情绪与需求，实际上是他们没有心理自我，把自己的需求投射为同伴的需求。在他们内心照顾他人情绪就是照顾自己，自我与他人不分。躁动不安既源于生理变化带来的心理变化，也源于缺乏自我认知造成的自我保护。因为不曾独处，他们不知道怎么与自己相处。最安全的便是与同伴一起。因此，在没有共同的目标与活动任务时，一张掉落的纸片也能引起大家的骚动：在骚动中他们发现别人与自己是一样的，他觉得自己安全了。而安静使他们无从判别他人的状态，这让他们本就惶恐的内心倾向于不安。至于看不上父母，也是源于自我意识发展不足。因为个体对自我的认知包括对自己家庭背景和父母的认知。

自我意识发展的内容很多，不同年龄阶段要发展的任务也不同。在青春期以前，个体懂得了自己所能担任的各种角色。进入青春期后，他要运用过去积累起来的有关自己与社会的所有知识与经验，探索用某一种生活策略来扮演各种角色：子女、同伴、学生等。他在亲子关系、同伴关系与学习上出现问题，要么是过去对这些角色的认知有误，要么是现在采用的生活策略与这些认知不匹配。青春期是从受父母照顾的童年生活走向独立的成人生活的过渡，此时同伴关系与亲子关系的变动最为突出。

根据上述分析，我们认为可以用《灰姑娘》故事来探讨的教育戏剧主题有：

自我成长：与灰姑娘在不利处境下的自我觉醒与成长相连接；

同伴关系：与灰姑娘和继姐姐之间的关系相连接；

亲子关系：与重组家庭中的亲子相处状况相连接；

……

再如，在与小学二年级的学生一起完成《花衣吹笛人》的教育戏剧活动之后[1]，我们又做了一个《花衣吹笛人后传》的教育戏剧，也是出于对学生需求的分析。

《花衣吹笛人》的故事结束于吹笛人带走了镇上的孩子。这个结局对于参与故事的学生（二年级）来说并不满足。出于对被带走的孩子们的命运的担心，他们执着地追问后来怎么样了，而不是体会故事本身想表达的意义。这既源于他们由于年龄的相近而产生的对故事中的孩子们的代入感，也源于他们这个年龄所需的安全感。无法独立生活的能力决定了他们还必须依赖家人的供养和照顾，被带离家人的恐惧是内在的。因此，故事中的孩子们的命运如何，会影响他们的安全感。从教师的角度看，需要意识到学生的这种安全感需求，同时也要评估在故事结束时原来设计的探索诚信的中心是否实现、实现的程度如何，进一步探索是否会有利于这个中心的深入。在教育戏剧活动最后的反思部分，较多学生的情感是"恨吹笛人"，少数学生谈到诚信。他们对吹笛人的评判以负面居多，对家长和镇长却有许多宽容。这提示了继续探索的必要性和可能性。

二、教育戏剧故事的来源与确定

确定了教育戏剧的主题之后，就要寻找能够承载主题的具体内容。此时故事作为戏剧叙事的载体成为理所当然的选择。通过故事，学生不仅可以学习和丰富语言，更重要的是可以学习理解和思考人类（相对于个体）意义上的各种价值与问题。一个好的故事是教师带领学生进入精神领域的有效工具，它帮助学生沉浸在故事意象所包含的思想中，更充分地融入故事所创造的世界。

（一）教育戏剧故事的特点

叙事与冲突是戏剧的必备元素。除此之外，教育戏剧因其教育目的，对社会的伦理价值问题多有涉及，这成为它区别于其他戏剧的一个重要特点，又由于我们将教育戏剧用于学校德育，伦理性就成为选择和确定教育戏剧故事的一个标准了。

1　《花衣吹笛人》故事梗概见附录，教育戏剧活动的设计方案见本章第三节。

1. 叙事性

教育戏剧故事的叙事性，具有一般故事叙事性的共性，同时也具有适用于教育戏剧的故事叙事的独特性。

首先，共性表现为强调事件发生的序列与逻辑。前文已提及，叙事一词常用的意思有三种：故事、叙述与认知思维模式。当我们讲教育戏剧故事的叙事性时，即强调故事是接连发生的事件，且事件之间存在着相互关联的逻辑。正如著名的叙事理论家杰拉德·普林斯（Gerald Prince）所指："叙事是对至少两个在时间顺序上相关的真实或虚构事件或情形的表达，这些事件或情形并不互为预设或暗示。"[1] 因此，教育戏剧故事不是单纯的事件描写，而是在逻辑上具有连续性的一系列事件变化序列的表现，包含背景、角色、行动和事件四个基本要素。好的叙事总是吸引读者去探知后面的事件。

> "现在是下蛋的时间了！"
>
> 这可是小鸡们第一次下蛋，看，有的疼得哇哇直哭。
>
> "啊，多可爱的蛋呀！"鸡妈妈们高兴坏了。
>
> 只有小鸡卡梅拉拒绝下蛋。
>
> "下蛋，下蛋，总是下蛋！"她生气地说，"生活中应该还有更好玩儿的事可做！"
>
> 卡梅拉更喜欢听鸬鹚佩罗讲大海的故事。佩罗曾经游历过很多地方！尽管他说话有些夸张，但卡梅拉还是十分着迷这些美妙的故事。
>
> "总有那么一天，我也要去看看大海。"[2]

这是"不一样的卡梅拉"系列故事之一《我想去看大海》的开篇，交代了小鸡卡梅拉不想下蛋的原因是她曾经听过很多海的故事，所以她有一个梦想——看海。背景、角色、行动的动机都有了，后面自然会引出事件——卡梅拉想办法去看海。这样的叙事逻辑非常贴近小朋友的生活经验和需求，符合他们的心理期待。

其次，独特性表现为教育戏剧故事叙事主体的多元和叙事的生成性。叙事

---

1 Gerald Prince, *Narratology: The Form and Function of Narrative* (Berlin: Mouton Publishers, 1982), p.4.
2 克利斯提昂·约里波瓦：《我想去看海》，郑迪蔚译，二十一世纪出版社，2006，第5-6页。

主体的多元是指教育戏剧故事不同于一般故事由一位作者叙事而来，而是所有教育戏剧活动参与者共同创作而成。叙事的生成性则指教育戏剧故事在教育戏剧活动中生成或完满，而不像一般故事是事先完成的。叙事主体的多元与叙事的生成性两者相互交织。一般而言，教师作为活动的引导者，虽然会在戏剧活动之前就架构了故事框架，但完整的故事是在教育戏剧活动真正展开的过程中由所有参与者共同即兴创作完成的。而且，根据活动现场的情况，原来预设的故事框架允许被打破，只要其结果朝向更有利于学生学习的方向发展。更有甚者，水平高超的教育戏剧教师甚至可以没有故事框架，现场带领学生共同创作出精彩的教育戏剧故事。希思考特的课堂就常常充满此种令人叹为观止的神奇操作。

准备教育戏剧故事时，需要同时考虑上述共性与独特性。选择或创作的故事既要有内在的逻辑，包含序列事件，能够逐渐深入；又不能太过丰满，要留有足够的空白，以便学生参与创作，展开学习与探索。

2. 冲突性

冲突是戏剧的核心特质，教育戏剧故事自然也要具备冲突性。以故事中的人物为视角，冲突可以分为外在和内在两个方面。外在冲突是人与人之间或人与环境之间存在着对立或矛盾，内在冲突则是个人内心存在矛盾。

例如，在《白雪公主》中，白雪公主的亲生母亲去世，邪恶的继母三番五次要迫害白雪公主；在《裁缝与鞋匠》中，鞋匠被互不相识的裁缝嘲笑，这里继母与白雪公主、鞋匠与裁缝构成人与人的外在冲突。当白雪公主逃难时，她和城堡外的凶险的环境构成人与环境的外在冲突；鞋匠与裁缝一同出游时，他们与旅途中遇到的各种困境也构成了人与环境的外在冲突。在《三根羽毛》中，国王生病了，要在三个儿子中选择王位的继承人。国王怎么选，构成他个人的内在冲突。

教育戏剧故事不仅要具备各种冲突，还要将冲突的重点置于内在冲突上，要善于把外在冲突引至内在冲突。为此，在每一个故事中总会有一些麻烦事，让故事的主角陷入冲突。"故事有三个重点：人物、情景和时间范围，以及'行动'。主要人物谨而慎之的决定会带来后果，他的选择也会带来处境转变。"[1] "在故事戏剧中，参与者透过行动发展去解决或体验象征在故事中的困境。……参与者在故事的想象世界中，运用角色来实验、面对挑战和解决问题，他们在当下即时地、自发地即兴探索。"[2]

戏剧故事中的内在冲突往往使人物处于两难境遇，似乎两种相反方向的力在互相撕扯，有着各自不同的目的。内在冲突的根源是行为者在检验自己对社会的认知是否正确，以及自己将采取的行动是否符合社会规范。比如，如果父母对我不好，我是否可以不赡养他们？不赡养是否有违孝道？

故事的冲突性有利于戏剧活动充满张力，它突出戏剧想要探讨的关键问题，将那些我们经历的外在的与内在的压力通过事件展示出来。

3. 伦理性

伦理是人类处理人与人、人与社会、人与自然之间的关系而发展起来的行为准则，是人们处理相互关系应遵循的道理和规则。伦理存在于社会生活的各个方面，不仅难以系统地阐释，而且无法刻板地遵守。因为行动者的身份不同、视角不同，伦理立场也就不同，而只要是社会关系，总发生在不同的行为主体之间，他们的身份和视角便会有所不同；即便是同一个行为主体，交往对象不同，伦理要求也会有所不同。要理解社会，良好地生活于其中，必须把握好各种伦理规则，并且能够在充满矛盾和对立的复杂情境中平衡好各种伦理关系。正如荣格所指："没有一个人能置身善与恶之外，否则，他将会置身世界之外。像其他所有充满活力的过程一样，生命是对立物的不断平衡。"[3]

教育戏剧故事是学习社会伦理道德的优质蓝本，正如伦理道德内生于社会生活，教育戏剧故事的伦理性也是隐含的。它摒弃直接的道德说教，而在充满寓意的故事中启发道德思考与选择。例如，王尔德（Oscar Wilde）的《快乐王子》很适于改编成教育戏剧，它讲述了一个富含伦理的故事：快乐王子死后以华丽的雕像形式伫立在城市中，目睹人间悲苦而决心救助穷人。一只本来要飞去南方过冬的燕子被王子的善良打动，留下来帮助快乐王子将镶嵌在雕像上的宝石、金叶子送给了穷人。结果，燕子因错过南飞的时间而冻死，王子雕像因

---

1 西西莉·欧尼尔：《戏剧的世界：过程戏剧设计手册》，欧怡雯译，心理出版社，2020，第45页。
2 同上书，第38页。
3 埃里希·诺依曼：《深度心理学与新道德》，高宪田等译，东方出版社，1998，第19-20页。

褪去华丽的金身而被市民嫌弃、销毁。在摧毁它的人群中，有被快乐王子救助过的人。[1]

这则故事中的快乐王子生前不知人间疾苦，映射着上层社会对下层人民的漠视。快乐王子和燕子善良而高尚，为了帮助别人而牺牲了自己，但它们都没有得到人们的感谢，相反都遭到了人们的抛弃，值得吗？人们为什么只欣赏王子华丽的外表？快乐王子如此善良，为何没有考虑到燕子的需求，导致了燕子的死亡，他需要对此负责吗？是什么导致了这样的悲剧？等等。这些引人深思的伦理问题隐含于故事的冲突中，激荡着读者的情感，引导着他们在思考中认识社会，作出自己的判断和选择。

创编的教育戏剧故事同样需要具有伦理性。例如，戴维斯在《想象真实》中贡献了一出他自己创编设计的教育戏剧《虐童》。在该戏剧中，参与者入戏成为一个未来的虚构国家的儿童保护专员，被告知，这个国家发展相对落后，但目前正在努力应用并遵守《联合国儿童权利公约》，扫除任何形式的虐待儿童事件。在接受了一系列儿童保护专员的岗前培训后，他们被要求处理一起疑似虐童的报案。他们要讨论决定是否要检举一个疑似虐童的家庭，同意检举的参与者事先讨论安排好如何接那个小孩到看护所，怎样保护这个孩子。结果当他们到达那个小孩家里时发现孩子患有脑瘫，她说不清楚话，也不能一个人待着，因为不能正常地坐着而被绑在一个轮椅上。他们瞬间陷入要不要拘捕家长，要不要将孩子带走的两难境地。[2]

这则戏剧故事里，存在着法律与道德的冲突，涉及家庭、国家、法律、公正等问题。法律的起点是要保障每一个人的权利，是伦理的道德的，但它无法圆满解决社会问题：将贫困家庭里的家长捆绑脑瘫孩子视作虐待，就要拘捕家长，孩子将无人照顾。这对于无法为孩子提供更好的医疗照护的家长来说是否不公正？对离开亲人的照料就无法生存的孩子来说是否缺乏人性？若放任不管则意味着对法律条规的破坏。为什么伦理道德的起点会导向不公正、不人性的结果呢？教育戏剧让参与者体会到他们如何在儿童保护专员的应聘、工位布置与岗前培训中一步步进入墨守职岗规则的状态："我们被慢慢地'制度化'，或

1　故事概要参考奥斯卡·王尔德：《快乐王子》，梅静译，广西师范大学出版社，2021.
2　大卫·戴维斯：《想象真实：迈向教育戏剧的新理论》，曹曦译，中国人民大学出版社，2017，第116-135页。

由于要遵循工作的程序，我们开始受限于规则和我们工作的机构的方式，于是可能会丢掉对所做之事的真正见解。"[1]这样的反思充满伦理性。

（二）经典童话的使用

童话、神话、民间故事经常被改编为教育戏剧故事，其中经典童话的使用频率特别高，这与童话本身的意义与价值有关。

1. 为什么选择童话

（1）童话的意义

现代人对于童话是怎样的态度呢？——"童话都是骗人的""那是个童话而已"……现代人说起童话，总带着些不屑，觉得它是属于女人与孩子的，用于讲给孩童和心智未开的人听的简单故事，童话中的人物样板化，剧情、结果重复无新意。

然而童话源远流长。所有的童话都极力描述人类的心灵可能要经历的种种经验，我们可以称之为心灵实像，如：受迫害的孩子要独自启程，年老的国王要选择继承者，被巫婆诅咒的人，和魔鬼交易的父亲，少年必须完成若干个任务才能娶得公主……这些心灵实像复杂且深邃，难以掌握其各个面向，因此需要数以百计的童话及数以千计的版本予以重复，直到这个未知的心灵被带入意识世界。

> 正是因为生活常常使儿童感到迷惑不解，他才更需要给予机会去理解这个复杂世界中的自己，并必须学会应对这个世界。要具备这种能力，儿童必须得到帮助，从他混乱的感情中理出一些连贯的意义。他需要一些主意来清理自己的内心世界，并能够在此基础上为生活建构起秩序。他需要——在我们这个历史时刻，几乎用不着加以强调——道德教育。道德教育微妙地并且只通过暗示向他传达道德行为的好处，不是通过抽象的道德观念，而是通过看起来确实恰当有效，并因此对他产生意义的方式。[2]

1　大卫·戴维斯：《想象真实：迈向教育戏剧的新理论》，曹曦译，中国人民大学出版社，2017，第132页。
2　布鲁诺·贝特尔海姆：《童话的魅力：童话的心理意义与价值》，舒伟等译，社会科学文献出版社，2015，第4页。

（2）童话对于儿童心理发展的价值

深度心理学认为童话是通往集体无意识的华丽之路，与心灵原型对话的方法。法兰兹（Marie-Louise von Franz）认为：

> 童话是表达集体无意识心灵历程最纯粹及精简的途径。因此，童话能够将心灵形态镜映得更为明澈。以荣格的角度来解读童话，意味着将童话如何表达无意识，以及如何映现心灵的方式析解出来。童话的解读就像是一场追索意义之谜的游戏，游戏的过程要从种种可见的人物、具体的事件与物品，走向心灵的秘密。童话的一端系着故事中情节人物与原型及母题的联结，另一端系着解读者与集体无意识的连结。透过童话这面镜子所映现出来的，不只是原型与母题的千变万化与深邃，更重要而经常被忽略的是，童话也指向解读者自身与其心灵。[1]

从深度心理学视角来解读童话，不是将童话当成客观的素材，企图把握童话背后客观的意义，而是要将自身投入童话故事之中，带着自身的情感经验去体会，理解童话。

在教育戏剧中经常使用童话，正是因为童话指向的不是我们熟悉的意识层次，而是指向更为广袤深邃的心灵——无意识层次，对意识层次来说，那恰恰是最陌生的地方。无意识用象征的方式表达自己。教育戏剧运用象征的方式理解童话，实现参与者与自己未知的心灵的对话，同时也将参与者从童话世界中切换出来，将对童话的理解带回现实生活中，与现实生活联结与整合，达成对现实世界的理解和恰当的行动。

2. 童话在教育戏剧中的改编

教育戏剧使用童话，先要分析童话的故事架构：时间与空间、人物与角色、问题与困境以及转折与结局。《小红帽》是《格林童话》中一个家喻户晓的经典童话故事。讲的是一个名叫小红帽的可爱女孩，独自出门探望祖母，在路上遇到了大灰狼。在现代，我们每一个人都有独自上路的时候：三岁的孩子晚上独自上洗手间，五岁的孩子开始独自睡觉，我们身边的小女生走出去也一样容

---

1 玛丽 - 路薏斯·冯·法兰兹：《解读童话：从荣格观点探索童话世界》，徐碧贞译，心灵工坊文化事业股份有限公司，2016，第18页。

易遇到"大灰狼",不是在森林里,而是在城市里,或者是网络中。在改编故事前,我们先来看看这个故事架构。

(1)故事架构

● 时间与空间

这是一个"从前"的故事,发生在大森林旁边的村子里,外婆独自居住。这说明童话本身的无时间性及无空间感,即这是集体意识的场域。

● 人物与角色

在这个故事中一共有 5 个角色。主要角色是小红帽,即主人公。狼是"坏蛋",即反面人物。另有三个配角:妈妈、外婆和猎人。猎人是故事的英雄,他帮助主人公解决了问题。

● 问题与困境

小红帽的家庭是富裕的,并乐意同外婆分享家里的一切。小红帽乐意给外婆送吃的。对小红帽来说,去往外婆家的路是一条大道,并不是一片孩子无法找到道路的充满危险的荒野之地。然而大道两侧是长满野花的森林。小红帽将要遇到的困境是:独自一个人离家时,如何克服诱惑?这个诱惑可能是来自他人的引诱,也有可能是自然的诱惑。在家以外的世界中,面对狼(邪恶),如何自我保护?

● 转折与结局

《小红帽》的高潮是老狼从对陌生人毫无防备之心的小红帽那儿得知外婆的住址与她此行的目的,把外婆和小红帽都吞进了肚子。故事的转折是猎人的出场,猎人具有足够的辨识能力和同情心,他进屋发现了狼,同时控制住自己的情绪,剖开狼肚子救出外婆和小红帽。最后,小红帽自发地考虑怎样处置老狼,并且亲自动手去做。小红帽如果想在将来获得安全,她就得有能力除掉引诱者和摆脱引诱者。

(2)理解童话

● 从角色理解童话

《小红帽》故事中从未出现父亲与祖父,家庭生活中缺失了男性的角色。这暗示着家庭教育中的某种缺失。孩子的健康成长既需要家长的母性功能,也需要他们的父性功能。在这里母性并非特指母亲,而是指发挥母性功能的照料者，也可能是父亲。发挥父性功能的不仅指父亲，也有可能是母亲。母性功能指的是非理性的，包容、耐心、情感上的支持与回应等特质；父性功能指的是理性的，具有辨识力、主动、能作出判断、具有行动力等特质。一般而言，男性身上的男性特质比较突出，女性身上的母性特质比较明显。小红帽的母亲在简单地嘱咐后就将小红帽推出了家门，判断不足，缺乏积极的男性特质。小红帽在独自出门后同样表现出辨识力不足、轻信的缺陷。

故事将小红帽这个角色设定为小姑娘，暗示着女性更容易在走出家门后遇到险恶之人。她们天真烂漫，容易受到诱惑而踏上危途。狼的角色代表假象背后的凶残，女性不仅要识破伪装，更要有勇气去争斗，才能成长。

● 从象征的意涵理解童话

在《小红帽》中，故事的题目和女孩的名字都是"小红帽"。红色是一种容易引起别人注意的颜色。自然界中，血液、火和一些成熟的果子都是红色的。血液象征生命，也象征牺牲；火可以带来光，带来热，可以驱走黑暗，煮熟食物，驱走寒冷，象征温暖，也可以摧毁一切，象征危险。无论从积极的角度还是消极的角度出发，这两种事物对于人类的重要性都不言而喻，而它们的颜色都是红色，因此红色的很多内涵就和血／火有关，比如激情、勇气、力量等。在生理作用上，红色可以使人情绪更激动，心跳加速，血液循环加剧，但同时也会使人焦虑。一个总是戴着红帽子的小姑娘，在家庭中受到了很好的保护与足够的关爱，然而她自身并未发展出辨别危险、保护自己的能力。当独自离家时，也隐含着她要去独自面对未知的危险，她需要发展自己的人格以应对危险，自我保护。

此外，故事里的森林是未知的危险的社会，野花是各种诱惑，狼是社会中的各色坏人等，将它们联系起来看，《小红帽》讲的其实是人类社会的故事。更深一步，从外婆独自居住于森林边上，也可以读出人类社会的家庭关系、社会结构等。

● 从事件理解童话

小红帽第一次独自出门，没有遵从妈妈的叮嘱，因轻信狼而遇到危险，最后在猎人的帮助下战胜了狼。这个故事里包含的事件有：①妈妈叮嘱小红帽出门要走大路；②小红帽被狼的花言巧语所骗，离开大路去采野花；③小红帽来到外婆家，被假扮成外婆的狼吞进肚子；④小红帽获救，杀死了狼。其中②和③两个事件在逻辑上前后接续，前是因，后是果。不同的人读这个故事可能会有不同的感受，这取决于他们关注故事中的哪些事件。关注②和③的，会得到"不要轻易相信陌生人""要分辨善恶好坏"的结论；关注①②③的，会侧重于"要听妈妈的话"；关注④的，会相信"邪不压正""好人好报"；把所有事件连起来看，会看到"成长""勇气"；等等。

当然，即便是关注同样的事件，也可以读出不同的意义。比如，对于小红帽没有遵从妈妈的话而遇到危险，可以视为"违反禁令就要受到惩罚"的告诫，也可以视为隐喻"成长需要自己去体验去探索"，甚或寓意"如若要走自己的路，就必须突破禁令"。

（3）童话故事中可以发掘的教育戏剧的中心

《小红帽》是"从前的"故事，也是现代每个儿童成长过程中要经历的事：

——如何独自离家去做事？

——如何面对陌生人的引诱？

——能违背父母的话吗？

——先玩还是先做必须做的事？

——如何对付邪恶？

……

这里面包含着儿童成长过程中必须经历的冲突。儿童在经历冲突中发展心智与人格。当教育戏剧活动的参与者是儿童时，教师就可以从这些事及其包含的冲突中找到其与儿童的连接，确定教育戏剧探索的中心：

——独立与依赖

——辨别与抵御诱惑

——平衡学习与娱乐

——如何保护自己？

……

如果教育戏剧活动的参与者是家长，则可以从童话中的以下意象中去寻找连接的角度：

——从未出现的父亲

——母亲让小红帽独自外出

——住在森林边虚弱的祖母独自在家却不锁门

……

这些意象的核心触及对父母有意义的中心：

——父亲在养育孩子的过程中起着怎样的作用？

——母亲保护孩子的度在哪里？

——允许孩子自由探索的度在哪里？

——爱孩子是给孩子所有你想给她的东西吗？

——父母与孩子的距离

……

当我们阅读同一则童话时，引起我们关注的可能是不同的意象，引起共鸣的可能是不同的角度，我们从童话中吸收不同的养分。在童话中没有准确、唯一的答案，它给了我们一个想象的空间，在这个空间里，我们可以让自己的人格得以发展。

当童话故事运用于教育戏剧中，设计者可以根据对象和要探索的中心，选择适当的角度加以改编。

（4）《小红帽》的改编

《小红帽》的改编版本很多。曹曦认为对于故事的改编是从对故事的印象开始的：比如小红帽独自走上通向森林的路，不能和陌生人说话，邪不压正等。"小红帽独自走上未知的路"是故事中的一个情节，这个情节可以和人产生连接，因为与独立有关，这可以是教育戏剧的中心。"邪不压正，不要和陌生人说话"，和这些观念相关的情绪可能是恐惧和勇气，这是人类最基本的情绪，这些都可以作为教育戏剧探索的中心。我们在选择中心的时候，要思考和判断的是哪一个拥有开放的探索空间。[1]

在《戏剧的世界》一书中，奥尼尔则将《小红帽》改编为一个非常不一样的故事，提出对自由、融合、人类和其他物种关系、媒体的责任及科学的责任等主题的讨论。[2]她唯一保留原文的是"会说话的狼""森林的场景"和"敌视

---

1 记录于曹曦在见学国际教育文化院 2020 年教育戏剧暑期班的工作坊内容。
2 西西莉·欧尼尔：《戏剧的世界：过程戏剧设计手册》，欧怡雯译，心理出版社，2020，第 47-52 页。

狼群的社群感"。

在对童话故事进行改编时，我们可以改变故事的时空，改变角色，增加对角色的限制，但不能改编故事的基本逻辑。《小红帽》的基本逻辑是小红帽要独自离开家，面临紧张与恐惧。如果教育戏剧活动的参与者为低龄儿童，故事可以聚焦于小红帽的可爱和小红帽面对狼时的态度，可以探讨下列主题：为什么小红帽看见大灰狼时没有认出来？我们如何对待自己的本能反应？如果参与者是这些儿童的家长，则可以探索：怎样的孩子人见人爱？我们怎样去看见孩子？如果参与者是小学高段学生或初中生，可以探索：顺从于父母还是进行独立的选择？怎样为自己的行为负责？等等。总之，教育戏剧对于童话故事的改编可以灵活多样，但一定要聚焦于中心主题，故事和参与者要有内在的连接，故事要有内在的逻辑性。

（三）基于生活事件的创编

戏剧故事的另一个重要来源是基于现实生活事件的改编。所谓戏如人生，人生如戏，我们可以用同样的方式来改编现实生活事件。

例如，在生活中可以看到不少家长给儿子设计的发型是留一条小辫子，这是否会造成孩子的性别意识偏差呢？儿童尝试异性服饰会不会影响其社会性别意识的发展？等等。当我们看到一对夫妇同意还在上幼儿园大班的儿子穿裙子上学的新闻后，创编了教育戏剧故事《穿裙子的男孩》。

故事中有两个男生，一个是一定要穿姐姐的裙子上学的幼儿园大班男孩，另一个是男孩的班主任———一名热爱幼教事业的幼儿园男教师。穿裙子的男孩受到一些同学的嘲笑，需要男教师去处理。而男教师当时正处于一个备受困扰的人生阶段。他遇到的问题是，与女友感情稳定，到了谈婚论嫁的地步，但女友父母顾及男幼师的身份受社会歧视，同意女儿出嫁的前提是男教师更换工作。这样，男幼师同时面临工作和个人生活中的问题，而这两个问题的核心都是社会性别角色问题，因此本质上是同一个问题。

这出戏的中心可以探索刻板的文化印象对人的影响。"穿裙子的男孩"并不是个例，更像是一个隐喻：男生不能用粉色的饭盒，女孩要文静，男生不能撑太阳伞，女孩要会做家务，男生不能哭……在传统的性别教育中，学生被文化潜移默化地塑造，被告知应该怎么做才符合标准。

这出戏的中心也可以探索自由。在教育戏剧活动现场有人说："我们或许能用各种方法不允许小男孩穿裙子，却不能阻止他在心里穿。"标准化教育有助于学生更快地掌握社会规则，适应社会，其代价是牺牲了学生行动的自由。也许是小男孩还没有被标准化，所以才有勇气挑战世俗。每个人都有自己的观点，在不伤害自己、不打扰别人的安全边际里，是否就可以做自己想做的事？

这出戏的中心还可以探索教育如何在保护学生的好奇心与教会他们必要的行为规范之间保持平衡，我们到底需要怎样的社会性别教育，等等。当教育戏剧的参与者是教师时，探索这些问题显得尤其有价值。

当确定要探索的中心后，教育戏剧的设计就要围绕中心展开。其方法将在下一章介绍。

总之，艺术来源于生活，教育戏剧故事除了对现成的故事进行改编外，完全可以根据生活事件来创编。而选择怎样的生活事件，既与创编者的道德敏感性、艺术敏感性与教育敏感性有关，也与创编者对学生的了解和对学校德育内容的把握有关。因此，教师要增强在这些方面的学习与修养。由于创编的难度较经典故事的改编更大，可以从尝试故事的改编开始。

三、教育戏剧中心的确立与过程设计

教育戏剧中包含的德育内容集中表现在其中心或主题上，因此确定一出教育戏剧的中心，也就基本确定了在该活动中将要学习的内容是什么。为了让学生在教育戏剧中能够就中心展开学习，需要好好设计整个活动过程。本部分以童话故事《花衣吹笛人》为例，说明如何分析故事，确立中心；如何在教育戏剧活动中引导学生进入中心，展开道德学习。

（一）故事分析

《花衣吹笛人》流传于欧洲，有许多版本。故事大意是一个城镇遭遇鼠乱，居民向镇长投诉。镇长与外乡人花衣吹笛人约定，如果他成功把镇上的老鼠赶走，他就会得到报酬。当吹笛人成功驱走老鼠却被拒绝付款时，他用魔笛声把镇上的孩子吸引进入山腰的一个洞口后，让他们消失了，只有一个跟不上的瘸腿男孩被落下了。

1. 故事的架构

（1）时间与空间

这也是一个"很久以前"的故事，童话故事本身没有时间性。故事发生在小镇上，小镇一般是离自然较近、较偏僻的地方，小镇一般是居民不多的集中地，比城市小，这样的场所说明故事在空间上是不确定的，这是属于集体意识的场域。

（2）人物与角色

故事中的角色包括：小镇上的居民、镇长（包括镇政府工作人员）、花衣吹笛人和小镇上的孩子。

（3）问题与困境

故事开始于一个困境：小镇上的居民受到鼠乱的困扰，越来越多的老鼠干扰了人们的正常生活，人们束手无策，寻求镇长帮助。镇长作为小镇的管理者，被居民要求想办法，解决人们的困境。

（4）转折与结局

故事的转折是出现了花衣吹笛人，他用笛声赶走了所有老鼠，使得小镇恢复平静的生活，但是镇长拒付酬金。故事的结局是吹笛人用笛声带走所有孩子作为对居民的惩罚。

2. 理解故事的不同角度

（1）从角色理解故事

故事中有五个角色：

老鼠——生活在阴暗中的老鼠开始扰乱居民日常生活。

居民——面对大量老鼠没有办法的成人。

孩子——尚不独立的人。

镇长及其下属——小镇的管理者。

花衣吹笛人——拥有魔力的外乡流浪者。

故事中老鼠违背常规，开始在白天出没，并且扰乱人们的正常生活秩序。陷入混乱中的人们，不能用传统的方法，比如猫来摆脱困境。困境中的居民把自己置身于被管理者、求助者的位置，把难题抛给镇长，镇长是一个向外寻求帮助的人。

（2）从象征的角度理解故事

老鼠：老鼠具有超强的生命力、适应力、繁殖力以及破坏力等生物特征。在欧洲，老鼠归于魔鬼，魔鬼统领所有的老鼠。在德国，老鼠被视为心灵动物，代表了人类的无意识人格，灵魂能以老鼠的形式离开人的躯体。在中国，老鼠是让人讨厌的动物，它也代表坏心眼。可见，从文化层面看，老鼠具有破坏性、强迫性、不可控性。故事从老鼠的大量入侵开始，象征着人们的意识生活受到无意识阴影的骚扰。

笛声：笛子是一种乐器，可以吹出悠扬的声音，象征情感和心声，笛声具有召唤的力量。

金币：钱是现实生活中能量的象征。金子是最贵重的金属，永恒持久，不会腐烂，也不会转黑或发青，能抵抗所有的腐蚀剂，金子象征着永恒、神圣和尊贵。

孩子：不成熟，待发展，象征着生命力、活力与发展的可能性。

（3）从事件理解故事

《花衣吹笛人》故事的核心事件是花衣吹笛人因为镇长毁约、不给付酬金而带走了全镇的孩子。这个事件从镇长与居民的角度看，是因不信守合约而遭到惩罚；从花衣吹笛人的角度看，是因受到了欺骗而对欺骗自己的人进行了报复。因为故事是按"小镇遭受鼠乱—违约拒付灭鼠酬金—花衣吹笛人带走全镇的孩子"的顺序展开，因此故事从最基本的层面看是讲了一个不诚信会受到惩罚的道理。不过，这个事件可以从不同角度进行探索。比如镇长为什么拒付酬金？吹笛人为什么要带走孩子而不是其他东西，比如金币？他为什么拥有魔力？他经历过什么？等等。故事本身留有许多空白，这就为从不同角度丰满故事、解读故事留下了空间，也为教育戏剧的创作留下了诸多可能性。

3. 分析故事与教育戏剧的可能的连接角度

在《花衣吹笛人》中，我们看到了自己生活中曾经遇到的各种状况和体验，比如：

——如何面对生活中的混乱（在故事中是鼠乱）？

——当我们作出承诺时，意味着什么（在故事中是镇长与吹笛人的约定）？

——我们需要信守诺言吗（在故事中是要不要按约定给付吹笛人酬金）？

——我们如何对待他人的价值（在故事中是吹笛人神奇的本领）？

——我们如何面对惩罚的后果（在故事中是吹笛人带走孩子）？

……

从这些连接角度出发，可以探索以下中心或主题：

——权威（生活的秩序）

——责任（不同的人分别需要承担什么）

——诚信（契约的意义）

——尊重（对待他人的工作）

——公正（维护应得的权益）

……

（二）确立教育戏剧活动的中心

根据学生年龄与生活经验的不同，用《花衣吹笛人》可以设计出不同的教育戏剧活动，用以学习不同的主题内容。如弗莱明曾列示了用于 7 岁、11 岁、14 岁几个年龄段学生的主题内容，见表 4-3。

表 4-3　适用于不同年龄段学生的《花衣吹笛人》主题内容 [1]

年龄段	主题内容
7 岁以上	违背承诺的后果。 判断道德行为：谁的过错最大——镇长还是吹笛人？
11 岁以上	我们如何确保公民的权利得到尊重？ 调查城镇官员中的腐败问题。 探究被落下的孩子是否有复杂的感受。
14 岁以上	探索媒体对政治决策的影响。 检视人们的自我欺骗性（违背承诺，却又说服自己这样做是正确的）。 考察神话维度——学生们已经穿越到一个更好的世界了吗？

弗莱明还列示了不同课程用《花衣吹笛人》可以展开的学习活动和问题。其中，与道德学习有关的内容被放在宗教教育（religious education）课程内（英国没有专门的道德教育课程），探讨"信守诺言""道德的结局"，涉及的问题包括"可以违背诺言吗？""吹笛人复仇是正当的吗？""说谎和自欺欺人有

1　参照 Mike Fleming, *Starting Drama Teaching (4th edition)* (Oxon and New York: Routledge, 2017), p.21.

没有区别？"[1]，从中可以发展出教育戏剧的中心主题是诚信和公正。

当我们面对的是小学二年级的学生时，探索哪些中心或主题合适呢？

表4-2中相应年龄段学习的主题内容是"违背承诺的后果"和"判断在道德行为上谁的过错最大"，涉及的主要议题是诚信。诚然，诚信是重要的德目，是所有人的立身之本，也是我国德育的一项重要内容。而《花衣吹笛人》故事的基本层面，或者说给人的第一印象也是讲诚信。因此，可以将依此故事设计的教育戏剧活动的中心主题确定为诚信。为了更好地聚焦于这个中心，我们改变原作中镇长腐败的人物意象，而设定其为一个有心为民而能力一般的好人。一个腐败的镇长不讲诚信而毁约似乎是很自然的事，一个好人不讲诚信而毁约则隐含着内在冲突。镇长有为民之心，为了解决鼠患而向吹笛人承诺了高额酬金，事实上小镇财政困难，一下子支付不了。这就内设了一个责任与诚信的冲突。如果诚信是第一中心的话，责任就可以是第二中心。

第一中心：探索诚信的意义，以及是什么影响了诚信。诚信的意义在原作中呈现得非常清晰，也是本教育戏剧活动将探索的第一个中心。同时本活动还将探索是什么影响了诚信。镇长每天为了小镇不停忙碌，虽然没有做很多大事，但是认真做好自己的本职工作，面对鼠患造成的严重损失，镇长感到非常忧虑，希望早日找到办法解决鼠患，让镇民们的生活恢复正常。他急于解决鼠患，不顾镇政府财政紧张而承诺了高额酬金。

第二中心：探索个人在集体性事件中的责任。深受鼠患困扰的居民找政府解决问题——镇长作为权威要解决困境，当镇长个人没有能力支付高额酬金，让居民一起承担费用的时候，到底谁应该承担支付酬金的责任？

设置第二中心是因为在第一中心的探索中经常交织着其他可以从另外角度探讨的议题。在教育戏剧中，虽然设计者想要引导探索的是第一中心，但由于中心本身的多义性和复杂性，学生在活动中感受到的也许是另外的意义。这就是隐性课程，也是戏剧之所以吸引人的地方。虽然学生的感受不能事先确定，但作为教师，根据教育经验和对第一中心的分析，还是可以预先设定第二中心，并做相应的准备，以便在学生触及第二中心时可以灵活应对与引导。

除了诚信和责任，还可以探索其他中心，如在故事分析部分提到的公正：

1　Mike Fleming, *Starting Drama Teaching (4th edition)* (Oxon and New York: Routledge, 2017), p.22.

吹笛人为了维护自己的利益而报复小镇，对他自己而言是为了讨回公正，但这样的做法对镇上的孩子来讲是否公正呢？毕竟不是孩子们违约。对居民是否公正呢？因为签约承诺的是镇长。如果居民该承担责任，该承担多少呢？等等。

整个吹笛人的故事是个很大的隐喻，每个人都要为自己的行为负责。镇长虚开高额酬金又毁约，反映了生活中一部分人的侥幸心理和自作聪明。美妙的笛声是生活中的诱惑，摧毁人的意志。孩子是生活的希望，是每个人最珍视的东西。酬金代表着个体的价值、他人的认可、正义。

（三）设计教育戏剧活动过程

对象：小学二年级及以上学生。

第一中心（主题内容）：探索诚信的意义及影响因素。

第二中心（主题内容）：探索个人在集体性事件中的责任。

1. 建构戏剧故事发生的情境及在戏剧中的身份

教师呈现告示："紧急决定：即日起开始实施宵禁，每晚 7 点至第二天早 6 点禁止出现在××大街××巷……请大家不信谣不传谣。"请学生猜测发生了什么。适时根据他们的猜测来选择如何引导他们讨论各种谣言——引出鼠患。

> 实施宵禁的告示是前文本，鸣铃开幕，让学生进入戏剧的空间。告示的另一个重要作用是框定了学生在这个故事中的身份——居民。只有居民才去看告示，接下来在地图上的操作，都是在居民的身份中进一步让学生入戏。

师生共同绘制小镇地图，确定小镇的格局、环境。将这些大街、路和巷子画在地图上，特别标示设在这些巷子和街道上的禁行关卡。

学生任务：在小镇地图上标出家的位置；设想自己的职业、家庭成员；列出自己家灭鼠的办法。

> 让学生给自己设定一个职业和家庭关系，是帮助他们以更具体的身份进入戏剧故事。接下来他们的行动会在自己设想的身份里展开。身份越具体越容易进入戏剧境遇。如说是糖果店店主比仅仅说自己是居民更具体，在面对鼠乱时的感受和采取的措施就更具体，从而更容易在戏剧中亲历事件。

2. 保护入戏，建立学生与戏中角色的内在连接

保护入戏是教师引导学生进入角色内在心理的过程，使学生能够以戏中角色的身份思考、感受、行动，从而亲身经历戏中角色的生活。成功的保护入戏状态下，学生将不是在扮演某个角色，而是在虚构的故事中真实地生活。这个角色是他自己创造的，角色的言行是他自己在故事中的即兴表现，是他进入故事境遇中自然而然发生的，正如他自己在真实的生活境遇中一样，既不能排练，也无法重复。将学生进入两难冲突的那个境遇作为戏剧事件的话，保护入戏就是教师引导学生进入戏剧事件的过程，由诸多环节一步步推叠而成。

（1）教师讲述：各家的灭鼠办法效果都不好，老鼠越来越多。
学生任务：通过想象画出各种被老鼠破坏的东西、老鼠的痕迹，如家具、衣服、被感染的手臂，等等。

绘画的目的在于调动学生的生活经验，使其进入受鼠患困扰的居民的心理状态，与之产生共鸣。

（2）教师讲述：这一天，有户人家的婴儿被老鼠咬后感染鼠疫死了。这引发了恐慌，尤其是家有小孩的家庭。镇长派人给每家每户送疫情防控告知书，并要求家长签字保证，若不遵守，将受到处罚。

鼠疫防控告知书

当前正处于鼠疫防控工作的关键时期，为切实保障每位居民的健康，特向全体居民告知以下疫情风险和防疫要求，请知悉并严格执行。

1.每位居民做好个人防护，穿长裤、长袖上衣，必要时穿高筒靴子或防蚤袜子。不接触急死患者、疑似鼠疫患者、确诊鼠疫患者。

2.全镇实行封闭管理，无特殊事项不得随意外出。及时报告病死鼠、疑似鼠疫患者、不明原因的高热患者和急死患者。发现异常情况，立即上报、隔离、就医。

3.全镇公共空间存在传播风险，务必减少人员集中，进入公共场所人

员保持1米以上距离，严禁聚集唠嗑、传递菜肴。

4.生活垃圾及废弃物及时清理，废弃口罩等放入专用垃圾桶。

5.家里有孩子的家长务必管好自己的孩子，保证其不出家门玩耍，同时要尽量让家里的孩子保持安静，孩子的哭闹可能会引来更多的老鼠，给防控工作造成更大的困难。

居民（签字）：

学生任务：签收鼠疫防控告知书，商议保护孩子的对策。

发布鼠疫防控告知书并请居民签字，目的是让参与者连接自己的新冠疫情防控经验，激活曾经经历的紧张感。同时让学生作为家长签字，在他们的居民身份上增加了家长维度，便于后面思考孩子对于小镇的意义。

在学生商议的对策中选择用隔离的方法来保护孩子。

学生任务：搭建隔离保护区（接待不同年龄段的孩子）。

继续连接学生的生活经验，帮助学生深入家长的身份感受和思考。

（3）教师引导学生演示孩子们在隔离保护区的生活，提问：这些孩子愿意待在保护区里吗？家长与孩子为进出隔离保护区产生冲突。

学生活动：分组动作呈现家长阻止孩子出保护区的情景。动作定格，组间相互观看"阅读"。

通过动作使学生进一步深入家长的内在，推动家长出于保护孩子的诉求采取新的行动。

（4）教师讲述：老鼠越来越多，随处可以碰到，孩子们越来越不好安抚。家长们越来越焦虑。他们聚集在××大街一角商议对策。

学生任务：分组商议对策并实施。

教师入戏，在学生作为家长实施对策时否决家长们的所有努力，引出家长决定向镇长请愿。

学生任务：制作向镇长请愿的标语，带着标语去与镇长交涉。

　　如果学生作为家长们商议的对策是找镇长解决问题，教师直接接纳并肯定他们的想法，进入制作请愿标语环节。只有在学生提出其他不同的对策时，教师才入戏，在戏剧境遇中使他们的对策失败，目的是引镇长出场。如，有的学生会提出带着孩子逃离小镇，教师就可以入戏为各关卡的卫兵，使逃离行动失败。教师入戏是推动戏剧发展和学生学习的重要手段。教师不直接否定学生提出的对策，而要在戏剧情境中使之失败，是因为教育戏剧肯定和接纳每一个学生，给予他们尝试学习的机会，这是渗透在戏剧过程中的学生观和价值观。

　　（5）教师讲述：镇长承诺想办法解决问题。第二天，居民们看到镇中心广场上贴出了悬赏榜（教师出示事先制作好的悬赏榜）。一天过去了，没人揭榜。两天过去了，还是没人揭榜。大家都怀疑这个办法没有用。第三天，来了一个外乡人揭了榜（参考原作描述外乡人的样子）。居民们十分好奇他有什么办法。

　　吹笛人走街串巷，看到老鼠时，时而停下沉思，时而嘴里发出几声鼠叫般的吱吱声，时而在手心上画来画去。晚上，人们看到从他住所窗口中断断续续飘出一些画着音符的小纸条。

　　学生任务：跟踪吹笛人，探查秘密，制作捡到的小纸条或画出吹笛人走过的路线。

　　学生参与戏剧故事的创作，投射出他们对已有线索的把握，如笛子、小纸条。

　　（6）教师讲述：第二天，吹笛人吹响笛子，全城的老鼠跟着笛声出了城，跳入城外的河中淹死了（边讲边在地图上演示，用杂粮代表各种各样的老鼠）。居民们又惊奇又高兴。他们接下来会做什么事？

　　学生自由发言：设想居民们会做的事。

3. 进入戏剧事件

　　戏剧事件是学生进入两难冲突，探索中心，学习主题内容的环节，是整个教育戏剧的最重要的部分。但从活动时长上看，戏剧事件在整个教育戏剧活动中占时并不是最长的，它只是最重要的，有时是整个戏剧的高潮，它对学生思想情感的冲击最大，学习因此而发生。保护入戏最费时。只有经过充分的保护入戏，学生才能完全进入戏剧情境，以剧中角色的身份在剧中生活，而不是扮演那些角色。

（1）教师继续讲述：晚上终于不用宵禁了，大家涌向茶馆聊天叙旧（桌椅设置茶馆场景）。有人聊起鼠乱以来家里遭受的损失。

学生任务：清算鼠乱以来自己家的损失。

清算的目的是为下一环节被要求承担酬金作铺垫。教师要记得学生清算的结果，在下一环节提出需要居民承担的酬金金额要高于他们拥有的钱，使居民们即便愿意承担酬金也凑不足承诺给吹笛人的酬金，导致支付行动失败。

清算行动要具体或具象化，尤其对低年级学生。他们对金钱没有具体概念，要将他们家的财产变得具体可见。可以采用画画的形式。

（2）隔墙有耳：他们听到旁边桌上有人在议论白天吹笛人向镇长要酬金的事。

"他们跟着吹笛人来到镇长办公室找镇长拿酬金。但是镇长说其实镇里并没有那么多钱可以付酬金，这些年为鼠所害，收成不好，镇里有许多要用钱的地方，城墙塌了一处要修，学校要置办桌椅，孤寡老人要照顾……要不先付一半酬金，其余的之后三年内付清。可吹笛人说自己居无定所，以后不来了，坚持要拿到全额酬金。镇长又说其实吹笛人的工作很简单，吹吹笛子罢了，不值那么多钱。吹笛人说那是他多年练就的本事，而且镇长承诺多少钱就该给多少，不能言而无信……最后，镇长要求给他筹钱的时间，吹笛人答应第二天下午再来收钱。"大家纷纷猜测镇长会怎么筹钱。

（3）教师讲述：大家正议论着，有人来通知镇长的要求："因为镇里经济困难，无法支付吹笛人的酬金，请各家各户捐赠，明天早上镇长将亲自上门募捐。"大家听后就捐与不捐议论起来。

学生任务：在捐与不捐两张纸上签名表态，交流理由。

此处充分停留，探索诚信与责任两个中心。问题可能包括：

镇长明知镇里没有那么多钱，却承诺吹笛人那么高的酬金，是否欺骗？

镇长为什么要那样做？

镇长有权利承诺那么高的酬金吗？

镇长承诺的酬金应该由谁来支付？要求我们捐款是否合理？

镇长与吹笛人的约定与我们个人有没有关系？

我们个人在这个事件中到底有没有责任？

……

这些问题学生可能在陈述自己的理由时会提出，每个问题都可以展开深入探讨。当没有学生考虑并提出这些问题时，教师可以适时提出。同时，为促进学生思考，教师可以扮演异见者，与学生持不同意见，站在学生观点的对立面。如，若学生认为我们作为镇里的一分子，对此事有责任，教师可以提出我们平时交税就已经承担了应有的责任；若学生认为这是镇长在未告知我们实情的情况下签的约，与我们无关，教师可以提出镇长是我们大家选的，让镇长想办法也是我们要求的，因此镇长可以代表我们；等等。交流和讨论的目的不是得到捐或不捐的结论，而是学生在具体情境中思考道德问题时获得发展。如果所有学生最后选择不捐，事态的发展自然进入吹笛人因拿不到酬金而实施报复的下一阶段。如果全部学生或部分学生选择捐赠，教师则需要宣布居民的捐款仍不足以支付酬金，使事态仍然发展至吹笛人报复阶段。

4. 结局

教师讲述：第二天，镇长并没有募集到足够的钱，自然无法交付给吹笛人。吹笛人留下一句"你们会后悔的"，走了。居民们有的认为明天吹笛人会带来新的灾难，有的却觉得反正鼠患已经解决了他也不能怎么样。反正镇上的人这个晚上过得忐忑不安。第三天清早，太阳照常升起，镇子里一片宁静，居民们觉得风和日丽的，吹笛人哪会报复啊？但就在中午时分，吹笛人出现了，又拿出他的笛子吹了起来。好优美的笛声！居民们都沉浸在美妙的笛声中，镇上的孩子们都跟在吹笛人身后走，家长跟着孩子走。可是这笛声也太神奇了，家长走到城门口的时候怎么也迈不开腿了，仿佛被催眠了一样。孩子们却高高兴兴跟着吹笛人继续向城外走去，家长眼见孩子们越走越远。

学生任务：分组表演孩子跟吹笛人走后家长的身体状态和情绪。

定格孩子被带出城门后父母的动作神态。

教师继续讲述：孩子们被带出了城门，家长们不能动，不能出城门，孩子们和吹笛人消失在大山里。家长们过了好久才能动，他们拼命向山里跑去，全力搜山，但什么也没有找到。到了傍晚，只发现了一个瘸腿的孩子。孩子说：我们跟着吹笛人一起向山里走，可是我腿脚不方便，落在了后面。我看到他们走到半山腰，半山腰有个洞，他们都跟着吹笛人进了洞。我拼命向前赶，也没赶上他们，他们都消失了。

5. 反思

教师讲述：全镇居民出动搜山没有发现孩子，他们扩大范围，走遍镇子方圆几十里都没有找到孩子。他们想，解铃还需系铃人，只有找到吹笛人才能找回孩子，于是决定给吹笛人写信，把信张贴到镇外各个路口去。这个信你会怎么写？

学生任务：给吹笛人写信。

反思是为了帮助学生梳理在教育戏剧活动中学得了什么。它可以单独放在活动的最后，也可以在活动过程中实时进行。反思的形式灵活多样，可以结合戏剧内容进行，如在本活动中继续用居民的身份给吹笛人写信，信的内容就是学生反思整个事件的结果；也可以直接与学生一起总结：吹笛人为什么带走孩子？孩子消失，是谁造成的？什么原因造成的？大家对这个故事的理解是怎样的？让你印象最深刻的是什么？等等。

四、补充案例：《花衣吹笛人后传》

教育戏剧的中心是德育内容的集中体现，但其呈现不诉诸教师明确的语言表达，而是隐于戏剧活动中，由学生出于解决问题的需要而触发，学生往往是在不经意间自然而然地进入对中心的思考和探索。这就要求教师在课前设计时对中心有充分的分析，在现场带领时能够根据学生情况进行即兴回应和调整。以下内容为《花衣吹笛人后传》的教案设计与课堂实施的部分实录。其中前文本、事件、框架、角色及其第二维度等教育戏剧元素的含义将在第五章阐释。

（一）结构

对象：小学二至六年级学生

背景：（1）前一个教育戏剧《花衣吹笛人》结束于镇上的孩子被吹笛人带走，学生（小学二年级）不满足于这个结果。出于对该年龄段学生心理安全的需求考虑，应该在戏剧中让孩子们回家。

（2）从《花衣吹笛人》的教学效果来看，学生对于诚信和责任这两个中心的学习还需深入。

（3）小学阶段，学生受到了比以前更多的规则与规范教育，这些教育在客观上约束着他们的行为。他们留恋幼儿园时相对自由的生活，对这些约束有内在的抵制。在吹笛人的故事中，孩子们要回家意味着摆脱吹笛人的控制，恢复自由，可以利用故事引导学生探索自由与限制的关系。

中心：（1）探索影响诚信和责任的因素。

（2）探索自由与限制的辩证关系。

前文本：吹笛人带走了镇上的孩子，消失在山里。此处的前文本也是前史。

故事梗概：《花衣吹笛人后传》没有现成的故事，根据教学背景，创编后传的故事框架。考虑到学生的心理安全需求，后传的基本思路是让孩子们利用自己的力量回家。孩子们如果被吹笛人虐待，想回家是自然的事，戏剧活动将缺少张力。如果吹笛人给了孩子们以前求而不得的东西，孩子们还想回家吗？此时他们内在的心理需求是什么？这就有了学习和探索的空间。于是故事设置为：孩子们跟随吹笛人进入一个山洞。这里景色优美，吃的玩的应有尽有，宛如天堂。吹笛人除了不允许孩子们出山洞，完全不干涉他们的活动。孩子们在里面尽情玩乐。不久，孩子们想家了。他们偷偷试了各种办法都没能成功走出山洞。迫不得已，他们向吹笛人提出送自己回家的要求。吹笛人一开始不同意，后来提出条件，要求让镇长先向他真诚地道歉。孩子们寻找镇长不着，发现镇长留下的一封信。吹笛人看信后，将孩子们送回了家。

学生与戏剧故事的连接：

（1）诚实守信一直是学生生活中最常见的被要求遵守的行为规范。

（2）处于权威监控之下一直是学生生活的常态，摆脱监控、寻求自我主导的自由是每个人的追求。从摆脱家长权威的监控到进入吹笛人安排的"自由自在"的山洞，看似自由放大了，限制少了，事实上本质并没有变。正如学生生活中无处不在的约束与抗争。

（3）对父母的依恋、对家的归属感是学生极其熟悉且时刻感受着的东西。

（4）对陌生人的防备和不信任。学生在现实生活中被教导要小心陌生人。他们也有接触陌生人的经历。这在戏剧中使他们很容易进入对吹笛人的好奇、质疑和恐惧。

孩子们为什么要回家？孩子们被吹笛人带走后可能有两种命运：一是被虐待，过得不好，二是过得不错。过得不好想回家是很自然的，按此逻辑进行下去就是虐待与反虐待。但是，吹笛人因为报复而虐待孩子，这会影响学生对吹笛人人品的判断，从而干扰对诚信这个中心的探索，毕竟吹笛人一旦被学生认定为坏人，那他做的事哪怕有理也变成错的了。那么过得好还会想回家吗？还是会的。因为每个人对家对父母都有情感上的依恋，这种依恋与生俱来，另外孩子们的年龄特征也决定了他们会想家。可是怎样算是过得"好"？据对这个年龄的学生的了解，那就是自由地做自己想做的事，因为他们在现实生活中受到的限制太多了，吃的、玩的、用的，各个方面都受到无微不至的照顾，同时也是全方位的限制（与学生生活的连接，而事实上不管哪个年龄阶段，人们都在追求自由，所以探讨自由是适用于所有人的永恒话题，只是针对不同年龄阶段侧重点有所不同）。这就出现了这个教育戏剧活动可以探索的另一个中心：自由与限制。

事件：孩子们与吹笛人谈判。

框架：参与者（孩子）。选择以孩子的身份进入戏剧活动，而不再是家长，是因为在这部分的探索中，孩子的距离适当，与吹笛人之间能形成直接的对立和紧张关系，而家长与故事中的矛盾距离太远。同时，学生们本身就是孩子，与剧中的孩子们具有天然的内在连接。

角色（及其第二维度）：故事里的角色有四个，分别是孩子们、吹笛人、家长与镇长。其中孩子们与吹笛人是主要角色，家长与镇长只在故事中提及，但不真正出现。学生以孩子们的角色进入戏剧活动，这一角色的第二维度是想家的孩子。几乎所有学生都有离开家、思念家的经历，不论时间长短。学生的这种经验，可以使他们很好地与戏剧中的孩子们产生共鸣。

立场：角色在事件中秉持的价值观（见表4-4）。

表4-4 《吹笛人》中角色的立场

角色	事件	立场
吹笛人	软禁孩子们	1. 当别人对我不公时，我可以用报复的手段为自己争取公正。 2. 报复别人最好的手段就是剥夺他们最珍视的东西：孩子是父母最珍视的，与家人在一起是孩子们最珍视的。
吹笛人	同意镇长和居民道歉后可以送孩子们回家	1. 在可见的经济利益（高额酬金）中隐藏着不可见的义（对他人付出的尊重和劳动价值的承认），坚持经济利益是坚持义；如果别人以其他方式让我感受到了义，那么经济利益也不那么重要了。 2. 对于承认错误并愿意改正的人还是可以原谅的。
镇长	虚开高额酬金	为了履行职责可以牺牲一下诚实守信之类的操守。
	外出寻找孩子	人应该想办法弥补因自己的过错而造成的不良后果。
孩子们	不预先设计，以便让学生在孩子们的角色里探索吹笛人和镇长的立场。	

张力/冲突/两难：孩子们的目的是回家，吹笛人的目的是利用孩子们实施报复，取得酬劳，因而不同意孩子们回家，或给孩子们设置各种困难的任务。这两种目的之间存在着内在的矛盾性，构成戏剧活动的走向。孩子们要享受在山洞里的自由就要接受吹笛人不让他们回家的限制；回家意味着摆脱吹笛人的软禁，获得行动上的自由，但同时也意味着接受家长的监督与限制；要回家就不得不先完成吹笛人提出的任务，这也是自由与限制之间的关系。自由与限制既是中心，也是整个戏剧活动中最重要的张力所在。孩子们的两难就在于如何既获得自由又不用付出不合理的代价。他们体验到的镇长的两难是如何既承担镇长的责任——灭鼠，又不破坏道德规则。

戏剧中的象征：山洞是个隐喻，象征人们生活中的自由与限制。限制可以获得某些东西，要获得自由就要放弃很多东西。自由与限制是相对的，相辅相成的。山洞中应有尽有但不允许出去，象征当前物质丰富但精神需求得不到满足。

（二）过程

1. 建立身份

（1）为自己设计一个镇上的孩子的身份，制作名牌（包括姓名、年龄、性别、家庭成员等）。

（2）画出和家人一起做的最开心的事。

建立与家人的情感连接，为后面进入山洞后想家做铺垫。

（3）画出自己最想做而又不能做的事（作为支架）并交流。

想做又不能做是孩子在生活中的常态，此处作为孩子不自由、被限制的经验的唤起，与后面在山洞中的随心所欲形成对比。

（4）设想被吹笛人带走的那天早上，自己听到笛声前正在干的事，以及跟着笛声走时随身带走的一件东西（没带走什么东西的，设想自己的穿着）。

建立孩子们进入山洞后与家里连接的线索，引发思家的物件。

2. 初入山洞

这一天早上，孩子们跟着吹笛人走过大街小巷，走出城门，跨过护城河，随着优美的笛声走进了山里。他们进了一个山洞，经过一段长长的路，突然眼前一亮，似乎来到了天堂，这里有他们最想要的东西。

学生任务：分小组呈现在山洞里的生活（动作定格）。

用小组活动的形式完成任务是为了加强社会性的而非个人的探索。根据学生呈现的动作探索动作背后的意义。分析个体相互间的关系、小组动作反映出的小组群体的价值观、个体的价值观等。

3. 想家

孩子们在山洞里尽情地玩、吃，做平时不能做的事，感觉太快乐太幸福了。他们天天这样疯玩着。这一天，这群快乐的孩子注意到有个5岁的小男孩闷闷不乐地呆坐一旁，手里拿着一个什么东西（教师入戏，手里的东西可以是小男孩自己做的或画的或口袋里摸出来的，从家里带来的），他们上前询问。原来小男孩想家了。他难过的声音勾起了大家的思家之情。慢慢地，这种情绪越来越强烈，他们纷纷拿出从家里带来的东西。

学生任务：呈现拿着从家里随身带来的东西时的画面，包括动作、表情、语言。

教师出戏引导探讨：为什么想回家？在山洞里自由自在，不用做作业，不会受家长责骂、老师批评，为什么要回去过不自由的生活呢？在山洞里不自由的是什么？回家可以享受到的自由是什么？

学生任务：分组讨论并交流决定是否回家（见表4-5）。

表4-5　自由与限制分析

地点	自由	限制	目的
在家里（镇里）			
在山洞里			

此时，教师作为异见人士站在学生观点的对立面，以引发学生深入思考。

4. 尝试回家

学生任务：分组想各种回家的办法并尝试。

教师入戏为吹笛人，发现并阻止孩子们回家。

此处学生与教师的对立演绎视情况可长可短。有时间的话，学生商定一种办法并扮演，教师挫败他们的行动。如学生到吹笛人房间偷钥匙但没成功，偷走了吹笛人的笛子但吹出来的声音没有魔法。

学生任务：找吹笛人谈判，要求吹笛人送他们回家。

教师入戏为吹笛人并与孩子们谈判。

课堂实录：

雯雯：吹笛人您好，我想问一下你能不能让我们回家呀？

吹笛人：为什么要回家呀？这里不用写作业，还可以睡懒觉，多好玩呀！

雯雯：因为我想我爸爸妈妈了。我想和爸爸妈妈一起玩，我一个人在这里很孤单。

吹笛人：这里有那么多小伙伴和你一起玩。

小波：是这里太无聊了，我们都想回家，我们想学校。

吹笛人：可是你们之前不是说就喜欢吃一吃、玩一玩吗？

小波：在家里周末也可以和小伙伴出来玩呀，为什么要把我们困在这呀？

吹笛人：我是为你们好呀！

小波：我们很想家呀，你这样子不是为我们好。

吹笛人：你们回了家，又要被家长管着，不能想干什么就干什么，想吃什么就吃什么，还不如在这儿呢！

小米：我宁愿被管着，在这儿见不到妈妈，不好玩。

小月亮：在这儿随便吃糖，牙齿要坏了。

吹笛人：你可以不吃那么多呀！

小月亮：可我管不住自己。家长管我们是为我们好。

小米：你把我们关在这里，没有给我们真正的自由。

（现实生活中家长"为了孩子好"而管孩子的观点在这里由学生自己的口中说出，"山洞里的随心所欲不是真正的自由""宁愿回家"意味着学生对现实生活中的被约束和限制有了新的认识）

吹笛人：你们的家长之前说的要给我百两黄金却没给我，他们这样说话不算数，会把你们教坏了。所以我要保护你们的。

小波：不会的，我们是家长亲生的，家长不可能欺负我们的呀！

吹笛人：但是他们确实对我这个吹笛人不好呀！

小波：可是我们真的一分钱都没有了呀，全镇子的钱都给你了。我们可以以后挣了钱再给你。

吹笛人：那你们当时为什么要撒谎呢？如果没有百两黄金，那就直接写十两就好了呀。

小波：我们真的没钱了，当时写的时候太着急了，受伤的人太多了。

吹笛人：但是着急就可以撒谎吗？你们确实没有兑现自己的承诺呀，说了要给我百两黄金，为什么不给我？

小波：我们会给你的，你为什么这么着急呢？

吹笛人：把你们带到山里之前，你们的家长已经给了我所有的钱但是仍然不够。是我之前帮助了你们呀，你忘了你们村里有多少老人、小孩因为感染鼠疫死了吗？是我在你们最困难的时候帮助你们的呀！

小波：虽然你把鼠疫消除了，但是我们都不在镇子里了有什么用啊？我们付钱的话不是浪费我们的钱吗？

（孩子的提问很好地反驳了吹笛人"为你们好"的说辞，指出绑架不能解决问题）

吹笛人：可我确实帮了你们呀！

小波：钱我们会慢慢还上的，可你为什么要报复我们，把我们带到山上呢？

雯雯：我们需要家长的爱护、帮助和温暖。

吹笛人：可是你们的家长是撒谎、不诚实守信的人，这样的家长，你们还爱他吗？

小牙：那你有什么条件能让我们回家？

吹笛人：你们觉得自己的父母做的是对的吗？你们有认识到错误吗？

小月亮：我们的父母可是尽力了。

吹笛人：可是他没有说到做到呀！

小月亮：那你也不能把我们关到里面呀，有什么理由吗？

吹笛人：关到这里是为了保护你们呀，你们的父母并不诚实守信。

小月亮：我们的父母对你是不诚实守信，但是对我们很诚实守信。

吹笛人：那你们如果都想回去的话，我有一个条件。你们的父母不遵守承诺对我造成了伤害，你们要回去说服自己的父母跟我道歉。

……

谈判之后，吹笛人答应送孩子们回家，但有个条件，要孩子们去说服家长和镇长真心实意地道歉，而且孩子们一回去就要先去完成任务，否则吹笛人会再次吹起笛子，把他们吹回到山里。

5. 顺利回家

孩子们被吹笛人暂时放回了镇里。他们一进城门，便向着家跑去。

学生任务：

（1）描述孩子们进城门后看到的景象，如街道、房子、商店、碰到的人的样子。

（2）呈现与家人重逢的画面，动作定格。

孩子们告诉家长他们只是暂时回来，只有镇里的人和镇长都向吹笛人承认错误并道歉，吹笛人才会把他们真的送回家。家长说自己没有错误，是镇长承诺的酬金，与自己无关。但为了孩子们能回家，自己向吹笛人认个错也没有关系，毕竟作为镇里的一分子，也应该承担一点责任。孩子们和家长一起去找镇长，但只在镇长办公室里发现了一封镇长留下的信。

教师念信：教师拿出事先写好的信念给大家听。信的大意是说这么多天来，镇上的孩子始终没有找到，镇长深深地自责，当时为了吸引高人来灭鼠而开出了高酬金，其实自鼠患以来，镇里的财政已很困难，但若不尽快灭鼠，接下来的日子将不堪设想。于是，他耍了个小心机，在悬赏榜开出了高酬金却没有注明付款的时间。他的不诚实给镇子带来了灾难，他对不起全镇的人也对不起孩子们，他外出继续寻找孩子们去了。他也对不起吹笛人，如有机会想向他道歉，感谢吹笛人的工作，希望他把孩子们送回镇里。孩子是全镇的希望。在镇里恢复生产后一定会尽快把酬金付给吹笛人。

学生任务：分小组讨论镇长是不是不诚实，是什么导致他不诚实，他怎么做更好。

孩子们把镇长的信带给吹笛人看了，吹笛人原谅了镇长。孩子们全部安全地回了家。

课堂实录

老师：刚才我听到有人说镇长是对的，有人说镇长是错的，那么为什么认为镇长是对的，或是错的？

涵涵：镇长错了，没有及时给吹笛人黄金。不管什么理由，有了协议，都要及时给吹笛人黄金。

小波：镇长错了，既然写了百两黄金，不管什么借口，上面没有写清楚要多长时间就是不应该的。

老师：镇长听取了大家和小孩子的意见，认识到了自己的错误。他想救整个镇子的心太急切了，是自己的责任没有写清楚，有欺骗的嫌疑。镇长跟吹笛人道歉了，吹笛人也接受了镇长的道歉，故事就结束了。

6. 反思

孩子们回家了，镇长还没有回家。

学生任务：

（1）给镇长写一封信，引导学生反思影响诚信的因素。

（2）后人为了纪念这个重大的事件，给吹笛人立了个雕塑。如果到了吹笛人的雕塑那里，对吹笛人的雕塑说一句话，你会说什么呢？

课堂部分实录

小波：吹笛人，我们恨你。

小米：你好啊，吹笛人。

雯雯：吹笛人，你是恶人，快下地狱吧！

涵涵：我讨厌吹笛人。

小月亮：你好，吹笛人，恭喜你获得了诚实诺贝尔奖。

（三）课后分析

戏剧活动想要探索的两个中心都得到了讨论。比较意外的是，自由与限制是个抽象的主题，两者之间的关系并不好把握，但二年级的学生在此问题上似乎没有多大的困难。这应该得益于教育戏剧这种学习方式。当学生进入山洞后，比较轻松地把握了自由与限制的辩证关系，对自己原来不满意的受限的生活有了新的认识。这也说明我们的教学设计和引导是成功的。学生对诚信的认识较《花衣吹笛人》更深入，对责任与责任者也提出了明确的见解。除这两个中心外，还提到了公正问题。

在孩子们与吹笛人的谈判中所涉及的观点可以概括如下（见表4-6）：

表4-6　与吹笛人谈判中两方的观点

吹笛人（教师入戏）	孩子们（学生）
镇上的人不讲信用，要扣下孩子报复他们。	吹笛人害我们离开父母，是个坏人，我们要回家。
把孩子们送回家，我仍拿不到酬金，对我不公平。	有错的不是我们，把我们扣留起来，对我们不公平。
镇长和居民言而无信，不是诚信的人，不是好人。	镇长和居民没有骗我们，不能说他们不是好人。

从学生的反思中可以看到很有意思的一点是，他们认识到镇长是有错的，但他们对吹笛人仍然是恨的，为什么不是理解他、原谅他的报复？为什么他们能认识到吹笛人拯救了小镇却仍恨他？部分原因是对这个年龄段的学生来说，他们的道德判断更容易受血缘和地缘关系的影响，吹笛人是外乡人，在情感上不容易被接受。这跟我们倾向于帮亲人朋友而不是陌生人是一个道理。这是人类在进化中为了生存下去形成的心理机制。孩子们对吹笛人说，"镇长欺骗了你但没有骗我们"，是他们思维的自我中心的特征体现，即站在自己的角度考虑问题，倾向于遵从互惠功利原则。随着思维发展的去自我中心化，他们慢慢能够站在他人的角度想问题。吹笛人的话就是给他们提供了另一个视角，虽然受到了孩子们的挑战，但已经对孩子们产生影响了。所以孩子们说恨他，因为他挑战了孩子们原有的思维，让他们不舒服。恨他，也因为他剥夺了他们的亲子相处时光，给他们带来了不安全感和痛苦。

DIE

第五章

教育戏剧育德的方法

在学校德育中运用教育戏剧，一次教育戏剧活动就是一个德育过程，几次教育戏剧活动可以构成一个大的德育过程。每次教育戏剧活动前都需要考虑两大问题：一是在哪些课程中可以运用教育戏剧；二是一个具体的运用教育戏剧育德的过程怎样设计并展开。前者要回答的是教育戏剧的运用途径，后者要回答的是教育戏剧活动的设计及实施。其中教育戏剧活动的设计是核心，它要求教师恰当地使用教育戏剧的各种元素，将学生引入具体的情境，探索中心或主题。每次教育戏剧活动结束后，教师要评估反思教学效果，对学生在活动中展现出来的问题进行分析，确定下一次教育戏剧活动的主题、重点等，如此循环。图 5-1 呈现的是一次完整的教育戏剧育德的过程。一般教师对教学流程非常熟悉，但对于如何设计教育戏剧活动无从入手。本章从教学视角筛选出教育戏剧的基本元素，重点介绍如何通过这些元素结构一出教育戏剧。

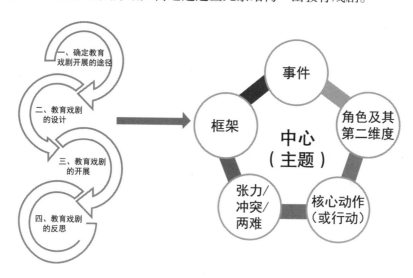

图 5-1　教育戏剧用于学校德育的方法

一、确定教育戏剧用于学校德育的途径

（一）利用已有的学校德育途径

学校德育有多种途径，将教育戏剧运用于学校德育可以充分利用这些途

径。实践表明，中小学社团活动、小学道德与法治课和中小学心理健康课都是进行教育戏剧育德的有效途径。

学校社团一般以一学年为活动时长。学生自主选择参加，年级和年龄不限。社团成员打破常规班级编制，在固定的时间和固定的教室（或功能教室）开展活动，社团人数可以由教师自主决定。在社团开展教育戏剧活动，主题和中心可以根据学生的经验和兴趣来选择，每个学生有较多的时间与机会来参与体验、分享反思。

在班级中开展课堂教育戏剧，与在社团中相比会面临一些特别的挑战。因为不同于常规的课堂教学，开展教育戏剧首先必须暂停学生习惯的课堂运作，并使它们从日常意义转变到更有趣的、戏剧性的意义。目前中小学课堂一般以40—45分钟为单位时间，完成一出教育戏剧一般需要多个课时，这就要求教师在进行设计时充分考虑戏剧故事的解构与建构如何与课时相匹配。

教师还要考虑如何组织学生。由于我国一般是大班额教学，在课堂开展教育戏剧活动通常需要分组进行。有效的分组既让学生有自然的凝聚力，又能尽量照顾到每一位学生。在学生中开展教育戏剧活动也并非易事，我们的学生大部分不具有戏剧的经验，学生所处的年级越高，在班级中越会有习惯性的自我保护行为，让他们突破自我进入戏剧中自如地探索和表达自己，是需要勇气和练习的。

（二）组织班级课堂教育戏剧

基于教育戏剧与德育均面向全体学生的理念，在班级开展课堂教育戏剧是两者结合的最佳方式。课堂有两个来源：一是班会活动或团队活动课，二是中小学德育课或心理健康教育课。前者一般由班主任或团队辅导员负责，后者由任课教师负责。如前所述，已有的班级课堂教学已形成了自己的常规，开展教育戏剧活动首先要对这些常规进行改造。

准备：教师准备好教育戏剧活动所需的所有资源。在开始教育戏剧活动前，教师要逻辑清晰地写下教育戏剧设计方案，如同学科教学前的教学设计。

分组：分组可以根据教育戏剧活动的需要，按某一标准进行，如要探索与性别差异有关的中心主题时，可按性别分组。没有特别要求时就采用自然随机分组。最常用的方法是让学生们坐成一圈或一组，按顺序编号。教师也可以准备不同颜色或形状的便签，学生自由选择便签，然后以同样颜色或同样形状成组。

合作：在教育戏剧课上，合作是重要的学习方式，有时是两人合作、三人合作，有时是多人小组合作。合作伙伴有时由学生自己选择，有时由教师指定。教师需要仔细考虑什么时候由学生自己选择。如果担心班上的某些学生不能很好地与他们的第一选择的伙伴合作，可以在开始活动之前尝试"选择一个伙伴……现在选择一个不同的伙伴"的策略。随着时间的推移，这个问题就会减少，学生会变得越来越习惯于和许多不同的同学一起合作。

规则：教育戏剧打破了常规课堂的组织与运行规则，若缺乏新的规则，戏剧活动将难以进行。许多刚开始开展教育戏剧活动的教师遇到课堂难以管理的原因即在于此。可以想象，当学生的身体被从常规课堂的课桌椅上解放出来时是多么兴奋，他们在享受躯体活动和言语表达的自由时怎么还会记得这样的自由同样需要限制来保障。这种限制就是教育戏剧课堂的规则。因此，教师在活动开始之前就要与学生约定新的课堂规则，包括如何分组、如何进行组内合作、组间交流时如何保证认真地表达与安静地观看，等等。

当然，新规则的建立和执行并不完全依靠教师严厉的语言，其中有许多技巧与方法。例如，有学生破坏规则后，可以让全班同学坐下来讨论制定新规则的必要性。如果某些学生坚持藐视新规则，可以暂时取消他们的活动参与权，对他们说"我想你最好过来看看这个应该怎么玩"，让他们退出活动。一段时间后，再说服他们重新进入，前提是他们要证明自己知道如何正确地玩。如果他们做到了这一点，那就在之后表扬他们。还有的时候，将规则作为某种挑战呈现给学生会有更好的效果。比如某种游戏的规则是不能碰到他人，刻板地宣布这一规则是一种方法，但如果教师跟学生说"如果有必要，我们将重新开始游戏，只是这一次让我们看看我们是否能够在不碰到其他人的情况下玩游戏"，相信学生会更愉快地接受并努力遵守这一规则。另外，总是寻找机会使用表扬并明确表扬的原因，有助于学生了解怎么做是正确的，能帮助他们快速掌握规则。

空间：教师开展课堂教育戏剧活动时要重视创造教育戏剧的空间，包括物理空间和心理空间。在物理空间上，往往需要调整教室的座位，让学生可以围圈（半圆）而坐，便于师生以及学生和学生之间有更多的目光接触。在即兴表演和相互观看时，需要留出一个公共的区域，用于扮演者展示。分组活动时，各个小组分别占用教室里的某一处空间。学生基本处于动态之中，这使得他们与在常规课堂中相比需要拥有更大的活动空间。因此，在开始活动之前，要确保学生理解自己空间的局限性，并意识到不打扰其他小组的重要性。教育戏剧需要的空间更是一个心理空间、一个自由受保护的空间，使每个学生愿意探索、体验与表达自己。

创造心理空间有很多种方式，比如师生之间的课前谈话与互动、对于公共事件的讨论、一段冥想、听一首歌以及游戏等。游戏是目前常用的方式，但并非必须使用。游戏的目的是促进学生试验和学习如何把握戏剧的元素，如时间、空间、行为、对象和主题。戏剧和游戏都是围绕规则和约定构建的，依赖身体、情感和认知的参与。游戏一般具有明确的规则，具有明确的注意力焦点，在有限的事件框架内体验紧张的创造与释放，具有对比、惊喜和不确定性。运用于教育戏剧的游戏种类有很多：身体类游戏善于调节气氛，快速吸引学生注意力，打破学生原有的角色限制，按照游戏规则进入游戏；想象类游戏有的与自我有关，如创作姓名诗，可以和自我身份建立有趣的连接，增加自我认识，也可以用于对他人的介绍；有的游戏是为了创建角色，如通过书写涂鸦、对一幅画和一首歌的自由联想创造角色，让角色进行互动。[1]

二、教育戏剧的基本元素

（一）教育戏剧包含的元素

教育戏剧的本质是运用戏剧元素来探索教育戏剧的中心或主题。奥图尔、戴维斯和卡丽（Cari Mjaaland Heggstad）等都在他们的论著中讨论过教育戏剧的元素。

1. 奥图尔：戏剧的关键元素

奥图尔认为戏剧过程包括十组关键元素：即兴表演与游戏、角色与角色扮演、共情与距离、反思、合作与信任、叙事与张力、语言与对话、活动、动作

1　游戏例子见附录。

与具身、想象力、创造力。[1]

在这十组元素中，"即兴表演与游戏""角色与角色扮演""叙事与张力"尤为重要。"即兴表演与游戏"是一种戏剧的形式，它要求所有参与者按照"假装协议"共同进入虚构情境，细致、持续地关注戏剧的主题，创造性地运用想象力，并即时而敏感地观察与理解小组活动过程。"角色与角色扮演"被认为是戏剧的基本动力，意味着认同的发生。角色是戏剧的核心，是虚构的，同时在真实的情况下采取行动，扮演角色所产生的体验是真实的第一手经验。参与者在扮演角色的同时，也在感知自己的行为，有意识地观察和控制自己在戏剧中的参与。这是双向关联的过程，既是参与者，也是感知者。至于"叙事与张力"，奥图尔认为："在教育戏剧的所有基本元素中，叙事与戏剧的张力是在探索和描绘冲突及其原因和结果时最自然和最完整的两个元素。……我们以叙事的形式构建自己的现实和意义。戏剧只是一种制作和描绘合理叙事的方式，让我们观察自己的行为，探索因果关系：我们为什么会这样做，以及这对个人、社会和我们所居住的物质世界有何影响。"[2]

在奥图尔的戏剧元素中，"共情与距离""反思""合作与信任""想象力""创造力"与参与者的心理品质及能力有关，关乎参与者的认知、情感和心理能力，也是教育者希望通过教育戏剧培养的学生素养。"即兴表演与游戏""角色与角色扮演""叙事与张力""语言与对话""运动、动作与具身"则是和戏剧特征密切相关（如图 5-2 所示）。

个人特征	戏剧特征
共情与距离 反思 合作与信任 想象力 创造力	即兴表演与游戏 角色与角色扮演 叙事与张力 语言与对话 活动、动作与具身

图 5-2　奥图尔的十组戏剧元素

1　John O'Toole et al, *Researching Conflict, Drama and Learning.* (Singapore: Springer Nature Singapore Pte Ltd, 2019), pp.49-58.

2　Ibid, p.54.

2. 戴维斯：艺术形式的关键元素

戴维斯认为教育戏剧应该包含艺术形式的十个关键元素：角色、态度、目的和反目的、张力、限制、时间、故事线及情节、前史和语境、戏剧动作、戏剧事件。[1] 为了说明这些元素，戴维斯让学生想象进入这样一个境遇。一个单身妈妈，经济拮据，要量入为出。每个星期天，她都要在下午4点超市关门之前去采购临期特价的东西，如果去晚了，打折商品就都没了，接下来的一周将没有足够的食物。现在是下午3点15分，走到超市要花15分钟。她要带着她的女儿一起去超市，女儿一直系不好鞋带却坚持要自己系。这位妈妈在此境遇下是怎样的状态？她会采用怎样的方式让女儿赶紧出门？前提是她和女儿非常亲密，并相信儿童成长过程中应尽可能独立，而女儿只有在自己系好鞋带后才能出门。现在时间在慢慢推移，女儿还在坚持自己系鞋带。[2] 戴维斯结合这一境遇，对十个戏剧元素进行了阐释，见表5-1。

表5-1　戴维斯的十个关键戏剧元素[3]

元素	意涵
角色	学生通过承担角色进入教育戏剧，成为"虚实之间"过程的一部分，同时连接自身与角色的经验和所知来建立一个真实的人，建立一个可信的、与戏剧中的其他角色的关系。角色确定了在教育戏剧的任何场景中都需要保持采取某种特殊的态度。上述境遇中的角色是妈妈和女儿。
态度	态度决定了一个角色与其他角色的关系，使两个角色产生关联。妈妈的态度是关爱女儿，希望培养女儿独立。孩子接受妈妈的要独立的态度，专注在系鞋带的任务上。
目的和反目的	不论是目的还是反目的，都是在表达角色的"我想要……"，当不同角色的目的不同时，张力就产生了。妈妈的目的是"我想要准时到达超市购买打折商品"；孩子的目的是"我想要独立系鞋带"。
张力	张力是冲突的内在，意味着生活中的麻烦，而张力是被限制支撑的。母亲内在充满张力：想要赶快出门就没有时间等待女儿自己系上鞋带，而她的教育理念是培养女儿独立，这要求她等待。
限制	限制是戏剧让时间慢下来的一种方式，目的是让动作慢下来。妈妈相信应该培养儿童的独立，不能帮孩子系鞋带，这成为她失去耐心和去超市的阻力。限制是戏剧事件的关键元素。

1　大卫·戴维斯：《想象真实：迈向教育戏剧的新理论》，曹曦译，中国人民大学出版社，2017，第73-76页。
2　同上书，第72页。
3　同上书，第73-76页。

元素	意涵
时间	戏剧要在看起来并不冗长的情况下让时间慢下来，其中的关键问题是如何结构一个境遇，为探索境遇中不同人之间的问题提供时间。比如，一般的警察抓劫匪难以慢下来，但在"警察拦下劫匪却发现他是自己的孩子会怎么办"这个境遇中，时间就慢下来了。作为警察的父亲和作为劫匪的儿子有了内在的张力。
故事线及情节	故事线结构了下一步会发生什么，而情节结构了潜台词或戏剧的内容。妈妈是个单身母亲且必须小心谨慎地花每一分钱，决定了她要尽快出门，于是她开始尝试不同的方法，这时故事就发展了。孩子拒绝她的帮助、贿赂、威胁，情节就复杂化了。
前史和语境	前史是在戏剧开始之前发生过的关键事件，每一出戏都开始于中间。"单身妈妈必须赶到超市去购买打折商品"是前史。语境是最适合事件发生的地方，也可称为场景。在系鞋带这个事件里，"一个装修得非常简陋的厨房"是语境，会为内容增添重大意义。[1]
戏剧动作	戏剧动作的关键意义是通过身体语言、物件和图像去创造。事件应由戏剧动作表现出来，而不是一系列的语言。动作的焦点是意义。我们要关心一出戏的动作是什么，以及通过此动作产生的事件的意义是如何被探索的。在上述的例子中，戏剧的动作是系鞋带。
戏剧事件	戏剧事件即探索事件不同层次的意义的戏剧境遇，为参与者提供重要的暗示。在系鞋带这个戏剧事件中，妈妈从等待、鼓励到帮助，及帮助被孩子拒绝后用糖果贿赂孩子，仍然被拒绝后用惩罚威胁的方式强行替孩子系鞋带，呼应了学习理论和教学理论：主动探索学习，有组织地干预、奖励、惩罚等。

戴维斯的十个元素彼此之间密切相关。整体来看，态度、目的和反目的、张力、限制和角色紧密相关，每一个角色具有特定的态度，每一个角色又有各自的限制，不同的角色具有不同的目的，不同的目的构成了张力。这些元素存在于角色的内在世界，外在不可见。角色的内在世界通过可观看的动作来表达。事件是由动作表现出来的，在时间的维度中慢下来才能被观看，事件并非孤立，它处在前史与语境中，事件是一个过程，包含故事线及情节（如图5-3所示）。

---

[1] 戴维斯把"一个装修得非常简陋的厨房"作为语境，用"非常简陋"暗示了妈妈经济上的困顿及赶往超市的紧迫性。如果单从系鞋带这个动作发生的场景来看，"半开着的门口"也很合适。

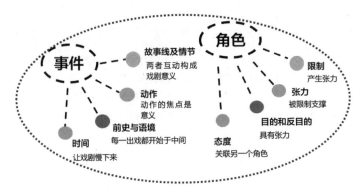

图 5-3　戴维斯的十个戏剧元素

3. 卡丽：与虚构相关的重要概念

卡丽提出与虚构相关的九个重要概念：空间/地点、角色、寓言、时间、张力、对比、象征、仪式、节奏，并结合戏剧作品《小红帽与大灰狼》进行了解释。其中"空间/地点"包含地点，小红帽的故事发生于三个重要的地点：家里、森林里、外婆家。不同的地点具有各自具体的意义，也包含一个空间，这个空间是通过演员的行动和台词构建出来的。"寓言"即故事，摈弃细节描述，不受诸多规则的左右，以中立的角度讲述，激励参与者创建作品对自己的意义。"象征"是指符号、行动、道具、服装、声音等元素，蕴含着表面意义之外更重要的、更有深度的其他意义。"仪式"是一种社会和公共活动，也可以是重复性的行动和语言，兼有独特性和重复性的特点。"对比"总是呈现两极——光明与黑暗、活动与静止、冷与热等，在两极的对比中，蕴含着张力。"节奏"难以用语言描述，它和参与者的体验有关，也关乎戏剧的内在逻辑性。节奏所关注的是如何让一部戏成为一个整体，从而使戏中的不同部分做到一气呵成。[1]

对于角色，卡丽指出当我们用不同形式讲述故事时，角色的存在形式也会发生变化。例如，当在参与人数较多时，我们可以根据需求灵活扩充角色的数量。我们既可以创造新的人物，也可以让多人表演同一个角色，重要的是要强调角色的行动和动机。在教育戏剧中，角色的即兴程度会比较高，并且经常会

---

[1]　卡丽·米娅兰德·赫戈斯塔特：《通往教育戏剧的7条路径》，王玛雅等译，华东师范大学出版社，2019，第11-17页。

运用集体角色。例如，学生一同扮演小红帽的妈妈，设法说服老师扮演的小红帽去外婆家。

对于"时间"，卡丽和戴维斯的描述有所不同。戴维斯在时间的本意上使用"时间"一词，而卡丽解释的是时间在虚构情境中如何呈现的问题：例如，在教育戏剧中时间可以通过行动、言辞、服装和道具来定义，也可以通过记忆、梦境、回想和死亡来表达。同一时间可以有多个事件并列发生，时间可以变化、转移、强化或者延续。可见，卡丽提出的"时间"元素和时间、事件以及张力有关，戴维斯则相对简单，只是从限制的角度来描述时间，让时间慢下来呈现张力。

"寓言"本来是指阐明一个警世智慧或者道德主张的短篇故事，在卡丽这里就是指戏剧教案中浓缩的故事。显然这个元素与戴维斯的"故事线及情节"和奥图尔的"叙事"相近，相当于"有内在逻辑的故事"。

（二）结构一出教育戏剧的基本元素

比较奥图尔、戴维斯和卡丽提出的不同元素，可以发现他们强调的是教育戏剧的不同方面，而有的只是表述不同而已。其中"角色""张力""动作""事件"是三者共同提到的元素：卡丽的"动作"被包含在"仪式"元素中；"事件"在戴维斯那里明确表达为"戏剧事件"，在奥图尔那里被包含在"叙事与张力"中，而在卡丽那里则是在"寓言"中。当然，"事件"有突出的不同于叙事和寓言的意义，它是故事中特别能突显中心的那部分，对于教育戏剧的设计来说是特别需要关注的部分，因此我们将"事件"提取为基本元素。不同的角色有着各自的态度、目的和视角，这是"共情与距离"产生的前提，也让戏剧拥有多重意义空间。

上述元素勾勒出教育戏剧的基本构成，要结构一出教育戏剧，显然要将它们考虑在内。但除此之外，还有没有其他元素？我们认为，结构教育戏剧就是一个设计教学的过程，应该特别关注呈现教育戏剧活动目标与引导学生进入教育戏剧活动的元素，即"中心（或主题）"与"框架"（frame）。"中心（或主题）"是一出教育戏剧的"指明灯"，确定教育戏剧要探索的议题和开展的空间，所有其他的元素都在此空间内呈现其内涵，而"框架"是让教育戏剧的参与者进入事件和境遇的方式，可以让戏剧具有稳定的视角，让戏剧活动拥有内在的一贯的逻辑性即内在连贯性，指向中心。

由于参与者往往是以承担某个角色的方式进入事件和境遇的，因此"框架"常表现为某种角色及其功能。比如，在《小红帽》故事中，如果故事从发现小红帽失踪，只在森林小路上留下红帽子开始，学生以记者身份进入教育戏剧，他的功能就是要去发现真相。此时的"框架"就是媒体。当学生以故事中的角色的身份，如小红帽或妈妈的身份进入教育戏剧活动时，"框架"就是小红帽事件的参与者，即她们都在事件中。

学生如何真正进入教育戏剧里的境遇、在其中发生如同在真实生活中一样的反应？关键在于他拥有角色的某部分特质，这种相似的某部分特质就是角色的第二维度。比如，男孩迷恋奥特曼、孙悟空，是因为他内在对无所不能的向往（生活中他们时时处处行动受到规约）；女孩乃至很多成年女性喜欢公主，是因为公主被人照顾和呵护且备受瞩目的特质是她们的渴望。因此，结构教育戏剧时要充分考虑到角色的第二维度，我们不妨把"角色"元素明确为"角色及其第二维度"。

另外，当我们把教育戏剧运用于德育时，出于促进学生道德学习的目的，需要进一步突出戏剧中的冲突与两难，因此不妨将作为冲突的内在的"张力"元素明确为"张力/冲突/两难"元素。

这样，我们就得到了结构一出教育戏剧最基本的元素为中心（或主题）、框架、角色及其第二维度、事件、核心动作（或行动）、张力/冲突/两难。

1. 中心（或主题）

中心决定教育戏剧要探索的方向和空间，教育戏剧的中心连接故事和学生，中心（或主题）和学生的经验与发展阶段关系密切，暗含自我内部的基本矛盾。当我们确定中心，也意味着我们对于故事和事件的选择和创造。

2. 框架

框架决定学生以怎样的身份进入教育戏剧，以哪个角色的视角去看、去经历事件。框架影响角色和事件的关系。不同的框架会完全改变戏剧的结构。希思考特认为框架和参与者的功能有关，也决定参与者和事件的距离。她曾发展出一种框架距离层级（见表5-2），第一级是事件的参与者，第九级是艺术家。

从参与者到艺术家，学生与事件的距离从"我在事件中"到"我转换事件"，越来越远。但戴维斯认为："为了找到进入事件和境遇的方式，框架必须要呈现，但角色不一定都是距离化的模式。"[1] 意思是可以采用从参与者到艺术家等 9 种不同的框架，但这 9 种角色并不意味着距离事件的远近，因为任何框架下的角色都可以进入探索中心的戏剧事件中。因此，框架如库珀所说，使学生完全投身于戏剧活动，获得无法移交、唯有经历才能产生的感性理解[2]，这被视为一方面向学生表明角色功能，另一方面向学生提供了"探索事件的特定视角或观点"。[3]

表 5-2 与框架距离有关的一般角色功能 [4]

每一个框架距离都为学生提供了不同的、特殊的事件，事关责任、兴趣、态度和行为：	
参与者	我在事件中
引导者	我向你展示事件是什么；我在场
中介	我必须重现事件，于是我们能够理解它
权威	我必须重构事件的意义，因为它发生了
记录者	我为未来的人澄清事件，所以他们知道真相
媒体	我不在场，但我会评论事件为什么会发生
研究者	我为今天的人们研究事件
批评家	我将事件当作一个案例来批评或阐释
艺术家	我转换事件
	（希思考特）

对于教育戏剧经验尚不丰富的教师来说，让学生以事件参与者的身份进入戏剧可以是首要选择的框架。例如，《小红帽》中的小红帽、《花衣吹笛人》中的居民的框架都是参与者。

3. 角色及其第二维度

角色在现实社会中，是指个人在社会关系体系中处于特定社会地位，并符合社会期望的一套个人行为模式。角色是一个容器，包含身份与文化。身份即特定的社会地位、社会关系，文化即社会期望和行为模式。教育戏剧中的角色偏重身份的构建，角色的其余内涵就由参与者创造——自己经验到的社会关

---

1 大卫·戴维斯：《想象真实：迈向教育戏剧的新理论》，曹曦译，中国人民大学出版社，2017，第 99 页。
2 Chris Cooper, "The imagination in action: TIE and its relationship to Drama in Education today," in Anthony Jackson and Chris Vine (eds.): *Learning through Theatre: The Changing Face of Theatre in Education*, 3rd edn., (London: Routledge, 2013), p.46.
3 Adam Bence Bethlenfalvy, "Living through extremes: An exploration of integrating a Bondian approach to theatre into 'living through' drama". (Birmingham: Birmingham City University, 2017), p.169.
4 大卫·戴维斯：《想象真实：迈向教育戏剧的新理论》，曹曦译，中国人民大学出版社，2017，第 95-96 页。

系与社会期望、属于自身的行为模式。为了更好地理解角色与身份，以教师为例，如一个人拥有教师资格证，他就拥有了教师的身份，但未必承担教师的角色，或者未必能履行好教师的角色功能。一个人没有教师资格证，就缺乏教师的身份，但在生活中，他可以拥有教师角色的行为和关系，承担教师的责任，可以教别人一些东西，如孔子所言"三人行，必有我师焉"。

确定了教育戏剧的框架，还要确定该框架中的角色及其第二维度。因为同一个框架下，可以有不同的角色。例如，以参与者的框架结构戏剧，学生以小红帽事件的参与者身份进入戏剧，但他可以是小红帽，也可以是妈妈，也可以是大灰狼等故事中的其他角色。究竟选哪个角色，取决于该角色与学生是否有连接，这种连接即角色的第二维度。第二维度是这个角色的状态，如小红帽的第一次独自离家的兴奋、紧张与恐惧。戴维斯指出第二维度需要有四个特性：（1）需要可以联系的角色特质，属于孩子们的生命经验的；（2）需要正在谈论的角色可能出现的维度；（3）需要能将全班都带入（全班有可能是同一角色）；（4）需要能够推进戏剧。[1]

4. 事件

事件创造"教育戏剧的空间"，是戏剧中要停下来集中讨论的那个重要时刻或高潮，也是中心或主题所在。教育戏剧中的事件区别于故事中的情节。情节是按照时间顺序或因果关系来叙述的一系列事件，也就是说，情节是由事件构成的。希思考特和伯顿认为，好的教育戏剧不靠情节去推动，不一定要参与者做很多的活动或任务，而是通过事件创造一个空间，让参与者能把自己的感受带入，去经历冲突，让他们有动力去解决内心的困惑，这个心理冲突才是推动故事发展的动力。事件为参与者创造戏剧的时空，让参与者去观看自己的选择和行动，去观看他人的选择和行动，在这个空间里，有碰撞与更新，每一个人将拥有自己独特的经验。

5. 核心动作（或行动）

核心动作（或行动）不是一系列的语言，而是包含身体的参与、物件或图像。核心动作（或行动）的焦点是创造意义，我们要关心的是一出戏的动作

---

[1] 大卫·戴维斯：《想象真实：迈向教育戏剧的新理论》，曹曦译，中国人民大学出版社，2017，第108页。

是什么，以及通过此动作产生的事件的意义是如何被探索的。它是戏剧中可以探讨的部分。希思考特认为，一个动作至少包含五个层次：动作（做了什么）、动机（即时的原因）、注入（为什么这么重要/处于紧急）、模式（从哪里获悉的）和立场（人生应该或不该是什么样的）。[1]

在《花衣吹笛人》的故事中，吹笛人拿不到自己的酬金，再一次吹响笛子带走了镇上的孩子。这个事件里的核心行动是带走孩子。他为什么要带走孩子？吹笛子的这个行动的模式从哪来？它背后的价值观是什么？这些都是教育戏剧中需要停下来探索的。通过对动作的思考与探索，增进学生对社会现象和社会文化的理解。

6. 张力/冲突/两难

张力是决定戏剧是否吸引观众的元素。张力让戏剧慢下来。有时它存在于人物行动的目的与反目的中，阻止故事中的人物直接达到他们的目标；有时它存在于表演中、语言中、音乐中、时间的处理及各种细节中。

结构教育戏剧时，我们关注张力主要是为了探索冲突及其意义。戏剧是最能反映和阐释人类冲突的艺术形式。所有的戏剧动作最终都是为了解决张力。张力可以发生在不同的角色间，也可以是一个角色的两个不同的愿望或者视角间。比如五年级孩子的妈妈希望培养孩子为自己作业负责的能力，希望孩子独立完成并自己检查作业，同时又希望孩子能在晚上 9 点前睡觉。时间越接近 9 点，母亲内在的张力就越大，帮孩子检查作业还是允许他晚睡构成了她内心的冲突。

将教育戏剧运用于道德教育，我们关注的冲突偏向于角色的内在冲突，尤其是两难冲突。两难冲突能够快速推动学生道德认知与道德情感的发展。因此，结构教育戏剧需要考虑设计学生在戏剧事件中将遭遇的两难是什么，在该两难中要解决的问题要指向整个戏剧的中心或主题。如卡丽曾经设计《白雪公主》的教育戏剧，女王要求猎人杀掉白雪公主，这让猎人陷入两难处境——是无条件地遵命（服从权威），还是服从良心（出于人性考虑）。这也为后面主题的讨论提供了铺垫。[2]《花衣吹笛人》中，居民要在维护自己的利益和维护小镇

---

1 大卫·戴维斯：《想象真实：迈向教育戏剧的新理论》，曹曦译，中国人民大学出版社，2017，第 77 页。
2 卡丽·米娅兰德·赫戈斯塔特：《通往教育戏剧的 7 条路径》，王玛雅等译，华东师范大学出版社，2019，第 113 页。

的信誉之间作选择，也是一种两难。

按照上述五个基本元素，可以结构出一出教育戏剧的基本架构。以《花衣吹笛人》为例，除了上一章呈现的设计版本外，我们也可以用这些基本元素设计出不同的教育戏剧结构，见表5-3。

表5-3　教育戏剧《花衣吹笛人》的不同结构

中心(或主题)	探索秩序、混乱与自由的相对性	探索自由和限制的关系	探索诚信和责任
框架	参与者	参与者	参与者
角色及其第二维度	报复人类的老鼠	想家的孩子	有心无力的镇长
事件	老鼠创造自己"正常秩序"的世界	孩子要回家	镇长找吹笛人灭鼠。
核心动作（或行动）	老鼠撞倒人们的一切	孩子和吹笛人谈判	签酬金协议
张力/冲突/两难	人类正常的秩序是对老鼠的限制，老鼠自由时人类觉得混乱。老鼠的两难在于如何既保证自己的自由又不过分得罪人类。	孩子渴望回家，吹笛人因为拿不到酬金而限制孩子回家。孩子的两难在于要不要为了回家（自由）而接受吹笛人的苛刻条件（限制）。	为了解决问题向吹笛人承诺无法兑现的酬金，还是坚持诚信，但鼠患没有办法得到解决。

三、教育戏剧教学的流程

设计教育戏剧活动首先要根据学生的需求和教育教学目标选择合适的故事、确定中心（或主题）。中心连接学生的内在和故事所隐含的象征世界，是学生创造想象的中间地带和过渡空间。中心一般不会在教育戏剧的开始就直接告诉学生，而是通过戏剧事件和角色进入。教育戏剧不追求确定的结局或统一的答案，这要求教师在设计时要准备好开放的空间。为了顺利地进入中心进行学习，还需要确定框架、角色及其第二维度、事件、核心动作（或行动）、张力/冲突/两难等，并让这些元素具有其内在的连贯性。

接下来以在杭州一所初中开展的社团教育戏剧《灰姑娘》为例呈现教育戏剧设计的方法。

（一）分析学生的需求与故事的连接

教育戏剧社团由初一、初二的18名学生组成，自愿报名成团。每周五下午第七、八节课在资源教室进行社团活动。

1. 了解学生的问题与需求

通过访谈，了解学生对教育戏剧社团的期待和生活情况，发现他们的家庭具有相似性：父母文化程度普遍不高，工作以体力劳动为主，工作时长较长，大多租住于城郊。当这些家庭有一定的积蓄之后，父母会选择回老家置办房产。老家是父母的家乡，大部分学生对那里也没有多少记忆，他们内心对自己属于哪里人是模糊和不确定的。

社团中三分之一的学生在成长过程中经历过和父母的分离，学龄前与祖辈居住在相对贫穷的老家。他们来到杭州读书后，因为现实原因，父母仍不能常常陪伴，身为独生子女的学生课余时间常常独自在家，家中有同辈的，年龄差距一般较大。他们在家中没有独立房间。亲子之间缺乏情感交流，学生从父母那儿感受到的情感支持不足，进入青春期后，亲子冲突日益严重。

案例 5-1　雨晴（化名）

雨晴的父母和年长她10岁的哥哥一直在杭州，她从小与爷爷奶奶生活在老家。在她上幼儿园的时候，哥哥有一次回老家，看到妹妹并没有得到爷爷奶奶很好的照顾，心生怜惜，就把她带到杭州。从此，她开始在杭州读书。雨晴上初中的时候，哥哥欠了很多外债，妈妈打三份工替哥哥还债，脾气暴躁的爸爸因为生哥哥的气，宣称不管他的任何事情。爸爸对雨晴也很严厉，雨晴在进入青春期之后开始不再默默忍受，而是"怼"父亲，父亲让她不舒服，她宁可挨打也要让父亲不好受。雨晴在学校里总是笑，好像有很多的朋友，可是一个人的时候，她常常莫名地不高兴，她会做一些让自己身体感到疼痛的事，这种痛让她觉得自己是活着的。

案例 5-2　晨露（化名）

晨露长相普通，学习成绩名列年级前茅。可是和她谈话的时候，听到她说得最多的是："我好差啊，我那道题目又做错了！""哎，我真对不起我父母。父母花钱让我补课，可是我的成绩还没有同桌好，她都没有补过课。"有一次，我忍不住很小心地问她："那你现在成绩大概是怎样的水平呢，让你感觉那么差？"晨露说："我这次考了年级第35，可是我数学只有97分。"我们梳理了她进入初中之后的学业成绩，整体上是稳步提升，可是之前，她并没有看到这一点。有一次，班主任紧张地说："晨露在第二节课不见了，不在教室里，哪里都找不到。"后来班主任敲学校的每一间厕所门，终于发现她在厕所里哭。原因是一个男生说了一句话："你肩上有头皮屑哦！"晨露觉得那个男生在笑话她丑，笑话她脏，她觉得没有办法待在教室里了。

雨晴和晨露身上集中反映了学生在青春期面临的发展问题：自我认同不足、同伴关系不稳定、不珍爱生命……雨晴的家庭因经济压力充斥着争吵和混乱，在与父母冲突时，她常发出"你们为什么要生我"的质问，也是她内心关于"我是谁"的疑问。当自我存在动摇时，青春期的孩子会产生自我身份的怀疑。学校里的雨晴期待与同学有亲密友善的关系。在这样的关系中，她可以从同伴的目光中感觉自己是存在的，是可爱的，是被他人需要的，这是他们对于"我要成为怎样的人？我想过什么样的人生"的探索。通过同伴关系"看见"的这种对自我身份的确认可以让雨晴有机会更新在家庭中感受到的不好的自我，但这种身份的确定感是脆弱的，当遭遇同伴冲突时，会立刻自我怀疑。晨露的自我认同问题则表现在性别身份认同危机。在青春期，不管男孩女孩都开始关注自己的身体形象，这是从生理性别认同到心理性别认同的过程。他们在异性的目光中寻求确认自己的性别以及性别形象。当男生关注晨露的头皮屑时，她在内心会升起对女性性别的认同怀疑，因为女生应该是干净的、不邋遢的。晨露总是对自己优异的学业成绩视而不见，用他人的"好"与自己进行比较，总是处于自卑中。

《义务教育道德与法治课程标准（2022年版）》要求初中阶段达到的课程目标包括：在道德修养和健全人格方面懂得生命的意义，热爱生活；正确认识自己，能够自我反省，保持乐观的态度，学会合作；能够自主调控自身的情绪波动，主动建立良好的人际关系；养成自尊自信的人生态度，形成良好的抗挫折能力；乐于倾听他人的意见，自我改进；建立同学间的友谊；等等。可见解决雨晴等学生身上表现出的问题既是德育课程要达到的目标，也是他们的发展需求。

青春期的学生虽然内心渴望被他人看见，能够让他们在混乱和混沌之中看见自己的样子，以在此过程中形成身份认同，但他们对于直接谈论这些话题又充满警惕与防御。此时，在包含这些问题的教育戏剧中进行探索便成为一个具有独特价值的方法。

2. 选择教育戏剧故事及其与学生的连接

《灰姑娘》是许多人耳熟能详的经典童话故事，可以从许多不同的角度去解读：有人看到了善恶有报，有人看到了再婚家庭中的亲子关系，有人看到了对继母的刻板印象，有人看到了女性在男权社会中的挣扎……我们从故事的基本逻辑出发，看到了一个女孩在不利处境下成长的历程（如图5-4所示）：

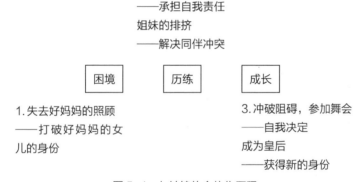

图 5-4　灰姑娘的个体化历程

失去母亲照顾的女孩——打破好妈妈的女儿的身份；

承担继母要求的家务劳动的女孩——完成现实任务的责任；

受到姐妹的排挤——解决同伴冲突；

冲破阻碍参加舞会——为自己做决定；

成为皇后——获得新的身份。

灰姑娘的每一段历程都是在探索"我是谁"，从不平衡到找到新的平衡。

《灰姑娘》的经典性与广泛传播，使"灰姑娘"在中西文化中都是一个处境不利的女孩的意象。当我们说一个处境不利的女孩时，忍不住会觉得这是个灰姑娘，这既包含着对女孩当下处境的同情，也有祝福，祝福其通过自己的劳动，经受磨难，获得新的身份。雨晴和晨露都好像是灰姑娘，既在经历困难与挫折的苦难，又充满着希望。而她们的同学同样如此。

于是，我们选择了《灰姑娘》作为教育戏剧的蓝本。

《灰姑娘》与我们面对的教育戏剧社团的学生的连接在于：

（1）都处于不利的生存、生活环境中——物质条件差、亲子关系和同伴关系不良；

（2）同处在动荡的时期——不仅是外在环境的动荡，还有青春期内心的动荡，年龄相仿；

（3）都有改变处境的强烈愿望；

（4）都在寻找自我身份认同。

（二）运用基本元素架构教育戏剧

1. 中心

虽然"雨晴"们的问题很多，但一出教育戏剧无法关涉所有问题，而且问题也无法在一出教育戏剧中一次性解决。所有问题的形成都有一个长期的过程和多方面的原因。从灰姑娘与学生的连接出发，我们希望用《灰姑娘》帮助他们理解自身、自我与他人，促进他们对自我的认识，这也是初中生需要解决的发展的重点问题。围绕自我身份的建构这个中心，教育戏剧会涉及的自我身份包括：

在家中，我是谁？（亲子关系）

与同伴交往包括冲突中，我是谁？（同伴关系）

去参加王子成年礼时，我是谁？（社会身份）

青春期是儿童与成年之间的过渡阶段，其任务建立是自我同一性，回答"我是谁？"的问题，这是关于自我身份的回答。我是父母的孩子，家庭带来的是天赋的身份。离开家庭，在同伴当中，我又是谁呢？在同伴中我具有怎样的地位与身份呢？在集体中，我如何满足自己的需要，如何与他人建立积极的关系？当他人不肯定我的时候，我如何确认我自己？这些是这部教育戏剧探讨的中心和主题。身份的发展和自我意识的发展密切相关。

2. 框架

参与者。学生将以事件的参与者，即当事人的身份进入故事情境。

3. 角色及其第二维度

《灰姑娘》原作中的角色有三个：灰姑娘、继母和继姐姐。在教育戏剧中，角色有灰姑娘、继姐姐、继母和父亲。学生以灰姑娘的身份进入，承担灰姑娘的角色，她的第二维度是捍卫自身权利的处境不利的人。[1] 在不利的处境中争取自己的权益，是学生与灰姑娘的相通之处，同时也是故事发展的动力。继姐姐的角色由教师入戏承担，目的是在与灰姑娘产生冲突时站在不同的立场，推动扮演灰姑娘的学生从不同视角审视事件。继母和父亲的角色由教师陈述，必要时由教师入戏承担。

继姐姐的立场：我也是这个家庭中的一员，我也有资格参加王子的成人礼。我比灰姑娘年龄大，应该让我先去参加成人礼，她以后还有机会。我要争取我自己的权益。……

灰姑娘的立场：这本来就是我的家，邀请函是发给我家的，当然应该由我去参加成人礼。礼服是我的妈妈给我做的，承载着她的希望，不能让给任何人。不能让她们抢走我的礼服，也不能让礼服被扯坏了。她们毕竟是爸爸新妻子的孩子，我不能对她们太差，让爸爸伤心。……

4. 事件

《灰姑娘》原作中的事件是灰姑娘冲破继母的阻挠，想办法参加王子的舞会。虽然这个事件里存在明显的目的与反目的，但缺乏高潮。于是我们将教育戏剧活动中的事件改编为灰姑娘与两个继姐姐争夺参加舞会的礼服：继姐姐抢夺灰姑娘母亲生前为女儿准备的礼服，灰姑娘不放手。在这个事件中，我们将和学生一起探索：礼服对灰姑娘和继姐姐分别意味着什么？它为什么那么重要？这里面投射着怎样的亲子关系、家庭关系、同伴关系乃至社会生活的规则？

1　一般认为，在为学生选择框架角色时要充分考虑到性别因素。在《灰姑娘》的教育戏剧中，全班进入同一个灰姑娘的框架角色，对于男生来说是否合适？我们认为探索的中心没有性别差异，作为重要物件的衣服对于男女生来说也具有同样的象征意义。参加教育戏剧的这些男生与灰姑娘产生连接的主要点在于不利的处境和对自我身份建构的渴望，其强度完全超过因为同性才能够产生的那种连接。此外，男性身上具有的女性特质也使得他们能够体验到灰姑娘作为女性的不利处境，男生在灰姑娘的角色里探索时将投射他们对女性的认识，并将在与女生的互动中增进理解。

5. 核心动作（或行动）

戏剧事件中的核心动作是继姐姐追着灰姑娘，撕扯灰姑娘的母亲为她做的礼服，灰姑娘闪躲。在学生入戏为灰姑娘与继姐姐争夺礼服的即兴表演中，可能会出现不同动作。不管是什么动作，都将对动作的意义进行分析。

6. 张力／冲突／两难

教育戏剧的张力将体现在许多方面，外在的如时间的紧迫（日益接近王子成人礼）、受邀人数的限制（一个家庭只能有一个孩子参加）等；内在的如灰姑娘既要保护自己的权利，不让礼服落入继姐姐之手，又要保全礼服不被扯坏等。内在的张力即灰姑娘内在冲突与两难的地方：是牺牲自己的利益维持这个家的平静，还是保护自己的权利却有可能失去父亲的爱？

（三）确定教育戏剧前文本

确定教育戏剧的基本元素之后，怎么开始教育戏剧活动呢？教师如何找到一个起点，引发动机或互动？奥尼尔提出一个重要的概念——前文本。

奥尼尔指出文本的意思是"把事件编织在一起"，它不是一堆线性演出次序的指示，而是戏剧行动的设计，它是在戏剧的"过程中"产生的。前文本不是剧本，也不是表演文本，而是引发戏剧行动的方式，是过程戏剧开展戏剧经历的坚实基础。一个字、姿势、地点、故事、意念、物件、影像、角色或剧本，都可能开启戏剧的世界。前文本会决定行动的第一个时刻，建立戏剧的地点、气氛、角色和处境。它提供一条线索，让参与者推断整个行动的循环。在某些时候，前文本就是过程戏剧中的第一个场景、片段或互动内容，它也准备好让参与者或带领者召回它或重复用于另一个场合。[1] 例如，教育戏剧《花衣吹笛人》中的宵禁告示就是一个前文本，它既建立了故事发生的地点、气氛、角色与处境，也引发了后面的戏剧行动。它是整出教育戏剧的第一个场景，也在后面被召出或重复使用，如居民想逃离小镇时因宵禁而失败，鼠乱消除后宵禁取消等。

一个有效的前文本会给予角色清晰的东西。例如在《裁缝与鞋匠》的教育戏剧中，可以使用的前文本是一首打油诗："给我缝缝鞋，给我拉拉线，两边

1　西西莉·欧尼尔：《戏剧的世界：过程戏剧设计手册》，欧怡雯译，心理出版社，2020，第17-21 页。

涂沥青，给我敲鞋钉。"裁缝第一次遇见鞋匠，看到他的打扮，决定开个玩笑，就念了这首打油诗。[1] 它提示了戏剧的角色与冲突。开玩笑是青春期孩子特别熟悉的行为，开玩笑可以活跃气氛，可以快速和他人建立联系，但玩笑不当，被开玩笑的人感觉受到伤害，就容易引发冲突。这首打油诗让参与教育戏剧的学生在裁缝和鞋匠的角色里迅速共感到了双方微妙的关系。[2]

基于拟用《灰姑娘》探索自我身份建构这一主旨，前文本应该与身份有关，我们选择了衣服。衣服具有重要的象征意义。衣服不仅具有御寒的功能，更是身份的象征。在原作中，继母让灰姑娘穿仆人的衣服，是对其主人身份的剥夺；灰姑娘决心去参加王子的舞会，首先要解决的也是拥有舞会礼服——另一个阶层的身份，仆人是没有资格出席王子舞会的。衣服在整出教育戏剧中是重要的物件。如何用衣服这个物件完成前文本的功能，交代故事发生的背景、开启戏剧行动呢？我们用国王的邀请函开启故事，在邀请函中突出强调了着正装的要求。何为正装？哪个年代的？什么场合穿的？形制如何？谁穿的？正装意味着什么？等等。由邀请函中的正装要求而来的这些问题，结合邀请函中的其他信息，教师和学生很快可以建构出戏剧故事发生的时代、地点、气氛、角色等。收到邀请函的家庭会做怎样的准备？由此，戏剧行动自然而然地发生了。

围绕正装，灰姑娘的妈妈为女儿精心准备了礼服，这里面有亲子关系和价值观的投射；继姐姐抢夺礼服，是对灰姑娘的欺凌，也是在争取自己进入高一级社会阶层的机会，隐喻女性对生存资源的竞争；灰姑娘既不放手礼服又要保护礼服不被扯坏，她同时面临同伴问题和亲子关系问题，她既是在保护礼服，又不仅仅是在保护礼服：她在争取自己的权益（出席王子成人礼和保存母亲的爱）、保护新的家庭关系和地位之间寻找平衡……从衣服这个前文本出发，将发展出整出教育戏剧。

（四）预设教育戏剧过程

教育戏剧是即兴戏剧，没有剧本，无法在开始之前写好文本。但从教学的角度讲，不存在无计划的教与学的过程。即便是即兴教学，也只是

1　格林：《格林童话全集》，王勋等编译，清华大学出版社，2011，第545-554页。
2　完整的教育戏剧活动教案见本章补充案例《裁缝与鞋匠》。

教学过程中出现的计划之外的状况及其应对。同理，教育戏剧虽为即兴戏剧，同样需要事先设计与计划，但由于实际的戏剧过程中有可能出现超出计划的情况，而且总是会出现，因此在教育戏剧开始之前的计划只能说是一种预设，目的是帮助教师明确整个戏剧过程的目的、方法、导向，在实际教学中能够对学生的即兴表演作出合适的回应，并能因势利导，完成对中心的探索学习。

1. 建构故事发生的背景

（1）教师呈现来自王府的邀请函。

各位臣民：

　　吾国有喜，周王唯一王子即将成年！奉周王之命，将于9月1日在周王府为王子举办成人礼，特邀本国有14—16周岁少年的家庭出席。届时，每对父母携一名子女正装参加。

　　　　　　　　　　　　　　　　　　　　　　　　　周王府
　　　　　　　　　　　　　　　　　　　　　　　　　3月1日

这份邀请函框定故事发生的背景：6个月之后将举行王子的成人礼活动。王子的成人礼意味着王子即将拥有新的社会身份和权力，对于同龄人而言，一方面意味着他们也将成年，拥有新的社会身份；另一方面，他们可能在成人礼上获得机会（尤其对女孩子而言）。

学生集体观看邀请函，讨论并确定：故事发生的年代、地点、角色，正装的样式等。

● 成人礼对于王子意味着什么？

● 成人礼之后王子的生活会有怎样的变化？

● 什么是正装？正装意味着什么？男孩和女孩的正装分别是什么样的？

（2）学生自由成组，不超过五人一组，临时组建为家庭，确定每一个人在家庭中的身份。教师入戏给参与者送国王的邀请函，请学生设计收到邀请函之后的定格动作。每组同学展示时，其他同学观看，并根据定格动作提出自己的疑问。

这个活动让学生进入戏剧的场景，使全体成员进入想象的世界，当中的场景细节由学生共同协力发展。通过学生的定格活动，表现出家庭成员对于王子成人礼活动的不同反应。

2. 保护入戏

（1）有一户人家也收到了邀请函，他们有一个女孩刚满14岁。父亲常年外出工作，母亲负责照料孩子和家庭。他们的房子背靠着山，上下两层。

小组任务：

- 以小组为单位设计他们家房子的布局；
- 确定这个女孩叫什么名字，母女日常在一起会做些什么；
- 妈妈和孩子会怎么谈论王子的成年礼？

（2）其实这个时候，女孩的妈妈已身患怪疾，身体一天比一天消瘦，但查不出任何毛病。当她收到邀请函之后，就决定为孩子制作参加成年礼的礼服。她花了2个月的时间寻找布料，和最好的裁缝商量款式，在5月1日的那一天，终于做好了送给女儿的礼服。同一天，女孩的父亲也回到家中，母亲对女孩的父亲说的最后一句话是——一定要让孩子穿上这件礼服参加王子的成人礼。

小组任务：

- 以小组为单位，画出这件衣服；
- 小组介绍这是件怎样的衣服，有什么用心之处；
- 穿上这件衣服对女孩意味着什么？

（3）女孩的妈妈去世后，葬在房子后面的山坡上。父亲陪了女孩半个月，就又出远门了，他给女儿一个地址，告诉她如果有事，可以给他写信。女儿央求父亲一定要在8月15日前回来。父亲离开后，女孩天天去母亲的坟前，一坐就是半天。人们常常见到她脸上的泪痕。7月初，女孩忍不住给父亲写了一封信。没过几天，女孩就收到了父亲的回信，告诉她8月15日一定回来，到时候会给她一个惊喜。

小组任务：

- 写一封女孩给爸爸的信。

当学生以女孩的名义给父亲写信时，他们就开始站在女孩的立场上，进入了女孩的角色。在学生的即兴表演和女儿写给父亲的信中投射着他们自己的亲子关系，以及对亲子关系的解读和希望。这是学生对于现实生活中自己的已有身份认同状况的展现。

（4）8月15日，女孩早早起床等待父亲的到来。到了傍晚，她终于等到了父亲，与父亲一起回来的还有三个人：一个中年女性和两个与她差不多大的女孩。父亲告诉她说，这是她的继母和两个继姐姐，这样她就不会孤单了。父亲和继母让三个孩子好好相处，请女孩帮忙安排继姐姐们的房间。

学生任务：

● 小组演绎三个孩子第一次见面的场景。

● 女孩会怎么安排房间？为什么这么安排？

三个女孩第一次见面，意味着这个家庭拥有了三个孩子，小姑娘作为这个家里唯一孩子的身份被打破，同时，同伴交往也进入孩子的议题。在同伴中如何获得自己的地位成为问题。

（5）家里人口多了，家务也多了。父母让三个孩子承担家务。

小组任务：

● 讨论可能会有哪些家务。

● 女孩承担了什么家务？为什么承担这些？根据什么分工的？

青春期要解决认同感的危机，获得确定的自我身份认同，个体必须付出努力。小的时候，我们可以什么都不会，只需要依赖与顺从于我们的父母。到青春期，身心的发展推动着孩子离开父母。从这个角度，小姑娘要长大成人，好妈妈的"离开"是一种必然，离开更重要在于心理意义上"好母亲"的死亡。承担家务，承担自己的责任，是青少年长大、获得身份必不可少的一步。

（6）有一天晚上小女孩做了一个梦，梦到了她的妈妈，请创造这个梦境。

梦境并不是真实的经验，而是一个类似"内在声音"的机制。梦境让我们可以看见人物脑中的想法。这个活动帮助参与者进入想象的空间，梦可以投射出参与者对于同伴冲突的应对方式，可以探讨梦者的内在情感支持，可以让参与者看到投射的自我形象。

（7）继母在收拾房子的时候，看见了王子成人礼的邀请函，她拿着邀请函询问女孩的父亲。一开始父亲坚持让女孩去，说这是她母亲的遗愿，但继母坚持认为现在三个孩子都称呼他为父亲，他要公平。父亲没有办法，最后决定三个孩子都有机会去。至于谁去，由孩子们自己决定。他们当着三个孩子的面告知了这个决定。

小组任务：

●呈现女孩听到这个消息时的反应（动作、语言、神态等）。

青春期的孩子在同伴之间会运用心理比较，竞争一定会带来张力。

3. 进入戏剧事件

（1）8月30日，父亲外出回来，刚进家门，就听到吵闹的声音，他看到三个女孩都在地上，继母的两个女儿正在撕扯女孩手中的礼服，女孩紧紧护住礼服不放手，三人僵持中。

小组任务：

●小组设计还原父亲进门前10分钟，即三人撕扯衣服之前发生的事情。

●每三人一组轮流即兴表演事情经过至僵持状态，其他人观看并提出问题。

小组设计还原是学生想象和创作的部分，也是他们连接和投射自身生活经验的过程。撕扯衣服和保护自己衣服的动作充满了张力和情感，在这里观看是非常重要的部分，可以使他们与事件保持一定的距离。通过观看和提问，将在此处集中探索动作背后的多个层次的意义，包括个体意义和社会意义、历史文化层面的意义、心理层面的意义等。

（2）突然听到"呲"的一下礼服撕裂声。

学生任务：

- 呈现女孩当下的反应。
- 讨论谁该为礼服的破损负责，并与入戏为继姐姐的教师展开对质。

三人撕扯是戏剧冲突的高潮，礼服破损将事件推向极端，意味着谁都无法正常出席成人礼。以此极端将学生的情绪冷静下来后，教师入戏为继姐姐为自己开脱责任，以促使扮演女孩的学生从不同的角度看待和分析问题。

4. 反思与讨论

与学生讨论：对于这出戏，印象最深刻的是什么？如果可以重来，最希望改变戏中的哪一部分？为什么？

延伸思考：

- 你们觉得自己在班级中的地位是怎样的？如果10分代表非常有地位，1分代表在班级中没有什么地位，你会给自己打几分？
- 你们是怎么获得在班级中的地位的？

青春期孩子对于自我身份的认识主要借由同伴、老师的目光去看。群体中身份获得的途径，通过承担责任、吸引人注意、为他人服务等方式获得。这个活动为参与者提供审视自己和观看别人的空间，这个空间在心理上是自由的，参与者没有评判，而只是各抒己见。

（五）教学实施与反思

与任何一个教学过程一样，教育戏剧计划实施后教师也要进行教学反思。由于教育戏剧费时较长，在目前中小学的课程安排中，往往只能每周上几个课时，持续很多周才能完成一整出剧，教学反思就至少要包含两个部分：一部分是每一次教育戏剧的课后反思；另一部分是整个教育戏剧故事完成后的反思。前者是及时反思总结每一次课发现的问题，调整计划，后者是对整出教育戏剧教育教学结果进行评估和反思。

《灰姑娘》这出教育戏剧为参与学生创造了一个充分感知和反思身份的空间，拓展了大家对身份的认识、对亲子关系和同伴关系的体悟。每周的教育戏剧社团活动课后我们都对当天活动进行总结与反思，调整下一周活动的安排。最后，从总体情况来看，这出教育戏剧基本达成预期目标，即完成了对中心主题的探索学习，但还可以继续深入。通过教育戏剧活动我们可以看到学生已达到的发展水平，也可以看到他们之间的不平衡，发现存在的一些问题和获得的发展。从下列过程实录片段可见一斑。

1. 学生关于衣服与身份的联想

学生1：衣服体现了一个人的职业，比如警察叔叔就会身穿警服，医生会穿白色的大褂。

学生2：衣服可能会和家庭地位有关，孩子的衣服也可能和他们受到父母怎样的照顾有关。

学生3：母亲为孩子准备衣服有时候是妈妈对孩子的爱，但是孩子不见得喜欢父母准备的衣服。我就不喜欢我妈妈给我买的衣服。

学生4：我就穿睡衣，我不想出门，我就只想待在家里。

学生5：我要穿风衣，风衣让我觉得很拉风。

学生6：我要穿现在流行的旺仔装，出门会受到很多人的注视。

在这个部分的讨论中可以看到学生能理解衣服的部分象征意义，比如衣服和职业、衣服和家庭经济条件的关系，大部分学生还未能关注到衣服代表着对自我的态度——"我如何对待我自己，我期待别人如何看待我"。学生的发展是不平衡的，有些学生特别在意他人的目光，有些学生有"退行"的表现，希望可以在家里舒舒服服待着。

2. 对于家庭关系与亲子关系的部分理解

在三个女孩第一次见面的场景中学生展示出一些共同的特征：双胞胎姐妹紧密地站在一起，双胞胎妹妹半靠在姐姐的身后，女孩站在两个继姐姐的对面。三个人脸上都带着尴尬的微笑，互相问候。

教师：这三个女孩的见面看上去蛮平和的，是怎么考虑的？

学生1：总要搞好关系，看看大家有什么兴趣爱好，以后要相处的时间还长着呢，总不能让彼此很尴尬。

学生2：父母在啊，总要给他们一点面子。

学生3：我会先试着和对方搞好关系，如果对方没有如期回应，那我可能会想"是不是太不给面子了，就会找对方麻烦"。

青春期的孩子发展出一定的人际交往能力，有一定的情绪管理能力，在社交场合可以控制自己的情绪。在这个部分，也可以隐约看到当同伴交往不符合自己的期待时，会影响学生自尊的状态，可能引发同伴冲突。

3. 学生对于礼服与身份的见解

学生1：继母的女儿要毁了灰姑娘的礼服，会认为这样就少了一个竞争对手。

学生2：继母的女儿虽然出生于没钱的公爵家，但认为灰姑娘只是家里有钱，会认为她不配去参加舞会，没有身份。

学生3：继母的孩子被一个念头占据——我要去，所以在那一刻可能就只想到破坏别人。

学生4：灰姑娘要护住自己的礼服，因为那不仅是母亲的交代，也是属于她自己的身份，这是在保护自己的身份。

这是戏剧张力最强的地方，撕扯—保护衣服是发生在女孩之间的肢体行动，也是每个女孩内在的心理行动。

4. 在教育戏剧最后的反思与讨论中，学生对于身份各有自己的认识

学生1：我大概3分吧，因为我是心理课代表嘛，老师经常会叫到我。还有我比较擅长交朋友，对于游戏和娱乐这些我知道得比较多，和谁都能聊得来。

学生2：我大概4分吧。因为我会逗同学开心，有些课我上课会带头闹，我胆子比较大，敢怼老师。我交朋友的时候，也会和班上有地位的人交朋友。

老师：哪些是班上有地位的人？

学生们：班长，班干部，胆子大不怕老师的。

学生3：我有7分吧。地位人人都想要，但是我追求开心，希望不被束

缚，自由一点。

老师：什么能束缚住你？

学生3：学习啊，我成绩差。

老师：哦，那你怎么看待成绩啊？

学生3：这让我很烦，我成绩考不好，父母就会打我。别人是笨鸟先飞，我是又笨又不想飞。我父母是自己笨，就生个孩子，然后指望孩子能先飞。

老师：听起来，好像你觉得你的学习只和你父母有关，和你自己没有什么关系似的？

学生3：嘿嘿，那倒也不是……

学生4：我3分吧。我上课下课都会和人聊天，我只要不孤单就好。

老师：你有一个人独处的时候吗？

学生4：很少吧，一个人我就莫名烦躁。而且我要是总一个人，别人会觉得我有问题啊。

学生5：我7分吧，我是班级里的劳动委员、科学课代表、心理委员，同学们经常注意到我呀，老师也总让我做事情。

老师：老师让你做事情的时候，你是什么感受？

学生5：也没啥感受，老师让我做那我肯定要去做。

学生6：我5分吧。我的人际关系挺好的，同学不开心的时候，我会和他们聊聊。但其实我喜欢一个人，我不希望被打扰。

在这个部分的讨论中，每个人看到自己在同伴中的地位，这是身份认同的重要内容。学生通过交流也清楚地看到自己获得这种身份的方式。现场中一个"两面"女孩，其中一面是为他人服务的好人缘的她；另一面是渴望独处，这是她从未向他人诉说过的秘密，她也从未反思过自己的行为，在教育戏剧的空间和氛围中，她有机会看见了自己隐藏的这部分。

作为即兴艺术，每次教育戏剧活动都会留有遗憾，教师要通过不断反思和调整，尽可能把活动方案设计得更好，现场带领学生更到位。

四、补充案例:《裁缝与鞋匠》

引导学生在教育戏剧中进行道德学习首先要帮助学生进入具体的情境,因此与直接的道德教学相比,学生在教育戏剧中的学习似乎开始得比较慢。有些刚接触教育戏剧的教师常常担忧课时不足,难以在课堂教学中开展教育戏剧活动。确实,在进入中心之前,教育戏剧活动需要有一段长长的保护入戏,以确保学生以戏中角色的身份进入戏剧情境,能够开始从自己真实的认知与情感出发进行"信以为真"的探索,而不是扮演戏中的角色、呈现出角色的认知与情感。当学生能够"亲历当下"地进入中心进行学习和探索后,他所收获的将远远超出直接道德教学诉诸阐释、说理、讨论等方法能够给予的东西。因此,做好引导进入中心之前的保护入戏部分是教育戏剧成功的关键,它不仅是值得的,而且是必需的。在成功地保护入戏后,可以探索学习的中心不止一个。事实上,德育课程标准和德育任务中对德育目标和内容的陈述都较为概括,如以这些目标和内容为教育戏剧的中心,则需要将中心分解成不同的分中心。每个分中心用几个课时进行学习,合起来完成中心的学习需要的课时就比较多。因此,在每周只有一个课时的情况下,完成一出意涵丰富的教育戏剧需花费半个学期甚至一个学期的时间,是很正常的。教育戏剧展开过程中即兴的部分很多,对教师带领学生的要求很高,这就需要教师课前进行充分的教学设计,并在每一课时的教育戏剧活动结束后及时反思和总结课堂情况。本节案例《裁缝与鞋匠》为每个分中心的学习计划了大致所需的课时,实际教学中可以根据学生的课堂学习情况进行调整。案例对教学设计和教育戏剧过程展开的每一步都作了解释,部分环节附上了我们使用该教案的课堂实录。

(一)结构

对象:初中学生

背景:(1)学生状态:进入初中,同伴关系在学生成长中的作用越来越突出,同伴之间的冲突也更普遍和频繁。(2)课程目标:道德与法治课和心理健康课都要求初中学生能够与同学友好相处,主动建立良好的人际关系。(3)已有的同伴交往教育的内容以道德教育、同伴交往知识与技能的教授和案例的讨论分享为主,侧重智性和理性层面,学生缺乏深刻体验和交流。

故事梗概：以格林童话《两个旅伴》为故事蓝本。在该故事中，裁缝与鞋匠性格截然不同，裁缝乐观、开朗、爱交朋友，鞋匠则相反。两人为了获得更多的工作机会而结伴离开家乡。裁缝比较讨人喜欢，在旅途中获得比鞋匠更多的机会，有更多的经济收入，有钱时就请客吃饭。两人决定穿越森林去京城的时候，裁缝只带了两天的干粮，而鞋匠带足了七天的干粮。途中裁缝因为饥饿向鞋匠乞求食物，狠心的鞋匠让裁缝用眼睛换面包。几经周折，两人分别成为皇宫的御用裁缝与鞋匠。鞋匠担心裁缝报复而四次陷害裁缝，最终裁缝化险为夷，娶公主为妻，而鞋匠则逃离皇宫。教育戏剧选取故事的前半部分，至裁缝向鞋匠乞求食物。

学生与故事的连接：

（1）渴望同伴、需要同伴。初中学生与故事中的裁缝和鞋匠一样需要通过同伴探索自我，确立新的自我概念；从同伴中寻求理解和支持，克服孤独感。

（2）对与自己性格不同的人交往感到困难。

（3）有与同伴冲突的经历及伴随而来的各种情绪。这些同伴冲突可能开始于一场有意无意的玩笑、取绰号；看到别人请客而自己总请不起；看到别人得到他人喜爱与认同，而自己好像一无是处；同伴拥有自己没有的东西，一方面觉得对方显摆，另一方面又心生嫉妒……

（4）感受到他人的恶意，不知怎么保护自己。

（5）希望成为同伴群体中受欢迎的人。

中心：教育戏剧的中心是探索如何对待同伴冲突，包括如何看待、应对冲突等。由于同伴冲突包含的内容很多，没有办法用一个事件、一个行动来处理，因此借用《裁缝与鞋匠》原作故事中不同性格的同龄人结伴出行的架构，对学生生活中容易遭遇的四个方面的同伴冲突进行探索：

一是同伴交往中的言行冲突；

二是同伴交往中的利益冲突；

三是同伴交往中的价值观冲突；

四是同伴交往引发的自我内在价值的冲突。

框架：参与者。

角色及其第二维度：角色为要一同旅行的、性格不同的裁缝与鞋匠。两人都是十四五岁的年纪，家境贫寒，学成手艺，想要到大城市去见世面。继续使用故事中两个人物一个外向一个内向的性格设定，但去除两人身上善良—邪恶的对立，改为裁缝爱热闹、爱交朋友，鞋匠喜静、朋友不多。

裁缝与鞋匠虽是两个角色，但也可以视为一个人不同的两面。他们的共同身份是追求新生活的、第一次与同龄人结伴出行的年轻人。从教育戏剧要探索的中心出发，角色的第二维度是结交同伴的年轻人。

事件、核心动作与两难：每个分中心都将在一个事件中展开进行学习，在该事件中，包含着核心动作（或行动）、角色的两难，见表5-4。

表5-4 《裁缝与鞋匠》教育戏剧元素

框架	参与者		
角色	裁缝与鞋匠		
角色的第二维度	结交同伴的年轻人		
中心	如何对待同伴冲突，包括如何看待、应对冲突等		
分中心	事件	核心动作或行动	张力/冲突/两难
1. 恰当言行：面对同伴交往中的言行冲突	裁缝用打油诗嘲笑鞋匠	开玩笑	裁缝：既愉悦众人又不冒犯他人 鞋匠：既捍卫自尊又不至于让关系破裂
2. 正当竞争：面对同伴交往中的利益冲突	竞聘行会工作人员	面试	既不破坏同伴关系又合法地赢得竞争
3. 求同存异：面对同伴交往中的价值观冲突	请客吃饭	付钱	维护自己的价值观又不破坏关系
4. 原来如此：在同伴冲突中认识自己和社会（在事件中澄清自我内在价值并看到个体背后的社会）	饥饿的裁缝向鞋匠要馍馍	交换（馍馍和……）	在自己的利益和同伴的利益（健康、安全、尊严、生命等）之间进行取舍；既保障自己的利益又不破坏基本的道德原则

（二）恰当言行：面对与同伴的言行冲突

（分中心1，约4课时）

在进入中心之前首先要建构故事发生的背景与情境、学生在故事中的身份或角色。

（1）教师展示古代城镇的图片（清明上河图段），请学生观看并猜测：在那样的时代大概会有哪些手工业？

图5-5　清明上河图（节选）

学生通过观看图片建立一种时空连接，学生纷纷猜测当时会有的手工业，教师写在卡纸当中：陶瓷、纺织、铁匠、裁缝、鞋匠……

邀请学生观看图片，这是站在现实的身份里去了解故事发生的年代，也促使学生运用已有的历史社会知识了解古代手工业的发展，为引出角色的职业铺垫。学生并不熟悉裁缝与鞋匠的职业，然而每个学生都拥有衣服和鞋子，连接已有的常识去探索家庭与职业的关系，为学生进入戏剧做知识上的准备。

（2）教师讲述：在当时，流行着针对两个职业的打油诗，你们知道它们针对的是哪两个职业吗？请大家读一读这两首打油诗，从这两首打油诗中你们读到了什么？如果你是从事这两种职业的，听到打油诗会有什么感受？

- 缝缝补补，拉拉扯扯。白白嫩嫩，安能辨他是雌雄。
- 给我缝缝鞋，给我拉拉线，两边涂沥青，给我敲鞋钉。

学生任务：交流听到打油诗的感受。讨论：①为什么人们贬低裁缝与鞋匠这两门手艺，但是仍旧有不少人以这两门手艺为生？②选择鞋匠和裁缝为职业的孩子的家庭背景是怎样的？

　　这一部分联系学生的生活经验，进一步具体化故事发生的社会背景。对家庭背景的讨论为裁缝和鞋匠的出场做准备。对打油诗的讨论将为下一步因打油诗而引发冲突作铺垫。

（3）教师讲述：山的那边有一些村庄，村民家里如果没有足够的土地，就会让孩子学个手艺到外面去谋生，如果运气好，能到京城谋个活计，说不定还能赚钱回来养家。故事的主角是两个人，一个是裁缝，一个是鞋匠，他们大概都十四五岁。裁缝爱热闹、开朗，爱交朋友；鞋匠喜欢静，朋友不多。

让学生自主选择裁缝或者鞋匠的角色。全班按裁缝和鞋匠的角色分组。如果学生人数较多，可以分成裁缝和鞋匠各若干组。每组5—7人。

学生任务：为自己的角色取名并创作家庭涂鸦画，在画中呈现自己家的样子、家庭成员的样子，以及自画像。

　　通过为角色取名和创作自画像建构起学生在戏剧中的身份，信息越具体越有利于学生在角色的身份中感受和思考。建构角色信息的过程是学生真实生活经验和愿望的投射。可以说，叫那个名字的角色就是学生本人。因为角色是自己建构的，学生对它会投入感情，因而这个具体的裁缝或鞋匠是活生生的，而不只是故事中一个空洞的名称。

　　至此，学生在故事中的身份与角色基本建构起来。首先用《古代城镇图》帮助定位时代背景，以及在那个时代具有的手工行业。其次，建构角色的家庭背景，通过家庭涂鸦画，让学生想象自己的角色所在的家庭，具体呈现家庭条件、家庭成员，以及曾经发生在家庭中的重要事件。后面角色的行为都将建立在他一开始为自己建构的这个身份里面。最后是设定角色的性格，它主要来自教师提供的限制——裁缝外向，鞋匠内向。

（4）教师讲述：家人竭尽全力让孩子学了个手艺，现在手艺学成了，他们也负担不起孩子的其他费用，孩子只能外出谋生。离家前，家人嘱咐自己的孩子。孩子准备行囊。

学生任务：①每个人以故事中的角色身份写下家人对自己的嘱咐，并分享。

教师总结学生的分享，强调在父母的叮嘱中既有"要多交朋友，多个朋友多条路"，又有"害人之心不可有，防人之心不可无""人也不能太懦弱了"这样矛盾的观点。

教师将学生分享的叮嘱分类，突出有关人际交往的那一类，如果学生没有提及该类内容，教师要适时地提醒补充。一方面是营造即将出门远行的氛围，引出下一节内容；另一方面是借父母家人之口呈现社会中关于人际交往的价值观。这些价值观有时看起来相互矛盾，但实际上是对具体的不同情境的应对。有关朋友的价值观也是对后面裁缝与鞋匠行为的一种限制。它们解释了裁缝与鞋匠为什么成为同伴、为什么在产生冲突后仍不分开。

学生任务：②准备行囊并在组内展示。要求行囊里有一件家人给他的东西，看到这个东西就会想到家人的叮嘱。

准备行囊的过程也是学生进入角色的过程。准备行囊是为离开做准备，学生都有过离开的经验，离开可能有不舍也有期盼。此时，学生开始以角色的身份思考、行动。他对带的每一件行李都注入了意义。行囊可以就地取材用书包代替，书本文具等可以代表各种要带的东西。展示是为了通过向他人解释所带之物而明晰它的意义，因为人的许多行为是潜意识的，在需要用语言进行说明时才会将潜意识意识化，从而发现原来自己是怎么想的。这是自我认识的一种方法。代表父母叮嘱的物件承载的是借由父母口中说出的世俗社会的价值观。

（5）教师讲述：裁缝与鞋匠不约而同选在了同一天出发。一个人的旅行苦不堪言，不光是因为那难走的山路，还因为一个人走，夜里不敢睡，怕被偷了行囊，怕遭狼袭击，还有无人说话的苦。这一天，裁缝来到了路旁的一个凉亭。凉亭里坐着不少歇脚的人，大家都无精打采的，裁缝觉得很无聊。忽然，裁缝看到一个和他差不多年纪的人向凉亭走来，看装扮和行囊就知道是个鞋匠，他一下子来了兴致。他上前去打招呼，对方腼腆地回应，听口音还是同乡人。两个人一开始还好好聊着，不知道裁缝开了什么玩笑，鞋匠的脸色越来越难看，一副要和裁缝打架的样子。

学生任务：裁缝与鞋匠两两一组，即兴表演他们在凉亭中的相遇，裁缝对鞋匠开玩笑。

开玩笑是生活中的常见现象，可以活跃气氛，增加人际的联结，也可能因此而产生人际冲突。生活中被开玩笑的一方总是无准备的。因为没有准备，学生会把自己的生活经验投射到角色中。

即兴表演是很重要的学习方式。此时，学生既作为角色本身感受着角色在当下的感受，同时他们又很清楚地知道自己是在扮演这个角色，他似乎是自己看着自己怎么应对这个场景，这就是教育戏剧虚实之间的独特之处。而应对的方法产生自他的生活经验和对当下情境的判断，它们几乎都是自动出现的。

（6）教师带领学生交流观看到了什么，扮演者分享他们在扮演时即时的感受。整理作为旁观者看到的和作为当事人感受到的内容（见表5-5）。

表5-5　不同的感受

场景	旁人观看到的	当事人裁缝的感受	当事人鞋匠的感受

学生任务：①按观看和自己扮演时的感受写出让人不能接受的玩笑有怎样的特征？可以接受的玩笑有怎样的特征？分别贴到教室墙上"可接受的玩笑—两者之间—不可接受的玩笑"的相应区域（如图5-5所示）。

上一环节是学生入戏探索，这一环节是学生出戏探索。上一环节侧重身体感受，这一环节侧重理性分析。以上一环节的感受为基础，这一环节探讨人际交往中言行的适度性，通过戏剧突出道德教育的内涵。

不可接受的同伴玩笑的特征	可接受的同伴玩笑的特征
人身攻击（如外貌）	适度
言语辱骂	没有恶意
涉及隐私	有底线
恶意模仿他人动作	态度友好
动手动脚，有肢体接触	……
……	

图 5-5　学生列出的玩笑特征举例

学生任务：②结合前面的观看，分组讨论对待不能接受的玩笑有哪几种方式，列出回应时出现的典型动作，如骂、打、装傻等，并探讨这些动作代表的意义。

从"看到的"开始非常重要，对事物进行阐释和真正地近距离观看是有差别的。学生在生活中也会看到他人言行冲突的情况，但那是一过性的，而且学生只能就看到的情形作出自己解释，这种解释有可能与真实情况有较大距离。在教育戏剧里，任何境遇都可以慢下来或重复出现，以供学生观看和思考，学生也可以与境遇里的角色交流，从而增进他们对世界的理解。

教师引导学生对动作意义的分析可以按前文中动作意义的五个层次进行，侧重分析动作模式的来源、代表的价值观等，以此深入探索言行背后的社会文化因素。

学生任务：③选择适合自己的应对同伴玩笑的方式。

道德教育的最终目的是培养良好的行为，通过前面的探索，学生能够做出适当的行为选择。

学习任务是通过学生的即兴表演和思考讨论完成对中心的探索，学生人数的多少和教师引导程度的不同都将影响时长。对动作的意义的探讨如果够深入，需要的课时可能就要增加。一切取决于戏剧展开的实际情况。重要的教学原则是慢下来，充分探究学生触及的问题，而不必赶时间、赶进度。学生的很多问题在教育戏剧的探索空间中才得以表现出来，教师要做的是通过这些问题去发现学生的真实状态，根据这些真实状态去分析判断接下来的戏剧活动要不要调整，如何调整。

（7）教师讲述：裁缝看到鞋匠生气了，赶紧向鞋匠道歉。

这部分教案是预设。如果在上一课时的即兴表演中裁缝已经向鞋匠道歉，那此处教师的引导词可以是："我们看到裁缝见鞋匠生气了，就赶紧向他道歉。表达歉意还有哪些方式呢？鞋匠又会如何表现？"

学生任务：①"裁缝"和"鞋匠"两两一组即兴表演裁缝向鞋匠道歉，鞋匠回应；②反思道歉意味着什么，怎样的道歉能让人接受（或不接受）；③总结解决言行冲突的方法。

每个人都有各自化解冲突的方法，设计这一任务的目的是让学生在戏剧空间里交流解决冲突的经验。在实际教学中，学生现场展示的化解冲突的方式很多，比如：言语道歉，态度诚恳；赠送礼品，礼轻情意重；邀请朋友去买鞋匠的东西；等等。但现场"鞋匠"的反应出乎意料，大约有三分之二的"鞋匠"不接受"裁缝"的道歉，哪怕对方表现得很有诚意。这可能是青少年特有的心理，当被人"观看"时，如果接受别人道歉，好像自己就认输了。当"鞋匠"不接受道歉时，有一些"裁缝"开始展现出另一个极端："我都给你说对不起了，你还想怎样？""我给你道歉，你还不接受，给你脸不要脸（动手）。"在这些即兴表演中，展示出"威胁"或者"暴力"，有欺凌的影子。这时教师有三种处理方式：一是对学生表现出的"暴力"进行回应，引导学生探讨请求原谅却采用暴力的原因，跟前面分析动作的意义一样分析暴力方式背后的社会文化意义。因为是即兴回应，这对教师的要求较高。二是先搁置"暴力"问题，用"裁缝看到周围人投来异样的目光，想起父母对自己'多交朋友多条路'的叮嘱，不由得放下拳头，换了口气和鞋匠说话"的解说，把学生的即兴表演导向文明解决冲突的方向。而"暴力"问题等下课准备后，在下一课时再解决。三是就裁缝的"暴力"表现将戏剧活动自然引向如何面对压力与危险的探讨：这时候是保护自己不受身体上的伤害还是保护自己的尊严？

本环节设计的学生任务不多，但从中可以看出学生在完成任务时有很大的制造意义的空间，对教师即兴回应的挑战比较大。如果教师对自己的现场处理不满意，可以根据学生扮演中表现出来的问题，课后进行分析和准备，下一课时再进行回应和引导。

教师根据学生的现场反应与讨论概况出裁缝与鞋匠接下来的行动：决定结伴而行。

结伴而行是戏剧故事继续的必要结构，如果学生在即兴表演中呈现的是鞋匠接受了裁缝的道歉，那教师就可以顺其自然地指出他们决定结伴而行了；如果学生表演的是鞋匠不接受裁缝的道歉，那教师就要想办法让他们转变态度，最终导向结伴而行。例如，教师可以讲述：

"裁缝看到鞋匠还在生气，就拿出自己舍不得喝的一瓶东西递给鞋匠，说：'我没有恶意，只是习惯了和朋友开玩笑，给你尝尝我们村子的好东西。'鞋匠一开始推托不要，耐不住裁缝热情劝说，就大大喝了一口。他把瓶子还给裁缝，说：'别人只说我开不起玩笑，可就不问我内心有多么难受。'裁缝问：'你要去京城吗？我们要不要搭个伴？'鞋匠说：'我也正想去那样的地方呢，在小地方赚不着钱，乡下人宁愿打赤脚。'于是两个不同村的老乡便结伴继续旅程。"

（三）正当竞争：面对与同伴的利益冲突

（分中心 2，2-3 课时）

（1）教师讲述：裁缝和鞋匠每到一个城市，就得赶紧找活干，不然就得饿肚子。他们慢慢发现了一个快速找活的方法，就是去拜访当地的手工业行会。一般情况下，只要通过手工业行会师父的业务考核，就会得到行会介绍的急活或者干不完的活，这样慢慢地可以累积一些老客户，从而在新的城市立足。

现在他们又来到了一个新的城市，通过了行会的业务考核，但是行会的工作人员告诉他们当天没活了，如果有活，会在行会门口贴告示，让他们腿脚勤快点，多来看几趟。没找到活，两个人只好灰头土脸地先去找地方住下，他们合租了一个很小的房间。接下来几天，还是没有活，他们再怎么节省，钱也越来越少，眼见就要"弹尽粮绝"了。这天，当他们又一次去行会碰运气的时候，发现了一张新的告示（教师呈现事先制作的告示，内容如图5-6所示）。显然，谁有了这份工作，意味着谁就可以有一份虽然不多但稳定的收入。两人当即都报了名，分头为第二天的面试准备起来。

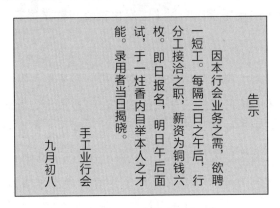

告示

因本行会业务之需，欲聘一短工。每隔三日之午后，行分工接洽之职，薪资为铜钱六枚。即日报名，明日午后面试，于一炷香内自举本人之才能。录用者当日揭晓。

手工业行会

九月初八

图 5-6　招聘告示

教师讲述继续为学生建构戏剧活动的情境。学生在听教师讲述时是处于出戏的状态。教育戏剧的过程是学生不断入戏出戏，在角色和学生身份、在虚构和现实之间不断转换的过程。当学生凑到招聘告示前研究上面的内容时，他又重新入戏为裁缝和鞋匠。教师不是靠语言"现在我们来扮演……"来让学生入戏，真正的入戏是心理上的——学生进入角色的心理状态、思考和行动。因此，教师需要采用能让学生不经意间就进入角色心理状态的方式。

学生任务：裁缝组和鞋匠组分别为面试做准备。他们知道对方也报了名，于是想方设法地要突出自己相比对方的优势。各组先确定要做哪些方面的准备，再分人负责相应要准备的内容，最后将所有准备的结果（可能有竞聘演讲稿、服装、道具等）交给一位同学。

同伴是一起工作、学习或生活的人。他们在一起，免不了产生一些利益上的纠葛，甚至冲突。通过面试的方式竞争工作机会，对学生来说是非常熟悉的利益冲突。他们熟悉考试，熟悉被挑选。本环节使学生能够将生活经验和问题投射到故事中，当他们去看戏剧中的角色的行为时，相当于站在一定距离之外去看真实生活中的自己和同伴。

（2）教师入戏为手工业行会面试考官，在现场向裁缝和鞋匠提问，如暗示行贿、引导贬低竞争对手等。具体说辞根据各组的准备情况而定，目的是引导不正当竞争，将裁缝和鞋匠置于两难境地。例如："请陈述自己的才智，说说为什么我应该选你，如果选择你，对我有什么好处。"

学生任务：各组派一位裁缝与一位鞋匠呈现面试当天的准备工作和面试过程。准备阶段可以表演也可以语言陈述，面试过程与入戏为面试官的教师一起互动完成，其他人观看。时间允许的情况下，除各组代表外，请其他裁缝和鞋匠进入面试。前提是他有不同的应对考题的策略。

竞争一定会带来输赢，为了赢得竞争，人们会展现自我的优势，也可能攻击或贬低别人，甚至采用不正当的方式，如贿赂考官，暗中破坏对手准备的材料等。教师入戏设置难题，推动学生进入思考和选择行为的正当性。教师需事先观察和了解各组做的准备工作，寻找他们的方案的漏洞，在面试环节提出针对性问题。教师入戏是教育戏剧中推动学习的重要策略，教师以戏剧中的角色的身份限制学生天马行空、偏离逻辑的想象，引导他们进入对中心的探索。

（3）教师讲述：会长听取面试官的汇报，最终录用了裁缝（或鞋匠，根据面试情况而定）。落选的鞋匠（或裁缝）先回了他们合租的房子。应聘成功的裁缝（或鞋匠）当天就开始了工作，当他完成一天的工作，回到房间，进门那一刻，看到鞋匠（或裁缝）正坐在床沿发呆。

学生任务：裁缝和鞋匠两两一组呈现裁缝（或鞋匠）进门以后与鞋匠（或裁缝）的互动，两个人说了什么或者做了什么，时间为2分钟。其他人观看。

这一环节是生活中类似场景的模拟和浓缩。真实生活中每个人都要经历同伴竞争，面对竞争结果，但往往不能真实表达。戏剧境遇创造了虚构而又安全的空间，学生可以借由角色表达真实的感受，在角色互动中了解同伴的真情实感。它可以帮助学生实现情感上的宣泄和多视角地看待同一个问题。

（4）反思：教师引导学生思考裁缝（或鞋匠）凭什么赢得工作；他怎样对待鞋匠（或裁缝）更好？同伴竞争时怎样是更好的取胜方式？

本环节反思的结果根据前面面试的情况和两人在出租房里的互动情况而定，比较开放，无法事先设定。教师需把握的原则是肯定正当竞争，不以损害同伴利益为手段，这也是保持良好同伴关系的基础。其他还有同伴相处方法的交流总结。

（四）求同存异：面对与同伴的价值观冲突

（分中心3，约2课时）

（1）教师讲述：熬过人生地不熟的阶段，裁缝和鞋匠的活计总算有了起色。裁缝包里的东西总比鞋匠多，他总笑着，唱着，把得到的东西分给鞋匠和刚刚认识的朋友。他还喜欢请客，兜里一有钱就呼朋唤友地下馆子。人们都喜欢裁缝，鞋匠有点不高兴，但也没说什么。鞋匠会劝说裁缝存点钱，他们去京城需要一笔不少的钱。裁缝却说："钱就是花着花着就来了。你看别人都喜欢我，就是因为我经常请他们吃饭。"认识裁缝和鞋匠的人在茶余饭后会议论他们，说裁缝豪爽，慷慨大方，说鞋匠从未请过客，有点小气。

学生任务：①裁缝和鞋匠分别把听到的别人对自己的议论写在纸条上，在每条议论的旁边写下自己的想法；②讨论裁缝说的"人们喜欢经常请客吃饭的人"，这是真的吗？为什么是或不是；③如何面对别人对自己的议论？

教师的讲述呈现了裁缝与鞋匠不同的价值观，别人的议论也投射了不同的世俗的价值观。初中生正处于从他人的评价中认识自己的阶段，他们在乎他人的评价，但同时又常常对不同的价值观感到困惑。在与同伴的交往中，因价值观不同导致冲突的情形很常见。教育戏剧将这种冲突结构到戏剧境遇中，学生将有时间对它们进行省思。请客吃饭是现实生活中非常普遍的文化现象。本环节利用这个典型的文化现象探讨不同的价值观。可以从动作意义的不同层次来分析裁缝请客吃饭的行为。

（2）教师讲述：这一天裁缝又请人吃饭。等到要付钱的时候，裁缝发现自己的钱袋子不见了，什么时候丢的都不知道，裁缝把这事悄悄告诉了鞋匠。他为什么是悄悄地告诉鞋匠？他想让鞋匠干吗？鞋匠听到裁缝说的话，会怎么想？

学生活动：裁缝组考虑裁缝想怎么解决问题，他要求鞋匠怎么做。鞋匠组猜测裁缝要自己干什么，想应对方法。然后裁缝和鞋匠两两一组从"裁缝悄悄地告诉鞋匠"开始呈现接下来发生的事。

裁缝与鞋匠对钱有不同态度，对交友的方式也有不同的态度。大家怎么看待请客却没钱付账的情况？接续上一环节对"请客吃饭"背后的价值观的分析，继续深入探索。学生会根据自己的经验呈现他的处理方式，以及这种处理方式可能导致的同伴冲突。但这种戏剧中的同伴冲突是安全的，他们以各自的角色身份为掩护，探索解决问题的各种方式。即便失败，也是裁缝或鞋匠的失败，而不是真实的他本人的失败。裁缝可能觉得"我和你（鞋匠）的关系很好，你帮我付一下呗；我请客那么多次，这次就由你来请，又怎么啦？"他也可能要求赊账。此时，教师可以入戏为店家拒绝赊账，迫使裁缝将解决问题的希望寄托在鞋匠身上，由此才能将戏剧关系集中在同伴之间。鞋匠可能觉得"明明是你（裁缝）请客，为什么让我付钱？请客都是你自愿的，我可以回请你，但我不想代你请那么多我根本不认识的人。我那么节约，就是为了多存点钱可以启程去京都。有点钱就炫耀，现在我就不替你付，让你出丑去"，等等。

（3）教师引导学生在即兴表演及相互观看之后，探讨：

裁缝与鞋匠矛盾的焦点是什么？

当与同伴价值观不同时，解决问题的最好方法是什么？

用此方法解决裁缝没钱付账的问题。

借助学生现场的即兴表演，还有很多可以讨论的议题：我希望同伴怎样对待我？别人是否会按照我期待的方式对待我？当付出与收获不对等时，我感受到了什么？会影响我和同伴的交往吗？如何影响呢？

即兴表演会带来许多意外，可能是惊喜，也可能是"惊吓"。这正是教育戏剧的魅力所在。教案里可以预设某些情况，但没有办法预见所有。学生在即兴表演中呈现的问题太多，而教师又想着去一一回应时，就容易偏离原来的教学目标。因此，教师带领时始终记得每次活动的中心，就不容易被学生带偏。在本中心的探索中，教师要清楚最后解决价值观冲突的落脚点是求同存异。从竞争工作到请客风波，裁缝与鞋匠之间的矛盾是存在的，但因为求同存异，以及出门远行前父母的叮嘱，两人还能继续做同伴。这也是进入下一个境遇的基础。

（五）原来如此：在同伴冲突中认识自己和社会

（分中心 4，约 2 课时）

（1）教师讲述：裁缝请客却没钱付账的事情最终被人知道，被笑话了一阵。裁缝和鞋匠现在都不想在那个地方待着了，虽然他们钱不多，但想到家人，想到家里人的叮嘱，还是决定去京城闯荡，那是老家人都梦想的地方。

去京城有两条路：一条是水路，坐船 2 天就到，但船资不菲；另一条是山路，要穿过一片奇怪的森林。传说森林里的路变幻莫测，有人最快用 2 天的时间就穿越了森林，有的人却用了 7 天。而且至今还没有人能独自穿越森林，人们要穿越森林必须找到同伴。森林里有很多果实，但不知道哪一种可吃，哪一种有毒。两个人要准备穿越森林的干粮，不知为何，鞋匠准备了 7 天的干粮，裁缝只准备了 2 天的干粮。两个人都试图说服对方带一样多的干粮。

学生任务：①准备各自的行囊，并记录行囊清单。特别说明与最初出家门时的行囊相比有哪些变化。教师请几位裁缝和鞋匠出来与大家分享自己行囊的变化。②裁缝与鞋匠两两一组创造试图说服对方但没有成功的对话。③概括裁缝和鞋匠的立场分别是什么。

裁缝与鞋匠的行囊的变化反映了他们的经历和成长。准备的干粮的多少反映了两人不同的性格与价值观。由学生入戏创作裁缝与鞋匠的对话是为了让他们制造意义。在此过程中，他们一方面进一步明晰了自己的价值观，另一方面，因为意义是自己制造的，会尽力维护自己的角色，使之成立，从而更投入后面的学习。分别准备带7天和2天的干粮是为了制造下一环节的冲突，但裁缝坚持只带2天干粮的设定有点奇怪，此时教师陈述时把自己当作无知者，向学生请教为什么裁缝会这样做，这既给学生留下了创作空间，也避免了学生对教师设定的质疑。同样的方法在下一环节中再次使用。

揭示立场既能帮助学生澄清自己的想法，也将影响学生看待真实生活中同伴纠纷的方式。毕竟在初中阶段，许多学生都像"火药桶"，容易与人发生争执，却不明白缘起何因。

（2）教师讲述：两个人谁都不能说服彼此，气得想要分道扬镳，但想到从来没有人能独自穿越森林，只好继续结伴前行。两天之后，他们还在森林中。第三天早上，裁缝忍着饿。到中午的时候，裁缝忍不住摘了一颗森林里的红果子，他不敢多吃，没想到没过多久就开始拉肚子，嘴巴也肿了。到了晚上，裁缝向鞋匠要点吃的，鞋匠拒绝了。接下来两天，裁缝都向鞋匠要馍馍，鞋匠会怎么做呢？他是怎么想的呢？

学生任务：①裁缝组定格呈现裁缝在第三天晚上的状态，鞋匠组观看、解读；②鞋匠表达拒绝裁缝请求的说法和内心的真实想法，盘算并记录第三天晚上开始剩余的干粮（馍馍）数，按小组记录在表5-6中；③裁缝分享被鞋匠拒绝后的想法和继续向鞋匠乞求馍馍的想法，按小组记录在表5-7中。

表5-6　鞋匠的行动和想法

时间	鞋匠的做法	鞋匠内心的真实想法	鞋匠剩余的馍馍（个数）
第三天晚上			
第四天			
第五天			

表5-7　裁缝的行动和想法

时间	裁缝下一步做法	促使裁缝行为的想法
第三天晚上		
第四天		
第五天		

教师在引导本环节时扮演的是一个无知者——我不知道鞋匠会怎么做，也不知道裁缝会怎样做。鞋匠可能会屡次拒绝裁缝的请求，而裁缝可能会再三乞求。当裁缝被鞋匠拒绝时，在饥饿的驱使下，他可能会想到偷或者抢，甚至可能有其他的恶行，让这些念头在戏剧中去呈现，同时在扮演中看到可能的结果。当教师问"你知道鞋匠是怎么想的吗？"学生自然进入鞋匠的身份，借着鞋匠的嘴巴说出自己的观点：可能是幸灾乐祸——我前面就提醒过你，谁让你不听；可能是惩罚——让你长点记性；可能是报复——让你以前对我不好，让你嘚瑟。随着时间一天天过去，鞋匠的想法应该是会变化的，内心是有纠结的。裁缝同理。

教育戏剧很重要的一个技巧是知道如何让时间慢下来。重复一个境遇里的动作、观看、整理分析当时的想法，都是可行的方法。鞋匠盘算每日的食物，也让时间慢下来，同时感受到食物的匮乏带来的紧迫感。对于曾经在情感上"伤害"过自己的人，鞋匠可能有很多不曾消化的情绪，比如嫉妒与怨恨。负面情绪无法在道德要求下强行消除，它需要有空间来表达、转化。转化得当，人才有可能出现真正的道德行为。学生自己决定角色的想法和选择为他们提供了安全的表达和转化通道。

（3）教师讲述：第六天，裁缝已虚弱不堪，连乞求食物的声音都轻得几乎听不见，更何况走路了。鞋匠想着裁缝要是真死了自己也走不出森林，要是一个人走出森林，走水路到京城的人想必早已把他俩走森林的事宣扬开来，别人定会怀疑他杀了裁缝，也是无尽的麻烦，终于同意给他点馍馍。但是就这样给他又心有不甘，于是决定向裁缝要些东西作为交换。裁缝同意了。两个人在森林里六天，身上的衣服都破破烂烂了，不知包裹里是否有什么好东西。鞋匠查看了裁缝的包裹。他会要裁缝的什么东西呢？也许鞋匠觉得行囊中的东西都不是他想要的，他会提出一个什么要求？裁缝首先愿意用什么来交换呢？什么是裁缝最不舍的？

学生任务：裁缝和鞋匠两两一组，一起查看他们中的裁缝的行囊。鞋匠决定拿走什么，裁缝决定自己能舍弃的是什么（给行囊中的东西排序）。回到小组，讨论鞋匠想要的交换物及其排序，裁缝愿意交换的东西及其排序。

在整个教育戏剧活动中，学生从准备行囊开始进入各自的角色，分中心4的学习也是从又一次准备行囊开始，现在我们重新用到行囊这个物件。行囊中应该至少有三类东西：一类是父母在他出门时给他的有纪念意义的东西，一类是从事职业所需的谋生工具（如剪刀、尺子），还有一类是生活用品（如衣物、钱财）。

（4）教师提问引导学生探索：①行囊中的各类东西的象征意义是什么？②鞋匠真的需要裁缝的那些东西吗？那些东西对他来说有用吗？他到底想要什么？③如何看待"交换"这个动作？鞋匠为什么提出"交换"？裁缝为什么同意"交换"？他们从哪里习得这种行为？代表着他们怎样的立场和价值观？

每种交换物都有其象征意义，代表着人们珍视的价值。教师的提问促进学生去思考物件的意义：父母给的东西代表着亲情、安全感和归属感；谋生工具是在社会立足的基本保障，让他有机会获得社会地位，甚至实现自己以及家庭的梦想；以衣蔽体是个体在社会中保持基本尊严的方式；等等。促使学生从个体身上看到他行为背后的社会观念、规则、价值观等。

（5）教师讲述：裁缝答应了鞋匠的条件，鞋匠打开自己的行囊，猛然发现自己的包袱不知什么时候破了一个大洞，里面一个馍馍都没有了。接下来会发生什么？

鞋匠的馍馍也没有了，现在他和裁缝一样断粮了。森林还看不到尽头。更可怕的局面出现了，教育戏剧中的危机被推向了极端。

整出教育戏剧在这里停止，留下一个很大的空白交给学生去讨论和反思。

学生任务：对之前的所有内容进行反思，围绕三个问题展开：

①在这出戏中，你印象深刻的是什么？

②在这出戏中，你最大的感受是什么？

③如果重新来一遍，你会在哪个地方重新开始？怎么做？

对教育戏剧的反思可以有以下几种形式。

入戏：在裁缝与鞋匠的角色里，即时感受"原来事情是这样的""原来我是这样的""我试试调整下是否可以解决问题"。

出戏：在理智上思考发生了什么、原因、怎样改进。

转化：考虑对自己现实生活的意义。

在《裁缝与鞋匠》的教育戏剧中，学生以参与者的身份入戏，但分成裁缝与鞋匠两个平行的角色。于是要考虑怎样的事件和视角可以给两个角色都造成两难，为此要在同一事件中设计不同的角色任务。这样设计的好处是它更符合现实，因为冲突一定发生在关系的双方，冲突的双方有各自的立场与视角。冲突要得以转化，需要一个空间去表达，在现实生活中，我们往往缺少这样的空间。教育戏剧正是创造了这个空间，让想象的、经验的内容可以在这个空间里得以表达与探索。

（一）外文著作

[1] Anderson L W, Krathwohl D R, et al. Airasian P W et al. A Taxonomy for Learning, Teaching, and Assessing: A Revision of Bloom's Taxonomy of Educational Objectives[M]. New York: Addison Wesley Longman, 2001.

[2] Bethlenfalvy, Ádám. Living Through Extremes in Process Drama[M]. Budapest: Károli Gáspár University of the Reformed Church in Hungary/L'Harmattan Publishing, 2020.

[3] Bloom B S, et al. Taxonomy of Educational Objectives: Classification of Educational Goals[M]. Handbook 1: Cognitive Domain. New York: Longman, Green & Co, 1956.

[4] Bolton G. A History of Drama Education: A Search for Substance. In L. Bresler, et al. International Handbook of Research in Arts Education[M]. Dordrecht: Springer. Netherlands, 2007.

[5] Bolton G. Acting in Classroom Drama: A Critical Analysis[M]. Stoke on Trent: Trentham Books, 1998.

[6] Bolton G. Drama as Education: An Argument for Placing Drama at the Centre of the Curriculum[M]. Harlow: Longman, 1984.

[7] Bolton G. New Perspectives on Classroom Drama[M]. Hemel Hempstead: Simon & Schuster Education, 1992.

[8] Bolton G. Towards a Theory of Drama in Education[M]. London: Longman Group, 1979.

[9] Bond E. The Hidden Plot[M]. London: Methuen, 2000.

[10] Bruner J. The Culture of Education[M]. Cambridge: Harvard University Press, 1996.

[11] Cooper C. The Imagination in Action: TIE and Its Relationship to Drama in Education Today[M].//Jackson A, Vine C. Learning through Theatre: The Changing Face of Theatre in Education, 3rd ed., London: Routledge, 2013: 41-59.

[12] Davis D, et al. Edward Bond and Drama in Education. In Edward Bond and the Dramatic Child[M]. Stoke on Trent and Sterling, USA: Trentham Books, 2005

[13] Davis D, et al. Gavin Bolton: Essential Writings[M]. Stoke on Trent, UK and Sterling, USA: Trentham Books, 2010.

[14] DICE Consortium, Cziboly A, et al. The DICE has been Cast: Research Findings and Recommendations on Educational Theatre and Drama[M]. Budapest: The DICE consortium, 2010.

[15] Dowdy J K, Kaplan S.Teaching Drama in the Classroom:A Toolboxfor Teachers[M]. Rotterdam: Sense Publishers, 2011.

[16] Edmiston B. Forming Ethical Identities in Early Childhood Play[M]. Oxon and New York: Routledge, 2008.

[17] Fleming M. Starting Drama Teaching [M]. 4th ed. Oxon and New York: Routledge, 2017.

[18] Fleming M. The Art of Drama Teaching[M]. London: David Fulton Publishers, 1997.

[19] Gardner H. The Unschooled Mind: How Children Think and How Schools Should Teach[M]. New York: Basic Books, 2011.

[20] Hersh R H, Miller J P, Fielding G D. Models of Moral Education: An Appraisal[M]. New York: Longman Inc, 1980.

[21] Hodgson J, Banham M. Drama in Education 1: The Annual Survey[M]. London: Pitman, 1972.

[22] Johnson L, O'Neill C, et al. Dorothy Heathcote: Collected Writings on Education and Drama[M]. London:Hutchinson, 1984/1991.

[23] McTighe J, Wiggins G. The Understanding by Design Handbook[M]. Alexandria, VA: Association for Supervision and Curriculum Development, 1999.

[24] Norman J, et al. Drama in Education: A Curriculum for Change[M]. Oxford: National Association for the Teaching of Drama and Kemble Press, 1981.

[25] O'Neill C. Dorothy Heathcote on Education and Drama: Essential Writings[M]. Oxon and New York: Routledge, 2015.

[26] O'Neill C. Drama Worlds: A Framework for Process Drama[M]. Portsmouth, NH: Heinemann, 1995.

[27] O'Sullivan C, Colleary S, Davis D, et al. 'Who am I?' 'Who can tell me who I am?' The Importance of the Social and Political in Children's and Young People's Drama[M]. Dublin: Trinity Education Papers, 2023.

[28] O'Toole J, et al. Researching Conflict, Drama and Learning[M]. Singapore: Springer Nature Singapore Pte Ltd, 2019.

[29] O'Toole J. The Process of Drama: Negotiating Art and Meaning[M]. London: Routledge, 1992.

[30] Prince G. Narratoloty: The Form and Functioning of Narrative[M]. New York: Mouton Publishers, 1982.

[31] Slade P. Child Drama[M]. Lodon: Cassell, 1954.

[32] Somers J. Drama in the Curriculum[M]. London: Cassell Educational Limited, 1994.

[33] Wagner B J. Building Moral Communities through Educational Drama[M]. London: Ablex Publishing Corporation, 1999.

[34] Wagner B J. Dorothy Heathcote: Drama as a Learning Medium[M]. Washington D C: National Education Assciation, 1976.

[35] Water M, McAvoy M, Hunt K. Drama and Education: Performance Methodologies for Teaching and Learning [M]. Oxon and New York: Routledge, 2015.

[36] Wiggins G, McTighe J. The Understanding by Design: Guide to Creating High-Quality Units[M]. Alexandria, VA: Association for Supervision and Curriculum Development, 2011.

[37] Winston J. Drama, Literacy and Moral Education 5–11[M]. London: David Fulton Publisher, 2000.

[38] Winston J. Drama, Narrative and Moral Education: Exploring Traditional Tales in the Primary Years [M]. London: The Falmer Press, 1998.

（二）外文期刊类论文和学位论文

[1] Andersen C. Learning in "as-if" worlds: Cognition in drama in education [J]. *Theory into Practice*, 2004, 43(4): 281-286.

[2] Bakare L E, James J A. Drama-in-education in understanding the contributing factors to aggressive behaviour among teenagers[J]. *Gender & Behaviour*, 2019, 17(2): 12978-12990.

[3] Basourakos J. Moral Voices and Moral Choices: Canadian drama and moral pedagogy[J]. *Journal of Moral Education*, 1999, 28(4): 473-489.

[4] Bethlenfalvy A. Living through extremes:An exploration of integrating a Bondian approach to theatre into'Living Through'drama[D]. Birmingham:Birmingham City University, 2017.

[5] Bird J, Sinclair C. Principles of embodied pedagogy: The role of the drama educator in transforming student understanding through a collaborative and embodied aesthetic practice[J]. *Applied Theatre Research*, 2019, 7 (1): 21-36.

[6] Boland G. Role and Role Distance: The Heathcote/Carroll collaboration that reframed the social context for drama-based learning and teaching[J]. *Drama Australia Journal*, 2013, 17(1): 53-64.

[7] Bolton G. Changes in thinking about drama in education[J]. *Theory into Practice*, 1985, 24(3): 151-157.

[8] Bolton G. Drama in Education[J]. *Speech and Drama*, 1969, 18(3): 10-13.

[9] Davis J H, Behm T. Terminology of drama/theatre with and for children: A redefinition[J]. *Children's Theatre Review*, 1978, 27(1): 10-11.

[10] Edmiston B. Discovering right actions: Forging ethical understandings through dialogic interactions[J]. *NADIE Journal*, 1995, 20(2): 19–25.

[11] Edmiston B. Drama as ethical education[J]. *Research in Drama Education*, 2000, 5(49): 63-84.

[12] Franks A. Drama and the representation of affect structures of feeling and signs of learning[J]. *The Journal of Applied Theatre and Performance*, 2014, 19(2): 195–207.

[13] Gervais M. Exploring moral values with young adolescents through process drama[J]. *International Journal of Education & the Arts*, 2006, 7(2): 1-34.

[14] Goldstein L. M. The Dorothy Heathcote approach to creative drama: Effectiveness and impact on moral education[D]. New Brunswick: Rutgers University, 1985.

[15] Haseman B. Improvisation, process drama and dramatic art[J]. *The Drama Magazine*, 1991(7): 19-21.

[16] Heathcote D. Drama[J]. *English in Education*, 1969, 3(2): 58-63.

[17] Jarrah H Y. The impact of using Drama in Education on life skills and reflective thinking[J]. *International Journal of Emerging Technologies in Learning*, 2019, 14(9): 4-20.

[18] Karina Szafrańska. Developing empathy and moral sentiments in preschool children through drama[J]. *Elementary Education in Theory and Practice*, 2016, 11 (3): 255-266.

[19] Lehtonen A, Österlind E, Viirret T L. Drama in Education for Sustainability: Becoming Connected through Embodiment[J]. *International Journal of Education & the Arts*, 2020, 21 (19): 1-27.

[20] Mavroudis N, Bournelli P. The Contribution of Drama in Education to the Development of Skills Improving the Interpersonal Relations of Multicultural Classroom Students[J]. *Journal of Educational Issues*, 2019, 5(2): 42-57.

[21] Mavroudis N, Bournelli P. The role of Drama in Education in counteracting bullying in schools[J]. *Cogent Education*, 2016, (3): 1-12.

[22] Mengyu Feng. The use of drama pedagogy in teaching morality in a Chinese primary school[J]. *ECNU Review of Education*, 2022, 5(2): 219-241.

[23] Norris J. Drama as research: Realizing the potential of Drama in Education as a research methodology[J]. *Youth Theatre Journal*, 2016, 30(2): 122–135.

[24] Norris J. Dorothy Heathcote: Collected writings on education and dram[J]. *The Journal of Educational Thought*, 1993, 27(1): 104-107.

[25] O'Hara M. Drama in education: A curriculum dilemma[J]. *Theory into Practice*, 1984, 23(4): 314-320.

[26] Roe R. Dramaturgical representations of teaching as social drama in educational settings: Opening a new dimension in positioning analysis[J]. *Papers on Social Representations*, 2019, 28(1): 6.1-6.24.

[27] Shenfield R. Perspectives on moral ambiguity and character education in the drama classroom [J]. *Drama Australia Journal*, 2016, 40(2): 95-104.

[28] Viirret T L. Shared experiencing, shared understandings: Intersubjectivity as a key phenomenon in drama education[J]. *Applied Theatre Research*, 2018, 6(2): 155-166.

[29] Winston J. Drama, spirituality and the curriculum[J]. *International Journal of Children's Spirituality,* 2002, 7(3): 241-255.

[30] Winston J. Emotion, reason and moral engagement in drama [J]. *Research in Drama Education*, 1996, 1(2): 189–200.

[31] Winston J. Participatory drama: A pedagogy for integrating language learning and moral development[J]. *Beijing International Review of Education*, 2021, 3(4): 591–605.

[32] Winston J. Theorising drama as moral education[J]. *Journal of Moral Education*, 1999, 28(4): 459–471.

[33] Wright P R. Drama education and development of self: Myth or reality? [J]. *Social Psychology of Education*, 2006, (9): 43–65.

[34] Xu Shuangshuang, Tateo L. Drama-in-education for understanding: An investigation from the perspective of cultural psychology of semiotic mediation[J]. *Human Arenas*, 2022, 5(3): 389-406.

（三）中文著作

[1] 埃里克森.同一性：青少年与危机[M].孙名之，译.北京：中央编译出版社，2015.

[2] 埃里克森.生命周期完成式[M].广梅芳，译.北京：世界图书出版有限公司北京分公司，2021.

[3] 奥沙利文.教育戏剧：实践指南与课程计划（上、中、下）[M].抓马宝贝·教育体验中心，译.北京：中国人民大学出版社，2016—2017.

[4] 贝特尔海姆.童话的魅力：童话的心理意义与价值[M].舒伟，等译.北京：社会科学文献出版社，2015.

[5] 波瓦.欲望彩虹：波瓦戏剧与治疗方法[M].马利文，欧怡雯，译.北京：北京师范大学出版社，2019.

[6] 布莱希特.布莱希特论戏剧[M].丁扬忠，等译.北京：中国戏剧出版社，1990.

[7] 布鲁纳.布鲁纳教育文化观[M].宋文里，黄小鹏，译.北京：首都师范大学出版社，2011.

[8] 达尔文.人类的由来（上册）[M].潘光旦，胡寿文，译.北京：商务印书馆，1997.

[9] 戴维斯.盖文·伯顿：教育戏剧精选文集[M].黄婉萍，舒志义，译.台北：心理出版社，2014.

[10] 戴维斯.想象真实：迈向教育戏剧的新理论[M].曹曦，译.北京：中国人民大学出版社，2017.

[11] 迪雷，鲁塞尔.身体及其社会学[M].马锐，译.天津：天津人民出版社，2017.

[12] 丁付禄.教育戏剧概论[M].北京：九州出版社，2022.

[13] 杜威.道德教育原理[M].王承绪，等译.杭州：浙江教育出版社，2003.

[14] 杜威.经验与教育[M].盛群力，译.北京：中国轻工业出版社，2016.

[15] 杜威.民主主义与教育[M].王承绪，译.北京：人民教育出版社，2001.

[16] 法兰兹.解读童话：从荣格观点探索童话世界[M].徐碧贞，译.台北：心灵工坊文化事业股份有限公司，2016.

[17] 费尔德曼.发展心理学[M].苏彦捷，等译.北京：世界图书出版公司北京公司，2007.

[18] 高德胜.生活德育论[M].北京：人民出版社，2005.

[19] 格林.格林童话全集[M].王勋，等，编译.北京：清华大学出版社，2011.

[20] 顾春芳.戏剧学导论[M].北京：北京大学出版社，2014.

[21] 河合隼雄.长大成人的难处[M].梁晓兰，译.北京：北京联合出版社，2018.

[22] 河竹登志夫.戏剧概论[M].陈秋峰，杨国华，译.北京：中国戏剧出版社，1983.

[23] 赫戈斯塔特.通往教育戏剧的 7 条路径[M].王玛雅，等译.上海：华东师范大学出版社，2019.

[24] 赫伊津哈.游戏的人：文化的游戏要素研究[M].傅存良，译.北京：北京大学出版社，2014.

[25] 黄秀兰.维果茨基心理学思想精要[M].广州：广东教育出版社，2014.

[26] 科尔伯格.道德发展心理学：道德阶段的本质与确证[M].郭本禹，何谨，黄小丹，等译.上海：华东师范大学出版社，2004.

[27] 科尔伯格.道德教育的哲学[M].魏贤超，柯森，等译.杭州：浙江教育出版社，2000.

[28] 库珀.逆流而上——关于教育剧场和教育戏剧的历史回顾[M].曹曦，译.见学国际教育文化院内部资料·见学教育戏剧工具书，2018.

[29] 李希特.行为表演美学——关于演出的理论[M].余匡复，译.上海：华东师范大学出版社，2012.

[30] 李泽厚，等.什么是道德[M].上海：华东师范大学出版社，2015.

[31] 列宁.列宁全集（第 38 卷）[M].北京：人民出版社，1959.

[32] 列文森.儒教中国及其现代命运[M].郑大华，任菁，译.桂林：广西师范大学出版社，2009.

[33] 林玫君.创造性戏剧理论与实务——教室中的行动研究[M].台北：心理出版社，2013.

[34] 林玫君.儿童戏剧教育概论[M].上海：复旦大学出版社，2019.

[35] 吕旭亚.公主走进黑森林：用荣格的观点探索童话世界[M].北京：北京联合出版社，2018.

[36] 尼柯尔.西欧戏剧理论[M].徐士瑚，译.北京：中国戏剧出版社，1985.

[37] 尼兰兹，古德.建构戏剧：戏剧教学策略 70 式[M].舒志义，李慧心，译.台北：财团法人成长文教基金会，2005.

[38] 尼兰兹.透视戏剧——戏剧教学实作指南[M].陈仁富，黄国伦，译.台北：心理出版社，2010.

[39] 诺依曼.深度心理学与新道德[M].高宪田，黄水乞，译.北京：东方出版社，1998.

[40] 欧尼尔.戏剧的世界：过程戏剧设计手册[M].欧怡雯，译.台北：心理出版社，2020.

[41] 庞蒂.知觉现象学[M].姜志辉，译.北京：商务印书馆，2005.

[42] 皮亚杰，英海尔德.儿童心理学[M].吴福元，译.北京：商务印书馆，1980.

[43] 皮亚杰.儿童的道德判断[M].傅统先，陆有铨，译.济南：山东教育出版社，1984.

[44] 皮亚杰.皮亚杰教育论著选[M].卢濬，选译.北京：人民教育出版社，2015.

[45] 荣格，人格的发展[M].陈俊松，等译.北京：国际文化出版社，2011.

[46] 色诺芬.回忆苏格拉底[M].吴永泉，译.北京：商务印书馆：1984.

[47] 盛群力.21 世纪教育目标新分类[M].杭州：浙江教育出版社，2008.

[48] 舒斯特曼.身体意识与身体美学[M].程相占，译.北京：商务印书馆，2011.

[49] 斯米特.维果茨基导论[M].罗瑶，译.南京：南京师范大学出版社，2020.

[50] 宋佳样.西方戏剧教育学：历史与理论[M].厦门：厦门大学出版社，2018.

[51] 坦迪.开始戏剧：4~11 岁儿童戏剧指南[M].范晓虹，译.北京：外语教学与研究出版社，2021.

[52] 田川流，刘家亮.艺术学导论[M].济南：齐鲁书社，2004.

[53] 托马塞洛.人类道德自然史[M].王锐俊，译.北京：新华出版社，2017.

[54] 瓦雷拉，汤普森，罗施.具身心智：认知科学和人类经验[M].李恒威，李恒熙，等译.杭州：浙江大学出版社，2010.

[55] 汪凤炎.中国文化心理学新论（上、下）[M].上海：上海教育出版社，2019.

[56] 王尔德.快乐王子[M].梅静，译.桂林：广西师范大学出版社，2021.

[57] 王正平.中国传统道德智慧[M].上海：上海教育出版社，2020.

[58] 威金斯，麦克泰.理解为先模式[M].盛群力，沈祖芸，柳丰，等译.福州：福建教育出版社，2018.

[59] 魏贤超.道德心理学与道德教育学[M].杭州：浙江大学出版社，1995.

[60] 温斯顿.5~11 岁的戏剧·语文与道德教育[M].陈韵文，译.台北：心理出版社，2008.

[61] 希思考特，伯顿.戏剧教学：桃乐丝·希思考特的“专家外衣”教育模式[M].郑黛琼，郑黛君，译.台北：心理出版社，2006.

[62] 肖群忠，王苏，杨建强.中华传统美德的时代价值[M].北京：人民出版社，2020.

[63] 谢克纳.人类表演学[M].孙惠柱，等译.北京：戏剧出版社，2001.

[64] 许建良.中华传统美德德目论要[M].南京：东南大学出版社，2019.

[65] 叶浩生，等.具身认知——原理与应用[M].北京：商务印书馆，2020.

[66] 约里波瓦.我想去看海[M].郑迪蔚，译.北京：二十一世纪出版社，2006.

[67] 张生泉.戏剧教育新论[M].上海：上海教育出版社，2016.

[68] 张锡勤，柴文华.中国伦理道德变迁史稿（上、下）[M].北京：人民出版社，2008.

[69] 张晓华.创作性戏剧教学原理与实作[M].北京：中国戏剧出版社，2017.

[70] 张晓华.教育戏剧跨学科教学课程设计与实践[M].北京：中国戏剧出版社，2017.

[71] 张晓华.教育戏剧理论与发展[M].台北：心理出版社，2004.

[72] 赵猛.胡塞尔的具身化知觉理论研究[M].北京：中国社会科学出版社，2016.

[73] 中华人民共和国教育部.义务教育道德与法治课程标准（2022 年版）[M].北京：北京师范大学出版社，2022.

[74] 周菁葆.艺术学概述[M].沈阳：北方联合出版传媒（集团）股份有限公司，2009.

[75] 朱贻庭.中国传统道德哲学 6 辨[M].上海：文汇出版社，2017.

（四）中文期刊类论文和学位论文

[1] 宾田广介.红鬼的眼泪[J].文苑，2010（7）：45-48.

[2] 冯丕红.道德承续论[D].长沙：中南大学，2014.

[3] 付钰.中小学教师教育戏剧运用的理论与实践研究[D].太原：山西师范大学，2018.

[4] 龚树欣.教育戏剧与青少年人文素质培养初探[J].科技信息，2012，29（32）：1-2.

[5] 郭秀艳.内隐学习理论与实验[D].上海：华东师范大学，2001.

[6] 韩春茂.教育戏剧在小学道德与法治学科教学中的运用探究[J].考试周刊，2019（103）：110-111.

[7] 何静.心智与符号的具身性根基——从米德的符号互动理论看[J].西北师范大学学报（社会科学版），2019，56（6）：87-92.

[8] 黄惠英.教育戏剧策略融入国小三年级学生品格教育之研究——从"尊重"与"关怀"出发[D].台南：台南大学，2009.

[9] 黄婉圣.教育戏剧中幼儿的"具身"存在及教师支持[D].上海：华东师范大学，2015.

[10] 景海峰.中国哲学"体知"的意义——从西方诠释学的观点看[J].学术月刊，2007，39（5）：64-73.

[11] 李婴宁."教育性戏剧"在中国[J].艺术评论，2013，11（9）：49-52.

[12] 李婴宁.英国的戏剧教育和剧场教育[J].戏剧艺术，1997，20（1）：56-61.

[13] 李政涛.身体的"教育学意味"——兼论教育学研究的身体转向[J].教育理论与实践，2006，26（11）：6-10.

[14] 廖春阳.麦金太尔道德叙事思想研究[D].长沙：湖南师范大学，2020.

[15] 卢兴钦.教育戏剧的德育功能初探[J].教学与管理，2018（6）：5-7.

[16] 鲁洁.生活·道德·道德教育[J].教育研究，2006，27（10）：3-7.

[17] 鲁洁.行走在意义世界中——小学德育课堂巡视[J].课程·教材·教法，2006，26（10）：20-24.

[18] 鲁洁.做成一个人——道德教育的根本指向[J].教育研究，2007，28（11）：11-15.

[19] 陆佳颖，李晓文，苏婧.教育戏剧：一条可开发的心理潜能发展路径[J].华东师范大学学报（教育科学版），2012，30（1）：50-55.

[20] 路海波.加拿大的戏剧艺术教育（上）[J].艺术教育，1993（6）：41-43，31.

[21] 路海波.加拿大的戏剧艺术教育（下）[J].艺术教育，1994（1）：44-46.

[22] 罗文娜，严孟帅.教育人类学视域中教育戏剧的转化逻辑研究[J].当代教育与文化，2019，11（1）：36-41.

[23] 马利文.戏剧教学法的起源、表现形式、类别与作用[J].中国教师，2011，9（17）：19-21.

[24] 马利文.专题：教育戏剧的理论与实践[J].教育学报，2014，10（1）：56.

[25] 聂晶.杰拉德·普林斯的叙事理论研究[D].上海：华东师范大学，2014.

[26] 庞维国.论体验式学习[J].全球教育展望，2011，40（6）：9-15.

[27] 尚必武.什么是"叙事"？概念的流变、争论与重新界定[J].山东外语教学，2016，37（2）：65-73.

[28] 沈亮.权利转移：教育戏剧理论漫谈[J].艺术评论，2013，11（9）：53-57.

[29] 孙家琇.关于英国的TIE[J].外国戏剧，1984（2）：13-18.

[30] 万俊人.传统美德伦理的当代境遇与意义[J].南京大学学报，2017，54（3）：137-146，159-160.

[31] 王雅春，曹华.青少年同伴关系的作用及影响因素分析[J].长春师范大学学报（人文社会科学版），2010，29（1）：23-26.

[32] 王毅.学校教育戏剧研究——从"英美经验"到"中国实践"[D].上海：华东师范大学，2019.

[33] 肖群忠.智慧、道法与哲学[J].北京大学学报（哲学社会科学版），2012，49（1）：47-55.

[34] 徐俊.教育戏剧的定义："教育戏剧学"的概念基石[J].湖南师范大学教育科学学报，2014，13（6）：31-37.

[35] 徐俊.教育戏剧的发展脉络及其在大陆中小学的本土化形态探究[D].上海：上海师范大学，2017.

[36] 徐俊.教育戏剧——基础教育的明日之星[J].基础教育，2011，8（3）：68-74.

[37] 徐俊.教育戏剧是戏剧吗？——兼论教育戏剧的非表演性成分[J].云南艺术学院学报，2020，22（3）：86-95.

[38] 严孟帅.走向自我与社会——教育戏剧的育人之道研究[D].上海：华东师范大学，2020.

[39] 杨子舟，等.从无身走向有身——具身学习探析[J].教育理论与实践，2017，37（5）：3-6.

[40] 叶浩生.身体与学习：具身认知及其对传统教育观的挑战[J].教育研究，2015，36（4）：104-114.

[41] 叶浩生.西方心理学中的具身认知研究思潮[J].华中师范大学学报（人文社会科学版），2011，50（4）：153-160.

[42] 于红英.创造性戏剧节目指南[J].当代教育科学，1995（2）：38-39.

[43] 余仁生.基于教育戏剧的小学道德与法治学科教学实践探索[J].中小学德育，2022（12）：40-43.

[44] 张蓉.学校场域中教育戏剧的德育功能[J].甘肃农业，2019（10）：114-117.

[45] 张生泉.论"教育戏剧"的理念[J].戏剧艺术，2009，32（3）：26-34.

[46] 张卫.内隐学习及其特征研究[J].华东师范大学学报（教育科学版），2001，19（1）：56-61.

[47] 赵小凤，李如密.教育戏剧的内涵、特征与价值[J].当代教育与文化，2018，10（3）：21-26.

[48] 钟启泉.维果茨基学派儿童学研究述评[J].全球教育展望，2013，42（1）：11-31.

[49] 周倩雯.教育戏剧学新探：二十世纪戏剧理论对教育学的研究价值[D].上海：上海戏剧学院，2006.

附录

一、《花衣吹笛人》故事梗概

《花衣吹笛人》在欧洲有很多版本，我们的教育戏剧活动按布朗宁（Robert Browning）叙事诗版本创作。[1]

> 很久以前，有一个叫汉默尔恩的小镇突然出现了很多老鼠。这些老鼠非常猖狂，带来无尽的梦魇，让人们无法幸福地生活。大家都要求镇长想办法恢复往日的平静，于是镇长贴出告示，承诺给能赶走那些老鼠的人一笔丰厚的奖赏。
>
> 不久后一个有月亮的晚上，来了一个穿着彩衣的人。他吹起了一首旋律，笛声响起的时候，所有的老鼠竟然都涌了出来。他一边吹着笛子，一边往城外走，老鼠们排成长列跟在他的后面，到了河边之后，它们又纷纷跳进河里，全都淹死了。
>
> 吹笛人回去领赏。可镇长和人们却反悔了，他们认为他只不过吹吹笛子，没花什么力气，所以拒绝付出赏金。吹笛人笑了笑，一句话也没说就走了。那天夜里，他又开始吹起那奇妙的旋律。这一回，每家每户的孩子，就像那些老鼠一样，全都从床上爬起来，跳着舞，奔向那个吹笛人，无论父母们如何呼唤、拦阻，都不回头。
>
> 只有一个孩子例外，他怎么奔跑也跟不上其他的孩子，跟不上那个吹笛人的步伐。他只能在月色里面朝远方大声哭泣。
>
> 就这样，除他以外，那个小镇上所有的孩子，都跟在吹笛人的后面，越走越远，终于全部消失，再也没有回来。

二、戏剧游戏

班级课堂教育戏剧的开展，要特别重视教育戏剧空间的创建，可以通过各种活动让学生练习打破原有的角色，以游戏规定的角色参与。用于创建教育戏

---

1 布朗宁：《哈默林的花衣吹笛人》，屠岸、方谷绣译，中国少年儿童出版社，2001.

剧空间的游戏要注重和教育戏剧的主题、结构联系起来。教育戏剧空间的建立也可以和分组以及小组凝聚力的建立联系起来。

（一）水果沙拉[1]

游戏目的：体验角色的身份与要求。

游戏要求：学生参与游戏，将被赋予一个新的名字和一个明确的角色，如松树、大树、水果等。每个新名字和角色都对应一系列明确的行动。

游戏材料：每人一把椅子，一个宽敞的空间。

游戏过程：

（1）椅子围成一圈，一把椅子放在中间。不能有多余的椅子。

（2）学生坐在椅子上，老师绕着圈依次给每个学生起名字，分别叫苹果、橘子、梨等。

（3）坐在中间椅子上的学生（或老师）先喊出某个水果的名称来开始游戏。如果他喊"苹果"，所有叫"苹果"的学生都必须离开椅子，找另一个叫"苹果"的人交换座位。他还可以喊"梨"或"橘子"等，那么叫"梨"或"橘子"的学生就都必须离开椅子，找另一个和自己同样水果名的人交换座位。叫"水果沙拉"的时候，所有的学生都必须站起，与其他人任意交换座位。

（4）在中间的人趁大家交换座位时去抢一个外圈的座位，在外圈抢不到座位的人最后坐中间的椅子，然后游戏重新开始。

（5）所有的玩家都不允许移动到他们旁边的椅子上，或者回到他们刚刚腾出的座位上。

游戏意义：

游戏规则明确规定了学生什么时候应该坐下来听，什么时候需要移动并找到一张不同的椅子。中心的椅子变得特别重要，它象征着一些不同于那些外圈椅子的东西，不是因为它的外观，而是因为它的隔离——它在空间中的位置。它所代表的东西显然有两面性。它把人从群体中隔离出来，是无论如何都要避免的；但是，它又可以让坐在上面的人短暂地体验到控制的兴奋，决定游戏下一步如何进行。因此，它是一个孤独的椅子，也是一个有权力的椅子，类似于

1　Joe Wiston, Miles Tandy, *Beginning Drama 4-11(3rd edition)* (Oxon: Routledge, 2009), pp.10-11.

一个国王的宝座或校长桌子后面的椅子。然而，当游戏结束时，椅子及其周围的空间就失去了它们的象征意义和力量。

只有当每个学生遵守游戏规则时，游戏才有乐趣。乐趣来源于游戏结构固有的紧张感所产生的悬念——等待听到哪个水果被召唤，等待看谁最终会坐在中间的椅子上。这些紧张感和紧张感的释放能够让玩家在情感上融入游戏，激发他们积极的身体参与。最后，总会有意想不到的事情发生，例如，两名学生可能同时坐在一张椅子上，或者同一名学生可能连续两次坐到了中间的椅子上。这些惊喜元素带来乐趣，但如果游戏持续太久就会令人感到无聊。因此，游戏需要适时结束。

（二）通过姓名诗进入戏剧[1]

游戏目的：这个活动帮助学生们记住名字，互相介绍，鼓励积极的课堂参与和尊重学生的多样性。这个游戏也可以用于小组成立时小组凝聚力的建立。

游戏材料：铅笔、卡纸、海报板、彩色马克笔、蜡笔、便签本。

游戏过程：

（1）每个学生在卡纸上用颜色鲜艳的粗体字写下自己的名字。

（2）每个学生创作一首四到十行的诗，其中包括自己的名字，自己是谁，怎样生活，或者对他来说重要的是什么。诗的行数可以根据需要调整。

（3）姓名诗不需要押韵，用词应该是大胆和描述性的，在想要强调的词语下面画线。

（4）姓名诗写好后在小组内交流，相互提出温和而有建设性的意见。

（5）小组内读姓名诗。鼓励学生带着热情读姓名诗，讲述名字的故事。

（6）每一组学生在大海报上重新创作他们的姓名诗，并进行装饰。

建议：

创建一个部分完成的姓名诗模板，以支持有困难的学生。

允许学生使用词典或同义词词典进行大胆和描述性词汇的头脑风暴。

允许不愿意在课堂上展示的学生不展示自己的姓名诗。

1　姓名诗游戏的操作参见 Joanne Kilgour Dowdy, Sarah Kaplan, *Teaching drama in the classroom: A toolbox for teachers* (Rotterdam: Sense Publishers, 2011), pp.134-136. 示例的姓名词摘录自作者教育戏剧课堂上学生的作品。

允许一些学生在电脑上创作自己的姓名诗，以整合剪贴画、颜色和图形。

游戏意义：

名字是一个人身份的重要组成部分。创作姓名诗有助于培养学生的自我价值感和归属感。本次活动结合了戏剧、写作、表演等元素，让学生有机会从新的角度认识、了解彼此，建立良好的伙伴关系。虽然是熟悉的同学，但通过这样的形式，学生们发现了让他们自己都惊讶的想象力与创造力。

学生创作的姓名诗示例：

> 我是一朵云。
> 高兴的时候，
> 我会变化，
> 难过的时候，
> 我会哭，
> 会有很多雨点落下来，
> 滴到妈妈脸上。

短短的诗，写出自己丰富的情感，写出和妈妈在情感上的联结。

> 雏鹰到无边无际的天空中飞翔吧！
> 别怕风吹，别怕雨打，
> 寒冷、困难都会过去。
> 雨后，
> 暖洋洋的太阳总会出来。

这是一首男生的姓名诗，写出男生的勇敢与乐观，这不仅是父母对他的期待，也是他对自我的期待。

> 师傅有本领，
> 大禹有智慧，
> 博士有才华，
> 我有什么呢？

> 我是一个普通的学生，
>
> 在美好的生活里学习，
>
> 我最重要的只有一个年迈的外婆。[1]

姓名中的每一个字都有其联想，普通却美好，这里有对自己的认同与接纳，最后一行写到外婆，写出他生命中最重要的人。

> 徐徐向上如国旗，
>
> 神采奕奕如英雄。
>
> 我也渴望像木兰一样，
>
> 在战场为国而战。
>
> 站在高山之巅，
>
> 俯视着祖国千年以来的变化
>
> 不禁百般感叹——祖国如此强盛。

这是一个看上去温柔的女生，从她的姓名诗看到其内在的男性气概及对自己的期待。

> 世界失重，
>
> 科学家不懂为何。
>
> 而我却理解了，
>
> 如同，
>
> 会飞而敏捷的生物，
>
> 逐渐进化，
>
> 丢弃了自己的羽翼。

这首诗中有女孩的名字，也有青春期的敏感与小忧伤。

（三）通过书写涂鸦创造角色进入戏剧[1]

游戏目的：帮助学生创造有活力的角色。

---

1 书写涂鸦游戏的操作参见Joanne Kilgour Dowdy, Sarah Kaplan, *Teaching drama in the classroom: A toolbox for teachers* (Rotterdam: Sense Publishers, 2011), pp.15-18. 两组学生的作品摘录自笔者教育戏剧课堂中的学生作品。

学生创造角色时通常不知道从哪里开始。这个方法可以作为角色发展的入门活动。创造角色可以从熟悉的信息开始，如他们自己的特征。当学生与活动有个人联系时，他们会更投入地学习。

游戏材料：一张纸。

游戏过程：

（1）每个学生垂直折叠一张纸，在这张纸上写上性别，但不写名字。

（2）每个学生在左边一栏写下10个与自己有关的名词。可以是描述性名词（如朋友、儿子、姐妹、学者、演员、运动员等）或物质物品名词（如手机、跑鞋、花生酱等)。

（3）每个学生在右边一栏写10个描述自己的形容词。

（4）老师收集每一个学生的纸，然后重新分发给不同的学生，每个人都不能拿到自己的那一张纸。

（5）学生根据纸上的20个词语，创造一个角色，角色可以是任何年龄，来自任何地方，从事任何工作，但要用原来的性别，同时给角色起个名字。学生要以一个人物的第一人称创作一段独白。他们不需要使用原作者提供的全部词语。我们想要的是一个基于所提供的名词和形容词的创造性特征。学生们可以添加自己的细节，只要这些词与所提供的20个词相比有意义。

（6）老师收齐学生的创作。接着，老师可以大声朗读，并让学生猜出这个角色是基于哪一位同学的；也可以把文本还给原作者，让他们大声朗读自己的独白。

（7）学生们讨论：他们的角色听起来像他们自己吗？是什么让这些角色如此独特而有趣？

可选的后续活动：

（1）让学生们搭档，为自己的两个角色创造一个对话，然后表演出来。

（2）让学生们分组创作一个包含他们所有角色的故事。

（3）让学生们将独白改写成包含更多关于人物信息的长篇文章。

下面呈现两组学生的作品。

第1组

第一作者

性别：男

写下10个和自己有关的名词：

学习、看书、钢琴、游戏、电影、逛街、散步、画、动物、音乐

写下10个和自己有关的形容词：

及时行乐、乐观、活跃、坚持、爱国、平静、和善、诚信、胆怯、敢于认错

第二作者

根据第一作者写下的20个词语，用第一人称"我"创造一个角色：

我叫杨歌，今年16岁，我是个喜欢及时行乐的人，每当获得一点甜头，譬如老师的夸赞、父母的奖赏，我都会选择和好朋友去看电影、逛街，去享受生活。但是当遇到人多的时候，我会害怕、胆怯，担心他人对我的看法，我很文静，但当与朋友交往时，我又很活跃，会积极表达我的感想。

在放假时，我喜欢听听音乐来放松自己，充实自己的生活，但很少敢于一个人去外面玩耍，除非哥哥或父母陪我，所以我大多时间都是在学习当中，因为我并没有许多才艺，所以时常无法消遣自己，只能去散散步。

第2组

第一作者

性别：女

写下10个和自己有关的名词：

外交官、演讲、团支书、友情、英文歌、泰剧、物理、欢笑、银杏叶、未来

写下10个和自己有关的形容词：

自律、感性、矛盾、自修、乐观、积极、浪漫、大胆、坚持、善良

第二作者

根据第一作者写下的20个词语，用第一人称"我"创造一个角色：

我是安可，出于对政治的喜爱，我成为一名外交官。年方20的我，充满自信。英文歌、泰剧是我的爱好。当然我这么可爱的女生，怎能没有

秘密呢？在我17岁时，在一棵银杏树下捡起了一片银杏叶。之后我突然发现，我的身上出现了一道奇特的痕迹。我是否该将其抹去？矛盾让我陷入深思，也许这会是替身的觉醒吧！

　　我大胆地将替身——一位青涩的白发少年召唤出来。浪漫的想法便从我稚嫩的思考中迸发出来。也许我能与其成为朋友吧！友情的种子便在我与他之间产生。我们在物理课上一同捉弄同桌，同桌也沉迷于他，我们欢笑。友情的大树，不断壮大。原来理性的我，感性起来了。在一次演讲中，我增加了一些与其有关的话语，以表达自己，这是我最积极的一次了吧？可是召唤他时，他却不知所终，只留下一片银杏叶。我手握银杏叶，沉思，也许他去温暖其他人了吧，我就将银杏叶插入我的政治书，等待那伤痕再次出现。